Das Buch

Nach seinem Nordkorea-Trip wollte Christian Eisert friedlich Ferien machen – in einem Land ohne Gefahr für Leib und Leben und ohne Paranoia. Stattdessen fuhr er in die Schweiz ...

Auf der Berg-und-Tal-Fahrt des Bestsellerautors entpuppt sich das reichste Land der Welt auch als eines der bizarrsten: Es gibt mehr Plätze in Bunkern als Einwohner, die Armee erringt ihre größten Siege in der Küche, und Rückwärtsfahren ist gesetzlich verboten. Drum fährt Eisert vorwärts durch die Schweiz, mit Bus, Bahn und Boot. Seine Reiseroute soll am Ende den Landesnamen ergeben, inklusive i-Punkt. Eisert bei den Eidgenossen – ein Abenteuer voller Wahrheit und Wahnwitz.

Der Autor

Christian Eisert, geboren 1976 in Berlin (Ost), ist TV-Autor, Satiriker und Comedy-Coach. Er war acht Jahre Autor für Harald Schmidt und schreibt für die Fernsehshows Alfons und Gäste und Grünwald Freitagscomedy sowie für Shopping Queen und Löwenzahn. Sein Reisebericht *Kim und Struppi* stand über ein Jahr lang ganz oben in der *Spiegel*-Bestseller-Liste.

www.christian-eisert.de

Christian Eisert

VIELE ZIEGEN UND KEIN PETER

Eine Ferienfahrt zu den Schweizern

Ullstein

Besuchen Sie uns im Internet:
www.ullstein-taschenbuch.de

Ungekürzte Ausgabe im Ullstein Taschenbuch
1. Auflage Juli 2017
© Ullstein Buchverlage GmbH, Berlin 2016/Ullstein extra
Umschlaggestaltung: zero-media.net, München,
nach einer Vorlage von semper smile, München
Titelabbildung © Javier Brosch; Vaclav Volrab;
Sebastian Knight; tanshtyl/Shutterstock
Satz: Pinkuin Satz und Datentechnik, Berlin
Gesetzt aus der Legacy
Druck und Bindearbeiten: CPI books GmbH, Leck
ISBN 978-3-548-37703-2

Für C.

7,587

Punktezahl der Schweiz im *World Happiness Report*

Den Rüssel aufgestellt, Vorder- und Hinterbeine in entgegengesetzte Richtungen gestreckt, sprang ein Elefant über den See.

Ich kniff die Augen zu. Ins linke war mir eine der vielen Hundert Fliegen geflogen, die mich umschwirrten.

Als ich wieder sehen konnte, war aus dem Elefanten eine Kaffeekanne geworden. Der Wind spielte mit den Wolken.

Die spätsommerliche Wärme war frühherbstlicher Frische gewichen. Bald würde ich frieren. Ich hatte ja nichts an. Trotzdem war ich glücklich.

Barfuß bahnte ich mir den Weg durchs Dickicht.

Ein Spinnennetz legte sich über mein Gesicht, ich wischte es fort. Die Fliegen nahmen vor meiner Hand Reißaus und kehrten zurück. Eine schwarze brummende Wolke, die stetig auf Kopfhöhe blieb. Roch ich halsabwärts anders?

Dornensträucher machten das Durchkommen fast unmöglich. Auf beiden Seiten ging es abwärts. Zurück wollte ich nicht, da war ich ja schon. Also weiter. Vorsichtig teilte ich die stechenden Zweige. Wenn sie ohne Druck über meinen Körper strichen, hinterließen sie keine Spuren. Ich bewegte mich wie in Zeitlupe. Das Brummen der Fliegen wurde lauter. Ich hatte Hunger. Und Durst. Mich fror. Aber ich war glücklich.

Das Brummen steigerte sich zu einem hämmernden Dröhnen.

Im Formationsflug hielten drei Hubschrauber der Schweizer Armee auf mich zu.

Genau sechs Wochen zuvor, auch an einem Dienstag, forderte mich die großformatige Digitaluhr auf meinem Schreibtisch in Berlin zum Sterben auf: »05:00 – 15. 07. – DIE«.

Dafür fehlte mir die Zeit. Noch. Fernseharbeit ist ein Saisongeschäft. Wenn ich diesen letzten Auftrag abgeschlossen hatte, dann war – von zwei Tagen Drehbuchbesprechung im August abgesehen – bis Mitte September Flaute.

Oder positiver ausgedrückt: Ferienzeit!

Und ich wusste auch schon, wo ich meine Ferien verbringen würde. Und mit wem nicht.

Im Moment beschäftigten mich andere Probleme. Ich tüftelte am Schlusssatz der Freitagsfolge eines täglichen Reality-Formats, bei dem die Fernsehzuschauer Frauen beim Anziehsachen-Einkaufen zugucken. Ich schreibe dafür die Texte des Off-Sprechers, der das Geschehen launig kommentiert, ohne dass der Zuschauer ihn sieht. Ein Routinejob, der meine Miete finanziert und mir die Freiheit gibt, Drehbuchstoffe ohne Auftrag zu entwickeln, zum Beispiel fürs Kinderfernsehen.

Das Anziehsachen-Einkaufen stand diesmal unter dem Motto: »Holladrio, der Berg ruft! Kombiniere zwei Klassiker, und sei mit Jeans und Dirndl das fescheste Madl beim Hüttenzauber.«

Die einzelnen Folgen, fünf je Wochenblock, schickt mir die Produktionsfirma fertig geschnitten zu. Auf für meine Texte frei gelassene Bildstrecken muss ich sekundengenau formulieren. Der letzte Satz einer Einkaufsfernsehfolge soll zum einen Bezug zum Bild haben – die Gewinnerin der Woche im Sieger-Outfit, umgeben von ihren Konkurrentinnen – und zum anderen das Wochenmotto aufnehmen sowie einen Ausblick auf die nächsten Folgen bieten.

»Hulli«, ploppte eine kleine Sprechblase am unteren Rand

des Monitors auf, und ich tippte ins Chat-Fenster ebenfalls die Begrüßung, die wir irgendwann erfunden hatten: »Hulli«.

»Geht's gutli?«

»Stressli. Schreibli!«

»Späterli?«

Damit, bei solchen Kompakt-Dialogen ein -li an alle Wörter zu hängen, hatten wir begonnen, nachdem Amara vor ein paar Jahren aus Zürich das erste Mal zu mir nach Berlin gekommen war und sich fürs Frühstück ein »Müs'chen« wünschte.

Im Bestreben, besonders gutes Hochdeutsch zu sprechen, hatte sie die schweizerdeutsche Verkleinerungsendung -li durch das hochdeutsche -chen ersetzt.

Wie meist um diese Tageszeit war ich schon und Amara noch wach. Oft nehmen wir dann zusammen vor unseren Webcams die Mahlzeiten ein. Ich das Frühstück in Berlin, sie in Zürich ihren Kaffee vor dem Schlafengehen.

Heute hätte ich gerne auf ein gemeinsames Frühstück verzichtet. Andererseits wollte ich es hinter mir haben. Je später ich ihr von meiner Urlaubsplanung erzählte, desto unangenehmer würde es. Also schrieb ich: »Letzter Satz. Dann durchlesen. In 30 Min?«

»Okeli.«

Ich probierte allerlei Assoziationen zu Bergen, Schnee und Almromantik aus. Im Duktus des Sprechers laut lesend testete ich, ob mein Schlusssatz in die vorgegebene Neun-Sekunden-Lücke passte. Dann überflog ich den gesamten Text, änderte hie und da ein Wort und schickte die Folge, meine fünfundneunzigste, an die Produktion.

»Fertig! :-)«

Amara klingelte umgehend an. Ich klickte aufs Kamera-Icon. Ihr Gesicht erschien auf meinem Monitor.

»Spatzeli, nicht weglaufen!«, rief sie, den Zeigefinger erhoben, und verschwand aus dem Fokus ihrer Webcam.

Wäre Angelina Jolie nicht so mager, könnte man sie leicht

mit Amara verwechseln. Die gleiche braune Mähne, das gleiche Augenrund und dieser atemberaubende Schwung der Lippen, die nur jene zu dick finden, die sie noch nicht geküsst haben. Ich zum Beispiel. Ich hatte sie noch nie geküsst.

Die Angelina.

Schweizer Vögel tirilierten aus den Lautsprechern meines Computers. Wie üblich stand Amaras Balkontür offen. Damit der Zigarettenqualm abzog. Obwohl ich Rauchen für eine höchst unsinnige Angewohnheit halte, gerate ich ständig an Raucherinnen. Möglicherweise habe ich einen Hang zum Unsinn.

Aus den Lautsprechern drang nun ein Klirren, dann ein Aufschrei und die Information: »Nichts passiert!«

Kurz darauf saß sie mit einer Tasse in der Hand vor der Webcam: »Sorry, musste Kafi machen.« Hin und wieder rutschen schweizerdeutsche Ausdrücke in ihr Hochdeutsch. Aber selbst ohne helvetische Wörter schimmerte ihre Herkunft bei jedem R und A durch. Das eine klapperte wie der Zeiger am Glücksrad, das andere klang, als halle es aus einem Verlies herauf.

»Was gibt's?« Sie pustete in ihren Kaffee.

»Du hast angerufen.«

»Ach so, ja ... Wie läuft's?« Sie trank einen Schluck.

»Müde. Aber rechtzeitig fertig geworden.« Eigentlich hätte ich gestern Abend abgeben müssen. Doch da hatte ich Gags für einen Franzosen geschrieben. Dabei kann ich gar kein Französisch. »Hauptsache, der Text ist da, bevor sie ins Büro kommen.«

»Lies mal vor. Den letzten Satz.« Sie fingerte eine Parisienne aus der Packung.

Ich deklamierte: »Friede, Freude, Alpenglühn. Danielas blaues Denim-Dirndl gefällt sicher auch dem Ziegenpeter! Für heute hat sich's ausgejodelt. Servus und bis nächste Woche!«

Amara zündete ihre Zigarette an. »Es heißt Geißenpeter.«

»Früher in den Zeichentrickfilmen hieß es immer Ziegenpeter.«

»Wer hat die Filme gemacht?«

»Japaner.«

»Eben.« Amara-Logik.

»Und wenn schon, die Deutschen kennen ihn als Ziegenpeter. Es geht ja nicht darum, was stimmt, sondern was die Menschen zu wissen glauben.«

»Worüber?«

»Über Ziegen. Über die Schweiz.«

»Und die Leute glauben, wir sagen Ziege zur Geiß?«

»Nein, sie glauben, Ziegen heißen bei euch genauso wie bei uns«, erklärte ich.

»Warum?«

»Weil ihr für uns Deutsche seid, die an jedes zweite Wort ein -li hängen.«

»Wir sind keine Deutschen, Spatzeli!«

»Siehste!«

Amara schwankte zwischen Schmunzeln und Schimpfen. Trank Kaffee. Verschluckte sich, hustete. Es schwappte.

»Ui, nei! Ah!« Sie sprang auf. Rannte weg. Kam wieder. Küchenpapier in der Hand. Wischte vor dem Bildschirm herum.

Ich googlete derweil *Ziegen* und *Schweiz*. »Ha, hier: Ziegenschau in Rothenthurm«, griff ich wahllos einen Link heraus, »Vierzehnte TOGESA, Ausstellung und Markt für Toggenburgerziegen, Saanenziegen, Gämsfarbige Gebirgsziegen ...«

»Det äne am Bergli«, trällerte Amara, »det schtat e wissy Geiss ...«

Im Refrain – »Holeduli, duliduli« – unterbrach ich sie: »Es steht hier kein Wort von Geißen!«

»Das ist Schriftdeutsch. Mündlich heißt es Geiß.«

»Mein Text ist ja schriftlich«, trumpfte ich auf.

»Und wird dann im Fernsehen gesprochen«, hielt sie dagegen und schob hinterher: »Heidis Freund heißt Geißenpeter.

Punkt.« Sie nahm einen tiefen Lungenzug. Blies den Rauch zur Balkontür hinaus. Ich trank einen Schluck Fencheltee und wagte es. »Du, ich hab mir überlegt, im August Urlaub in der Schweiz zu machen.«

»Schau mal, das Amseli!« Sie drehte ihr Laptop mit der Webcam in Richtung Vogel. »Jööö, schau, wie es guckt!«

»Ich seh nur ein schwarzes Pixelquadrat.«

Das Quadrat flog weg, Amara wandte sich um. »Warum?«

»Was?«

»In die Schweiz ...«

»War ich noch nie richtig. Und Zürich zählt ja nicht.«

»Hm.« Sie drückte ihre Zigarette aus und steckte eine neue an.

»Warum fährst du nicht weiter weg? Wieder nach Nordkorea?«

Meine letzte große Ferienreise hatte ich durch Nordkorea gemacht.

»Ich will einfach wohin, wo es schön ist, ungefährlich und nicht anstrengend. Fremdes Essen, fremde Sprache, exotische Landschaft – alles fein, aber stresst.«

»Blödsinn, du hast überall Schiss.«

Den hatte ich jetzt auf jeden Fall. Vor ihr. »Du, ich weiß noch nicht, wo ich genau hinfahren werde oder wie, ich weiß nur, dass ich gerne ...«

»Das kannst du gleich knicken!«, sagte sie bestimmt.

»Aber sieh mal, wir kennen uns jetzt schon so lange und ...«

»Eben genau deshalb.«

»Mann, ich habe dich wirklich gern.«

»Spatzeli, ich dich auch. Aber ich fahre trotzdem nicht mit!«

Sie beugte sich weit zur Webcam vor, riss ihre grünen Augen auf: »Du und ich: Horrorferien!«

»Ja, genau das wollte ich doch sagen!«

Die nächsten Minuten freuten wir uns darüber, wie gut wir uns verstehen. Solange tausend Kilometer zwischen uns liegen.

Nachdem das Gespräch derart glimpflich verlaufen war, widmete ich mich den ganzen Vormittag meinem Urlaubsziel. Und schrieb Amara: »Welches ist das zweitglücklichste Land der Welt?«

Gleich nach dem Aufwachen, gegen drei Uhr nachmittags, beantworte sie meine Frage mit einem kurzen: »Schlaraffia.«

Ich schrieb »Sküppi?«, was Skype meinte, gleich darauf hatte ich Amaras verschlafenes Gesicht auf dem Monitor.

»Das zweitglücklichste Land der Welt ist … na?«, fragte ich.

Sie nickte Richtung Balkon: »Muss man den Vermieter fragen, wenn man Vogelhäuschen aufstellen will?«

»Bei uns untersagen die meisten Vermieter das Füttern von Vögeln.«

»Er muss es ja nicht wissen.«

»Er sieht es aber«, warnte ich.

»Ich würde es tarnen. Als Briefkasten zum Beispiel.«

»Sehr unauffällig. Vor allem, wenn da ständig Vögel landen.«

»Luftpost?«

Ich gab auf. »Das zweitglücklichste Land der Welt ist: Island!«

»Sagt wer?«

»Der aktuelle *World Happiness Report*.«

»Ist das 'ne Frauenzeitschrift?«

»Nein, das ist eine wissenschaftliche Studie zum Glücksempfinden.« Ich scrollte durch das Dokument. »Sehr viele Balkendiagramme und Tabellen. Sieht eindrucksvoll aus.«

»Und wer ist auf Platz 1?«

»Die Schweiz.«

»Haa-haa …!«, machte Amara und steckte sich kopfschüttelnd eine neue Zigarette an.

»Steht hier aber. Unter Berücksichtigung der Gesundheitsversorgung, der Freiheit, eigene Lebensentscheidungen zu treffen, dem Bruttoinlandsprodukt – in der Schweiz: Bruttoinlandprodukt, ohne s – und der Lebensleiter lebst du im glücklichsten Land der Welt. Herzlichen Glückwunsch!«

»Lebensleiter?« Sie steckte eine Zigarette an.

»Eintausend Befragte mussten ihr Leben auf einer von zehn Leitersprossen einordnen. Ganz unten das schlechtestmögliche Leben, dass sie sich vorstellen können, ganz oben das bestmögliche. Die Schweizer ordneten sich im Durchschnitt auf Sprosse siebeneinhalb ein.«

»Das geht ja gar nicht.«

»Das ist Statistik.«

»Und wo steht Deutschland?«

»Auf Sprosse sechseinhalb.«

»Es nimmt mich Wunder, woran das liegt.«

»Ich vergess es immer wieder: Heißt dieses *nimmt mich Wunder*, es wundert dich oder es interessiert dich?«

»Es interessiert mich!«

Ich überflog die Daten zu Deutschland. »Ach, du Schreck! Im Gesamtranking der glücklichsten Länder der Welt steht Deutschland auf Platz 26. Zwischen Panama und Chile.«

»Würdest du so viel rauchen und Alk trinken wie ich, dann wärst du auch glücklich.«

Darauf ging ich schon lange nicht mehr ein. »Ich habe noch etwas herausgefunden. Klick mal den Link an, den ich gerade geschickt habe.«

»Spatzeli, darf ich eben Kafi machen gehen?«

»Gleich, erst klicken.«

Gähnend tat sie, was ich verlangte. Das kam nicht oft vor.

»Oh, die Schweiz«, stellte sie fest.

Vor mir war die gleiche Karte geöffnet, und ich sagte, was mir aufgefallen war. Weil es Amara nicht gleich sah, ging ich ins Detail: »Der Zipfel mit Schaffhausen sind die Ohren. Die Spitze nach unten …«

»Das Tessin!«

»… bildet die Vorderbeine. Über die Hinterbeine kann man

diskutieren. Sie überschneiden sich eben und wirken deshalb etwas klobig.« Bevor ich dazu kam, Genf im Schwanz zu verorten und alles rechts von Davos als Rüsselnase zu bezeichnen, schnaubte Amara: »Die Schweiz ist kein Schwein – never!«

»Das habe ich auch nicht gesagt!«

»Sondern?«

»Sie ist ein *Wild*schwein!«

Amara blieb der Mund offen stehen. Genau wie dem Wildschwein.

»Das ist doch eindeutig«, führte ich geduldig aus, »rechts die Schnauze, links ...«

»Rechts von mir aus oder von dir aus?«

»Von uns beiden aus, wir gucken ja beide auf die Schweiz.«

»Neineinein, ich gucke aus der Schweiz heraus. Also ist dein Rechts bei mir links.«

»Bring mich nicht durcheinander, ich bin froh, dass ich das hinbekommen habe mit links und rechts.«

Amaras Logik kann einen in den Wahnsinn treiben. Ausnahmslos nimmt sie vermeintlich Unwichtiges wichtiger als das vermeintlich Wichtige. Deshalb kommt sie auch nie rechtzeitig von zu Hause los. Bei unserem ersten Date tauchte sie zwei Stunden zu spät auf. Wenn ihr etwas ge- oder missfällt, reagiert sie unmittelbar. Gern laut. Ich versuche dann – speziell in Supermärkten, Kinos oder Cafés –, ihr Einhalt zu gebieten, was sie noch mehr reizt, da sich »HIER KEIN MENSCH FÜR UNS INTERESSIERT!«

Was Umstehende meist sehr interessant finden.

Sie ist die einzige Frau, die ich je vor Wut angeschrien habe, aber auch der erste Mensch, dem ich meine Manuskripte vorlese. Gerade weil sie Prioritäten verschiebt und das Gespür für die wichtigen Winzigkeiten hat. Sie sieht, ehe es andere überhaupt ahnen, wenn etwas nicht im Lot ist. Eine Fähigkeit, mit der Amara ihren Lebensunterhalt bestreitet. Seit einigen Jahren sucht sie nach einer treffenden Berufsbezeichnung. Lebensberaterin, Life-Coach oder Heilerin nennen sich schon andere. Sie ist einzigartig.

Wir hatten uns allerdings nicht in beruflichen Zusammenhängen kennengelernt.

»Oh nein!« Ihre Augen weiteten sich. »Jetzt seh ich's auch.« Sie schien erschrocken über sich selbst. »Es ist eine Art Comic-Wildschwein.«

»Es gähnt.«

»Was ... äh ... wie bitte?!«

»Nein, es hustet«, berichtigte ich mich. »Ihr seid ja nicht für Schlaftabletten berühmt, sondern für Hustenbonbons.«

Sie konnte nicht darüber lachen.

»Die Schweiz sieht aus«, fasste ich die neue Erkenntnis zusammen, »wie ein hustendes Wildschwein.«

Sie drückte lange ihre Zigarette aus.

»Versprich mir eines.« Ihr Augengrün kam nah. »Das sagst du niemals öffentlich!«

Meine Ferienreise sollte nicht in, sondern durch die Schweiz gehen. Die touristischen Hotspots abzureisen fand ich zu simpel; mich einfach durchs Land treiben zu lassen barg die Gefahr, mich zu verzetteln.

Außer Amara kenne ich – aus beruflichen Zusammenhängen – weitere Schweizerinnen. Sie bat ich um Insidertipps. Als Erste antwortete Charlott(e) (das e wird nicht gesprochen), der ich vor einigen Jahren auf der Kinderfernsehproduzenten-Party der Berlinale begegnet war. Charlotte liebt ihr Land im gleichen Maße, wie sie daran leidet. Mails und SMS unterzeichnet sie mit CH. Sie versorgte mich mit zahllosen Empfehlungen. Eine davon war ihr Vater, der ins Visier der Schweizer Stasi geraten war, die anders hieß, aber Schweizer Bürger ähnlich intensiv ausforschte wie die DDR die ihren.

Was Überwachung im Urlaub betrifft, war ich reich an Erfahrung. Auf meiner letzten großen Ferienfahrt passten von morgens acht bis abends spät zwei als Reiseleiter getarnte Geheimdienstler darauf auf, dass ich nicht vom rechten Weg abkam in Nordkorea – wie die Schweiz ein Hort des großen Glücks. Das behauptet jedenfalls die Staatsführung. Die Wahrheit sieht deutlich düsterer aus. In Nordkorea.

Anders in der Schweiz, da war das Glück der Einwohner ja wissenschaftlich bewiesen. Zudem ist die Schweiz das Gegenteil einer führerzentrierten Diktatur. Ja, Schweizer trennt gar, was Einwohner anderer Länder verbindet: Die Schweizer sprechen weder alle dieselbe Sprache, noch gehören sie derselben Volksgruppe an, noch einer einzigen Religion. Dennoch muss es etwas geben, das stärker ist als ihre Unterschiede. Etwas, das sie gemeinsam einen Staat bilden lässt.

Einen Staat, der in seiner West-Ost-Ausdehnung zwischen Bremen und Berlin passt und von Nord nach Süd zwischen Ostsee und Berlin.

Einen Staat, der so außergewöhnlich und besonders ist, dass er zu den wenigen Ländern der Erde gehört, die nur mit Artikel genannt werden. Genau wie *die* USA, *die* Mongolei und *der* Vatikan – eine Staatenunion, das dünnstbesiedelte Land der Welt und ein Kirchenstaat. Und was ist die Schweiz?

Eine »Willensnation«.

Ein Land, dessen Einwohner irgendwann beschlossen haben, zusammenzugehören. Ein Land, in dem ein Viertel der Bevölkerung Ausländer sind, angelockt vom Prinzip Schweiz. Ein Prinzip, das alle Gegensätze zu überwinden scheint. Und jeden Einwohner glücklicher macht als den Rest der Welt.

Was lag für glückliche Ferien in der Schweiz näher, als den Landesnamen als Reiseroute zu wählen?

Weil gemessen an der zurückgelegten Distanz überdurchschnittlich viele tödliche Verkehrsunfälle durch Rückwärtsfahren verursacht werden, soll dieses auf das Notwendigste beschränkt werden. Es soll nur noch dann rückwärts gefahren werden dürfen, wenn die Weiterfahrt oder das Wenden nicht möglich ist.

Art. 17 Abs. 3 der Schweizer Verkehrsregelnverordnung 2016

In ein fremdes Land per Flugzeug zu reisen spart Zeit. Dafür plumpst der Passagier gleich mitten ins Land, ohne dessen Grenze zu sehen, ohne die Veränderung von Vegetation und Architektur mitzuerleben. Das Flugzeug bietet dem Reisenden nur diesen »So sieht's hier also aus«-Moment im Anflug auf den Zielort, wenn tief unten braune und grüne Flächen vorbeiziehen und kleine Häuser und das Gewerbegebiet und der Zaun und die Betonbahn. Es rummst, es rumpelt, es folgen Durchsagen, gegen die alle verstoßen, um anschließend halb angezogen zwischen den Sitzen zu stehen.

Aus diesem Grund hatte ich mich gegen den fünfundsiebzigminütigen Flug in die Schweiz und für eine achteinhalbstündige Bahnfahrt entschieden. Berlin 22:14 ab, Basel 7:47 an.

Der Zug rollte aus dem Berliner Hauptbahnhof, und ich schöpfte Hoffnung, die Nacht allein und ungestört in meinem leeren Liegewagenabteil verbringen zu können.

Da polterte ein Junge im Grundschulalter ins Abteil: »Ich will oben! Ich will oben!«

Seine Mutter antwortete: »Wir schlafen ja oben, Konstantin.«

»Cooool.«

»Möchtest du links oder rechts?«

»Ich nehme, ich nehme, ich nehme ...« Sein Kopf schnellte hin und her. Er sprang und landete.

»Aua«, sagte ich.

»Konstantin, entschuldige dich bei dem Mann!«

»Ist schon gut«, brummte ich, zog die Schuhe aus und dann die Knie bis hoch unters Kinn. Halb verschattet von der Liege über mir hockte ich auf meiner blauen Matratze und sah aus wie ein Kindergartenkind, das nicht aus seiner Höhle will.

»Ich schlafe links! ... Nein, rechts! ... Nein, links!« Das Kind hüpfte herum, als hätte es einen verzweifelten Frosch verschluckt. »Oder rechts! Oder links! Nein, rechts.«

»Konstantin, ich finde links cool«, behauptete die Mutter.

Ich fand links auch cool. Ich schlief rechts.

Konstantin fand links nicht so cool.

Er war eines jener Kinder, das die Namen aller Planeten aufzählen kann und weiß, warum Pluto keiner mehr ist.

Seine Mutter umwehte ein blasses Batikkleid und die Tragik geplatzter Lebensträume.

Kaum waren die beiden in ihre Betten über mir geklettert und verstummt, quartierte die Schaffnerin einen Mann bei uns ein.

Er schlief sehr, sehr laut, und ich dachte die ganze Nacht darüber nach, warum Agatha Christie ein so kompliziertes Motiv für den *Mord im Orient Express* konstruiert hatte.

Gesetzeskonform fuhren wir vorwärts in die Schweiz ein.

Eine graue Wand verlief seit einigen Hundert Metern parallel zur Fahrtrichtung. Bunte Parolen lockerten das Einerlei hin und wieder auf. Sollte es jemandem gelingen, die bis zur Dachkante des Zuges reichende Wand zu erklimmen, würde er es trotzdem kaum schaffen, von dort auf das Zugdach zu springen, dazu war der Abstand zu groß. Gerade als es schien, die graue Wand würde nie enden, verlor sie an Höhe und gab den Blick frei auf einen Fluss.

Die Zugfahrt über die Grenze zwischen Deutschland und der Schweiz glich verblüffend der von Nordkorea nach China.

Meine Nordkorea-Reise lag mehr als zwei Jahre zurück, doch jedes Detail hatte sich eingebrannt.

Im Fernen Osten trennt der Fluss Tumen die Nachbarländer, hier war es der Rhein. Weiterer Unterschied: Der Zweck der grauen Wand: In Nordkorea verhindert sie Fluchtversuche, hier die Belästigung durch Zuglärm der Menschen in den Wohnhäusern dahinter. Das Graffiti ließ sich allerdings genauso wenig entziffern wie die nordkoreanischen Kampfparolen.

Das Gesicht im Wind der langsamer werdenden Fahrt, lehnte ich mich weit aus dem Gangfenster von Wagen 62. Neben mir standen ausstiegsbereit Konstantin und seine Mutter.

»Basel EssBeeBee«, las Konstantin das Bahnhofsschild vor und erklärte: »EssBeeBee bedeutet Schweizerische Bundesbahnen.« Basel SBB roch nach Kaffee und machte schwindlig. Ein halbes Dutzend Bahnsteige zwischen Spalier stehenden Eisensäulen unter dem lichten Dach einer fünfschiffigen Bahnhofshalle. Jede Dachwölbung krönte über die gesamte Länge eine Glashaube, die auf gekreuzten Streben ruhte. Darunter hingen wie ein kubistisches Spinnennetz senkrecht und waagerecht verlaufende Metallrohre, die in kleine Lautsprecher mündeten.

Die Bremsen kreischten. Die Welt vor dem Türfenster blieb stehen. Konstantins Zeigefinger bearbeitete den grünen Türöffnerknopf wie ein Specht den Baum. Die Tür seufzte und schwang zur Seite. Mutter und Sohn kletterten hinaus. Ich verharrte auf den Gitterstufen des Wagens und zog mit der linken Hand – in der rechten balancierte ich auf einer sogenannten Frühstücksbox aus dem Bordbistro einen Becher mit Tee – die Riemen meines schwarzgrünen Tourenrucksacks stramm. Der leichteste der Welt. Laut Prospekt 980 Gramm Leergewicht. Er verfügte über einen »Airspeed-Netzrücken« und bot statt einer profanen Plastikklickschnalle am Hüftgurt einen »Single-ErgoPull-Verschluss« mit dem ich »mächtig Druck auf die Hüften bekommen« sollte und einen »satten Sitz«.

Schon auf dem Marsch zum Hauptbahnhof in Berlin hatte

ich diesem Sitz, hin und wieder hüpfend, nachgespürt. Drückte mein Rucksack? War er zu schwer?

Ich hatte großen Aufwand betrieben, um das Gewicht meines Gepäcks zu reduzieren. Hatte den Stiel meiner Zahnbürste abgesägt und das Besteck auf ein einziges Teil aus Leichtkunststoff reduziert, das Messer, Gabel und Löffel vereinigte. Ich taufte es »Megaffel«.

Auch der Rest meines Outfits war neu: ein sandfarbenes Basecap, ein grauer Kapuzenpullover, eine moosgrüne Trekkinghose und Wanderschuhe mit rot-gelben Schnürsenkeln und roter Sohle, die ich zwei Wochen lang, drinnen und draußen, eingelaufen hatte. Bis jetzt fühlte sich meine Ausrüstung gut an. Amara, der ich gestern Abend ein Selfie geschickt hatte, hatte meine Erscheinung als »alpenelegant« gelobt.

Ich stieg die letzte Gitterstufe hinab und betrat Schweizer Boden. Von meinem Gürtel nestelte ich die Digicam und knipste mein Gesicht vor dem Baseler Bahnhofsschild. Weiße Schrift auf dunkelblauem Grund. Das wollte ich an jeder Umsteigestation machen. Nach aktuellem Planungsstand würden es siebenundachtzig Fotos werden.

Da ich mir eine Reiseroute in den Kopf gesetzt hatte, die den Landesnamen in Schreibschriftbuchstaben ergeben sollte, musste ich in Basel beginnen, weil wir von links nach rechts schreiben. Ganz links, also im Westen der Schweiz, da wo sie an Frankreich stößt, konnte ich nicht anfangen, weil der Anfang des S weiter vorne liegt.

Es hatte Tage gedauert, bis ich herausgefunden hatte, wie sich eine Route planen lässt, die ein Wort aus zusammengeschriebenen Buchstaben ergibt. Die gängigen Reiseplaner bieten immer den kürzesten Weg vom Start- zum Zielort an. Damit die Software machte, was ich wollte, statt effizient zu sein, fügte ich Zwischenstationen ein. Um die Namen kleinerer Orte lesen zu können, musste ich bei Google Maps in die Karte hineinzoomen, was dazu führte, dass ich die große Übersicht verlor und nicht mehr wusste, wo ich mich sowohl im Wort als auch im Land Schweiz befand.

Als ich es endlich geschafft hatte, ein halbwegs vernünftiges S zu bauen, nahm es die Hälfte des Landes ein. Doch die restlichen sechs Buchstaben fehlten.

Eigentlich heißt die Schweiz gar nicht Schweiz.

Um keine der Volksgruppen zu benachteiligen, bekam das Land offiziell einen lateinischen Namen: *Confoederatio Helvetica*. Deshalb lauten Postcode und Landeskennzeichen international »CH«. Gleichwohl existieren offizielle Bezeichnungen in allen vier Landessprachen. Und da heißt das Land auf Deutsch eben nicht »Schweiz«, sondern »Schweizerische Eidgenossenschaft«.

Das sagt im Alltag kein Mensch. Außerdem bereitete mir das kurze Wort »Schweiz« schon genug Probleme.

Ich plante ein kleineres S und stellte fest, dass ich meine Route an Straßen ausrichtete. Eine große Autoferienreise hatte ich schon gemacht (mit einem Porsche, den ich längst nicht mehr besaß). Fürs Radeln fehlten mir Lust und Kondition, zu Fuß würde meine Reise zu viel Zeit kosten. Blieben öffentliche Verkehrsmittel: Eisenbahn, Schiffe, Bergbahnen, Straßenbahnen, Omni- und Oberleitungsbusse – sowie die PostAutos, wie in der Schweiz die motorisierten Nachfolger der Postkutsche genannt werden –, außerdem eine U-Bahn-Linie. Damit kam ich in fast jeden bewohnten Winkel der Schweiz.

Die ersten Streckenpläne, die ich fand, waren schematische Darstellungen: Netzspinnen, Verkehrswaben oder Tarifringe. Für mein Schreibschriftwort benötigte ich jedoch zwingend den tatsächlichen Streckenverlauf im Gelände. Die Schweizerischen Bundesbahnen halfen mir. Unter anderem schickten sie eine zwar vereinfachte, aber letztlich topographische Streckenkarte, die außer Bahnstrecken auch alle wichtigen Schiffs-, PostAuto- und Bergbahnverbindungen darstellte. Auf Scans malte ich im Computer darauf herum. Häufig gelang mir ein perfekter Einzelbuchstabe, aber ich fand keinen Übergang zum nächsten. Weitere Schwierigkeit: Gerade Senkrechten. Die Schweiz besitzt bloß zwei durchgehende Nord-Süd-Strecken: den Lötschberg-Tunnel über dem Hinter- und den Gotthardtunnel über dem Vorderbein. Ansonsten stellen sich die Alpen quer, weshalb mein w fragwürdig weit nach oben rutschte.

Größtes Problem war der i-Punkt. Ihn musste ich – wollte ich korrekt sein – ohne Verbindung zum Boden erreichen. Nur wie?

Die Schleifen und Schnörkel des Wortes zu gestalten, gelang mir zunehmend besser. Der Internet-Fahrplaner der SBB bot die Funktion von A nach B »via C«, und ich überlistete seine Effizienz mit bis zu 12 »via«-Angaben. Praktischerweise berücksichtigte er sämtliche Verkehrsmittel, also auch Nahverkehr, Schiffe und Bergbahnen.

Nach zwei Wochen Planung – allein drei Tage brauchte ich für das h – hatte ich es geschafft, eine Reiseroute durch die Schweiz zu planen, die das Wort »Schweiz« ergibt.

Nur der i-Punkt fehlte. Der i-Punkt blieb ein Problem.

5500 Franken Mindestlohn für Maurer. Wir stehen dazu!
Ihre Baumeister – LMV: Fair im Bau

Plakat an einer Baustelle in Basel

In der Passarelle, einer überdachten Verbindungsbrücke über den Gleisen, gesäumt von Geschäften in Glaskästen für Reise- und Speisebedarf, schlenderte ich von Schaufenster zu Schaufenster. Mein Hotelzimmer konnte ich frühestens mittags beziehen. Ich hatte Zeit. Keine Termine, kein Stress. Ein stilles »Juchuuu!« auf den Lippen, drehte ich mich auf dem Absatz einmal um die eigene Achse. Das Gepäck auf meinem Rücken verstärkte meinen Schwung und schleuderte mich in einen Passanten.

»Exgüsi«, entschuldigte sich der bei mir.

Die wenigen Menschen, die an diesem Sonntagmorgen unterwegs waren, hielten Schwätzchen miteinander oder teilten am Telefon mit, wo sie gerade waren. Die Sätze hatten oft eine ausgeprägte Melodie. Sie begannen in Mittellage, schwangen sich auf in höchste Höhen und stürzten sofort wieder in die Tiefe. Bisweilen alles innerhalb einer Vokallänge, als gebe es einen Zusammenhang zwischen Aussprache und der Schweizer Berg-und-Tal-Landschaft. Dazu krachte es bei jedem *ch*, die *st* wurden zu »scht«, und der Umgang mit Zwielauten war undurchsichtig. »Bleibst du?« wurde zu »Bliebsch du?« (manchmal fiel das »du« auch weg), »zwei« blieb jedoch »zwei« und tönte trotzdem anders.

»Tönen« ist auch ein typisch Schweizer Ausdruck, den Deutsche häufiger im Zusammenhang mit Haarefärben verwenden.

Meine in den letzten Jahren auf Besuch bei Amara in Zürich erworbenen Kenntnisse über die sprachlichen Eigenheiten der Schweiz galten in Basel, Bern und den vielen Seitentälern des Landes sicher nur eingeschränkt. Dennoch, anders als die Menschen in Nordkorea würde ich die Schweizer verstehen.*

Unverständlicher waren die Schweizer Preise.

Anfang 2015 hatte die Schweizer Nationalbank die seit 2011 bestehende Kopplung an den Euro aufgehoben. Bis dahin musste 1 Euro mindestens 1,20 Franken kosten. Das hielt für europäische Handelspartner, besonders Deutschland, Waren aus teurer Schweizer Produktion halbwegs bezahlbar. Bedauerlicherweise verlor der Euro gegenüber dem Dollar zunehmend an Wert. Der Franken wäre gegenüber dem Euro gestiegen. Um das künstliche Euro-Franken-Verhältnis aufrechtzuerhalten, kaufte die Schweizer Nationalbank täglich Euro für mehrere Milliarden Franken, so dass der Franken weiterhin weniger wert war als der Euro. Anfang 2015 stieg das dafür benötigte

---

* Sprachwissenschaftler haben in den Schweizer Dialekten allein 22 Vokalfarben nachgewiesen. Unser lateinisches Alphabet kennt nur sechs Zeichen für Vokale. Zudem unterscheiden sich die Dialekte eklatant. Nicht alle Unterschiede kann eine Verschriftlichung abbilden. Und die meisten Einheimischen kennen nicht mal die korrekten Rechtschreib- und Grammatikregeln für ihre Dialektvarianten. Dennoch: Auf Dialekt in einem Buch über die Schweiz zu verzichten ist wie die Zeugung eines Kindes im Reagenzglas. Es ist möglich, aber kühl und leidenschaftslos. Der Dialekt ist das Herz der Schweiz. Und wie bei allen Herzensangelegenheiten droht das Risiko, dass Außenstehende nicht alles verstehen und Insider behaupten, es sei alles ganz anders. Die in diesem Buch verwendeten Dialekte wurden alle von kompetenten Schweizern geprüft. Die Verantwortung für Fehler liegt allein beim Autor. Proteste mögen bitte durch Bewerfen des Verantwortlichen mit weich verpackter Schokolade zum Ausdruck gebracht werden. Da ich des Englischen mächtig bin, sind englische Sätze korrekt wiedergegeben, alle anderen Sprachen lautmalerisch. So, wie ich sie gehört habe.

Kapital auf 100 Milliarden Franken – pro Tag. Die Schweizer Nationalbank beendete deshalb die Eurobindung zum Entsetzen der Schweizer Wirtschaft, die zu Recht fürchtete, ihre nun noch teureren Produkte im Ausland nicht mehr loszuwerden. Was nicht nur Folgen für die Schweiz hatte, sondern auch für das im Osten angrenzende Fürstentum Liechtenstein, in dem der Schweizer Franken offizielle Währung ist.

Wenigstens erleichterte der neue Euro-Franken-Kurs das Rechnen. Die Währungen standen fast im Verhältnis eins zu eins. Was nicht bedeutete, dass es für denselben Zahlenwert dieselbe Warenmenge gab.

Die im Bordbistro meines deutschen Zuges erworbene Frühstücksbox enthielt zwei Brötchen, dazu Leberwurst, Marmelade und Margarine in Portionspackungen, ein Päckchen Orangensaft, Plastikbesteck und ein Heißgetränk. Preis: 6 Euro 60. In den Basler Bahnhofsbackshops gab es für 6 Franken 60 ein kleines belegtes Brötchen.

Falls das Touristen nicht genug abschreckte, hingen in der gewaltigen Schalterhalle von Basel SBB meterlange Landschaftsgemälde in erdigen Farben: Sie zeigten den Ort Gstaad, den Silser See, das Jungfraujoch und, als fünfzehn Meter breites Panorama, den Vierwaldstättersee. Die Bilder waren so düster, dass, wäre ich Konstantins Mutter, ich ihm die Augen zugehalten hätte.

Heißen Tee schlürfend, bummelte ich durch eine Ladenpassage, geriet in eine Seitenhalle und stand mit einem Mal vor einer Milchglasscheibentür, die mit »FRANCE« überschrieben war. Aber nur, wenn man darüber hinwegsah, dass sich das E bockig gab und zu den übrigen halbmeterhohen Metalllettern sichtbar Abstand hielt.

Vom Schriftzug auf der oberen Türkante bis zur Hallendecke war der Raum offen, und man erahnte die Weite hinter der Tür.

Neben ihr ragte ein zweistöckiger roter Kubus auf, groß wie ein Einfamilienhaus. An seiner Seite steckte ein Fahnenmast, an dem die französische Trikolore baumelte. Mutig hielt ich auf die Milchglasscheiben zu. Sie teilten sich rechtzeitig.

Aus dem Reich des Franken schritt ich nach Frankreich. Genauer gesagt, auf französisches Hoheitsgebiet.

Ich marschierte vorbei an den unbesetzten Zollschaltern im Erdgeschoss des roten Kubus und auf eine hölzerne Flügeltür zu, die so alt aussah, dass ich zusammenfuhr, als sie automatisch aufschwang. Der Saal dahinter war breiter als lang und sehr hoch. Holzpaneele und Stuckkanten gliederten die Wände. Zwei mächtige Kronleuchter, schlank und schlicht, hingen von der Decke. In einer Ecke blätterte der Putz ab. An den Längsseiten des Wartesaales standen Sitzbänke, die schmalen Landschaftsbilder an der Wand waren so düster wie die in der großen Schalterhalle. Das »Buffett« überschriebene Holzhäuschen in der hinteren Ecke hatte sicher schon lange nicht mehr seinem Zweck gedient.

Durch eine zweite automatische Holztür trat ich ins Freie.

Als sei er das Zuneigung suchende Stiefkind, drängte sich ein kleiner Kopfbahnhof von hinten an den großen Basel SBB. Das Stiefkind heißt »Basel SNCF«. Die vier Großbuchstaben stehen für die französische Staatsbahn *Société Nationale des Chemins de fer Français* – auf Deutsch: »Vereinigte Nationale Französische Eisenbahnen«.

Schilder versprachen die Gleise 30 bis 35. Doch die Gleise, die den linken Bahnsteig flankierten, waren als 30 und 31 nummeriert, die am rechten als 33 und 35. Gleis 32 und 34 fehlten. Ähnlich war es damals in Nordkorea. Da hatten im Aufzug meines Hotels in Pjöngjang auf dem Etagentableau die Ziffern 1 und 5 gefehlt.

Von der Unterseite des Bahnhofdaches schälte sich die Farbe. Auf dem Bahnsteigboden waren die Markierungen verblasst. Einzig die Abfallbehälter glänzten wie gerade aus der Fabrik gekommen. Nirgends sah ich Menschen. Ich drehte mich um zu den Prellböcken am Ende der Gleise und hob meine Kamera.

Um die lückenhaften Gleisbezeichnungen ganz aufs Bild zu bekommen, beugte ich mich, Gesicht und Kamera nach oben gerichtet, seitwärts über die Bahnsteigkante.

Hinter mir pfiff jemand. Ich experimentierte mit dem Zoom herum. Es pfiff erneut, deutlich näher. Dann ein scharfer Ruf und eine Druckwelle. Ich riss instinktiv meinen Körper Richtung Bahnsteigmitte. Ein Eisenbahnwagen rauschte Zentimeter entfernt an mir vorbei, das Ende eines Zuges, der rückwärts in den Bahnhof geschoben wurde. Der Rangierer stand in der offenen Verbindungstür am Wagenende, den Fuß auf einem Puffer. Er sprang auf den Bahnsteig und ließ französische Schimpfwörter auf mich niederprasseln.

»Exgüsi«, entschuldigte ich mich bei ihm.

Das Rätsel der Basler Bahnhofsbenennung ist einfach zu erklären. Sofern man Kompliziertes mag.

Der Basler Hauptbahnhof hieß früher »Centralbahnhof«. Heute heißt er »Basel SBB« und im Englischen »Basel Swiss Station«, um ihn von »Basel German Station« (einem weiteren multinationalen Fernbahnhof in Basel) zu unterscheiden und von dem Bahnhof, auf dem ich gerade herumirrte: Basel SNCF, im Englischen »Basel French Station«, ursprünglich »Elsässischer Bahnhof«, weil hier früher die Züge aus dem Elsass ankamen.

Zugabfertigung und Fahrkartenverkauf betreiben die Schweizerischen Bundesbahnen (SBB). Auch die Müllentsorgung liegt in Schweizer Händen, was die gepflegten Abfallbehälter erklärt. Der Ursprung des komplizierten Bahnhofsbesitztums liegt im 19. Jahrhundert.

1838 begannen die Betreiber der Elsass-Bahn aus Frankreich mit dem Bau einer Strecke von Strasbourg Richtung Basel, 1840 reichte sie bis an die Schweizer Grenze. Die Stadt Basel wünschte eine Verlängerung, es dauerte aber einige Jahre, bis sich der »Grosse Rat«, die Regierung des Kantons Basel, dazu durchringen konnte, ein ausländisches Unternehmen auf

Schweizer Boden tätig werden zu lassen. 1845 bekam Basel schließlich als erste Stadt der Schweiz Eisenbahnanschluss.

Der erste Französische Bahnhof befand sich etwas entfernt vom heutigen Standort auf dem Schällemättli, das so heißt, weil auf den dortigen Feldern, auch »Matten« genannt, Strafgefangene arbeiteten, die – um eine Flucht zu erschweren – Glocken, also Schellen, um den Hals trugen. Ein Prinzip, mit dem die Schweizer schon bei Kühen gute Erfahrungen gemacht hatten.

Auch der ausländischen Bahn trauten die Basler nicht. Deshalb sicherten sie ihre Stadt durch ein Eisenbahntor, dessen Fallgitter von einer durch die französische Bahngesellschaft zu bezahlenden Wache vor dem ersten Zug am Morgen hochgezogen und am Abend nach dem letzten Zug abgesenkt wurde. Außerdem behielt sich Basel eine komplette Schließung des Tores bei Krieg, Aufstand oder Seuchen vor. Nach einigen Umbauten und Standortverlegungen wurde 1907 das aktuelle Gebäude im Rücken des damaligen Centralbahnhofs errichtet.

Auf dem Weg zurück ins Bahnhofsgebäude durchschritt ich zum dritten Mal eine hölzerne, automatische Flügeltür. Sie war mit »Schweiz« überschrieben, und falls jemand beim Durchschreiten einen Anfall von Amnesie erlitt, hatte man auf ein drinnen gleich rechts auftauchendes Glashäuschen große Metalllettern gesetzt, die noch einmal verkündeten, wohin der Weg führte. Nämlich in die »SCHWEIZ«. Im Unterschied zu »FRANC E« tanzte hier keiner der Buchstaben aus der Reihe.

Zollbeamte sah ich nirgends. 2008 ist die Schweiz dem kontrollfreien Schengen-Raum beigetreten. Dennoch hielt ein Schreibpult an der Wand Zollformulare bereit. Wer mehr als 10 000 Euro in das Nicht-EU-Land Schweiz bringt, muss dies anmelden.

Meine Reisekasse überschritt diesen Grenzwert nicht. Unter dem T-Shirt, direkt auf der Haut, barg ich in einer flachen Bauchtasche neben Ausweis und Kreditkarte je 600 Euro und Franken in bar. Damit ich mir in der Schweiz täglich eine Mahlzeit leisten konnte – zumindest in der ersten Woche. Deutsche Touristen geben in der Schweiz durchschnittlich 150 Schweizer Franken pro Tag aus. Chinesische 350.

»Kann ich Ihnen helfen?« Inhaltlich gab es an der Frage des Uniformierten, der aus einer Tür des roten Kubus geschossen kam, nichts auszusetzen. Akustisch klang es wie »Hände hoch!«

Ich hatte bei meiner Inspektion des französischen Zollgebiets unablässig Fotos geschossen, mal unauffällig aus der Hüfte, wie ich es in Nordkorea perfektioniert hatte, mal ganz offen.

Wichtig war jetzt, die Aufmerksamkeit von mir abzulenken.

Dabei half mir der Affenkäfig, den ich durch die offene Tür im Raum hinter dem Uniformierten erspähte. Anderthalb Meter hoch, stabile Gitterstäbe, Holzfußboden. Ohne Affen.

Dessen Gewicht hätte man auf der Kreisskala einer altertümlichen Zeigerwaage ablesen können, die vor dem Käfig postiert war. Daneben stand ein roter Tisch, dessen Platte ein zerkratztes Schweizer Kreuz zierte. Es schienen schon einige Affen darübergerutscht zu sein.

»Ist der Käfig für Affen?«

»Nein«, sagte der Zollbeamte misstrauisch, aber abgelenkt.

»Sondern?«

»Für den Hund.«

»Welchen Hund?«

»Den Spürhund.«

»Ach, den.« Ich bedankte mich und flüchtete durch eine Milchglasscheibentür, beschriftet mit »SCHWEIZ«.

Als ich auf den Bahnhofsvorplatz trat, zeigten die Uhren in den dicken Türmen beiderseits der gläsernen SBB-Bahnhofsfassade halb neun. An der höchsten Stelle des Steingiebels, der die Uhrentürme verband, prangte, umschlungen von steinernen Girlanden, ein Schweizer Kreuz auf rotem Grund. Auffällig und zurückhaltend zugleich. Ich stellte mir ein solches Wappen an einem deutschen Bahnhof vor, schwarz-rot-goldgestreift. Es würde aussehen, als habe jemand ein Sommerkleid eingerahmt.

Ein buntes Hotelsammelsurium umgab den Centralplatz. Rechts hellgelb das Victoria, daneben der blassrote Schweizerhof und links hinten, himmelblau, das Hotel Euler. Gemindert wurde die Fröhlichkeit der farbigen Fronten von einem dunklen Büroturm. Halbverdeckt vom Schweizerhof, erinnerte er an einen Footballspieler, der versucht, sich hinter einer Kindergartengruppe zu verstecken.

Die Kurven der im Boden eingelassenen Tramschienen bedeckten den Platz wie ein verunglücktes Mandala. Im Schatten der Haltestellendächer fegte ein Straßenkehrer kaum sichtbaren Staub zusammen. Nach jedem zweiten Besenstrich schlug er das Querholz aufs Pflaster, um Schmutz aus den Borsten zu lösen. »Sch-sch-tock. Sch-sch-tock.«

Ich setzte mich auf eine Haltestellenbank, klappte meine Frühstücksbox auf und schmierte mir ein Leberwurstbrötchen. Außer mir und dem Straßenkehrer waren noch zwei weitere Menschen auf dem Platz – Herren ohne Unterleib, die reglos hinter den Scheiben am Kopf ihrer grünen Tramschlangen auf Fahrgäste warteten.

Der Besenjazz des Straßenkehrers verstummte. Er machte auf den Stiel gestützt Pause. Meine Leberwurstbrötchenhand stoppte auf halbem Weg zum Mund. Nun bewegte sich nichts mehr auf dem Platz. Alles war ruhig. Ruhig und sauber. So sehr, dass man misstrauisch werden musste. Ich stand auf.

Dem Architekten des Büroturms hinter dem Schweizerhof hatte wohl einer jener Sitzhocker aus einem Elefantenfuß zum Vorbild gedient, die gern als Beispiele geschmackloser Afrika-

Souvenirs in Zeitschriften abgebildet werden. Klobig, kreisrund, unten zunehmend breiter.

Jeder der achtzehn Etagenringe bestand aus gleich großen Betonsegmenten mit fünf schmalen dunklen Fenstern. Auf der dem Bahnhofsplatz zugewandten Seite umschlang die unteren Etagen ein fensterloser Vorbau. Er ruhte auf einer dicken Säule, so dass sich darunter ein höhlenartiger Raum ergab. Dort verbarg sich, weit nach hinten versetzt, der Eingang.

Zur Seite floss der Turm ab der siebten Etage in einen gestuften Erweiterungsbau aus, jedes Stufendach begrünt. Weitere Gartenpracht bot ein kleiner Park am Fuß des Turms.

Unzählige Kameras überwachten das Areal. Außer »Ausfahrt Tag und Nacht freihalten« und »Warenanlieferung BIZ« wies nichts darauf hin, dass im Inneren des Baus die Finanzpolitik der Welt bestimmt wird.

Alle zwei Monate fährt sonntagnachmittags eine Kolonne schwarzer Limousinen in die Tiefgarage des Turms. Sie kommt vom eine Autostunde von Basel entfernten Flughafen Zürich und bringt die Chefs der Deutschen Bundesbank, der Europäischen Zentralbank, des Internationalen Währungsfonds, der Bank of England, der US-amerikanischen Federal Reserve und anderer wichtigen Notenbanken, zum Beispiel der chinesischen.

Die Einfahrt zur Tiefgarage fand ich in der Gartenstraße. Zwei Security-Leute in einem Wachhäuschen hatten mich bereits im Blick. Einer griff zum Telefon. An seiner Stelle hätte ich das auch getan, wenn auf der anderen Straßenseite im Schatten einer Parkhauseinfahrt ein Mann mit Rucksack herumschleicht und Fotos knipst von Zugängen und Überwachungstechnik der Mutter aller Banken. Statt mich aus dem Staub zu machen, spazierte ich über die Straße aufs Gebäude zu. Ich hatte ja nichts zu verbergen. Ich nicht.

Ecke Gartenstraße/Nauenstraße hantierten im Erdgeschoss zwischen chromblitzenden Arbeitstischen Köche mit weißen Mützen herum. War heute wieder einer dieser wichtigen Sonntage, an dem die Bankbosse zusammen speisten? Vor dem Dinner treffen sie sich im abhörsicheren Konferenzraum E, wo sie ohne Störung durch unqualifizierte Finanzminister oder ihre Wähler fürchtende Regierungschefs die internationale Geldpolitik absprechen.

Der Zweimonatsturnus der Treffen wurde schon im Gründungsabkommen 1930 festgeschrieben, als die »gehörig bevollmächtigten Vertreter der Regierungen Deutschlands, Belgiens, Frankreichs, des Vereinigten Königreichs von Großbritannien und Nordirland, Italiens und Japans einerseits und die gehörig bevollmächtigten Vertreter der Regierung der Schweizerischen Eidgenossenschaft andererseits« die Bank für Internationalen Zahlungsausgleich (BIZ) ins Leben riefen. Die Interessen der USA vertraten Bevollmächtigte der Banken J.P. Morgan, Nationalbank of Chicago und Nationalbank of New York. Formell trat die Notenbank der USA erst 1994 bei.

Die neue Bank sollte die deutschen Reparationszahlungen gegenüber den Siegermächten des Ersten Weltkriegs abwickeln.

Das »gehörig« betonte nicht etwa, dass in der Bank nichts Ungehöriges vorgeht, sondern dass die Vertreter ihren Regierungen hörig, also rechenschaftspflichtig waren.

Die Gründungsmitglieder spendierten der BIZ ein Startkapital von 500 Millionen Schweizer Franken, was 1930 einem Wert von 14 516,13 Kilogramm Feingold entsprach. So viel wiegen drei erwachsene afrikanische Elefantenbullen.

Mit der Schweizer Bundesregierung wurde – bis heute geltend – vereinbart, die BIZ von »gegenwärtigen und künftigen wie immer bezeichneten Steuern, gleichgültig, ob diese vom Bund, von Kantonen, von Gemeinden oder von anderen öffentlichen Körperschaften auferlegt werden«, zu befreien.

Vorteil von Basel außerdem: Die Stadt liegt in einem neutralen Land und ist einer der Eisenbahnknotenpunkte Europas. Die Bänker trafen sich zunächst in direkt am Hauptbahnhof gelegenen Hotels.

1931 wäre das große Banken-Brimborium beinahe wieder zu Ende gewesen, denn Deutschland stellte im Zuge der Weltwirtschaftskrise die Reparationszahlungen ein. Doch die BIZ nutzten inzwischen zwei Dutzend nationale Zentralbanken als Mittler bei Geschäften mit Deutschland. Und umgekehrt stand die BIZ Deutschland als Kapitalverwahrer und Kreditgeber bei Auslandsgeschäften zur Seite.

Bis März 1945 liefen über die BIZ sämtliche Devisen- und Goldgeschäfte Nazideutschlands – von den Gründungsmitgliedern, besonders den amerikanischen, ausdrücklich gebilligt. Ob das deponierte Geld von den Banken besetzter Länder stammte oder das Gold von herausgebrochenen Zähnen, interessierte niemanden.

Nach Ende des Zweiten Weltkrieges orientierte sich die BIZ erneut um. Kunden wurden nach und nach alle Zentralbanken Europas, auch aus sozialistischen Ländern – mit Ausnahme der DDR und der Sowjetunion. Hauptaufgabe war die Verwaltung von Währungsreserven für Nationale Notenbanken, die Koordination von Notfallkrediten bei Währungskrisen sowie die treuhänderische Verwahrung von Kapital bei Umschuldungen oder binationalen Streitigkeiten. So koordinierte die BIZ 2003 die Entschädigungszahlungen Libyens an die USA im Zusammenhang mit dem Lockerbie-Anschlag 1988, als libysche Terroristen eine amerikanische PANAM-Maschine über dem schottischen Lockerbie zum Absturz brachten.

Die Notenbanker Europas trafen sich regelmäßig – ab 1977 im Elefantenfußturm. Hier bereiteten sie die Einführung des Euro und die Gründung der Europäischen Zentralbank (EZB) vor.

Die Regelwerke, die das weltweite Bankenmiteinander seit den siebziger Jahren steuern, wurden ebenfalls in der BIZ ausgearbeitet. Sie trugen der Einfachheit halber den Namen Basel. Seit 2013 gilt Basel III. In den Nachrichten sind seit Jahren die Europäische Zentralbank (EZB) und der Internationale Währungsfonds (IWF) als Hüter der weltweiten Finanzpolitik täglich präsent. Derweil eröffnete die BIZ weitgehend unbemerkt Repräsentanzen in Hongkong und Mexiko und baute und bezog in Basel weitere Bürogebäude. Mitglied bei der BIZ sind heute 60 Zentralbanken, die 95 Prozent des weltweiten Bruttoinlandsprodukts repräsentieren. Seit November 2015 steht der BIZ der deutsche Bundesbankchef Jens Weidmann vor. Sein Vize ist Raghuram Rajan, Leiter der indischen Notenbank und ehemaliger Chef des IWF.

Ohne ausdrückliche Zustimmung der BIZ dürfen Schweizer Behörden kein BIZ-Gebäude betreten, denn die Schweizer Regierung garantiert internationalen Organisationen Handlungsfreiheit. Die 623 Mitarbeiter der BIZ können also ganz in Ruhe ihr großes Geschäft erledigen. Es sei denn, es brennt in der mächtigsten Bank der Welt. Für diesen Fall liegt eine vorab erteilte Zutrittsgenehmigung für die Basler Feuerwehr vor.

Was immer BIZ-Mitarbeiter in Ausübung ihres Dienstes tun, sie bleiben straffrei. Zusätzlich besitzen nichtschweizerische Mitglieder des Topmanagements samt ihren Angehörigen volle diplomatische Immunität, sind damit befreit von Zollkontrollen, Zöllen und Steuern und müssen, wenn sie falsch parken, keine Strafe zahlen. Dürfen aber.

Wie umgedrehte Schildkröten klebten im dunklen Eingangsbereich unter dem fensterlosen Vorbau Kameras unter dunkelbraunen Glashauben an der Decke. Ich winkte ihnen zu. Ganz hinten an der Wand entdeckte ich ein schallplattenhüllengroßes Schild. Dort stand in goldenen Buchstaben auf Englisch, Deutsch, Französisch und Italienisch: »Bank für Internationalen Zahlungsausgleich« – im Dämmerlicht kaum und von der Straße aus gar nicht zu lesen.

So viel stand fest: Am ersten Tag in Nordkorea hatte ich mich halb so oft gewundert wie in der ersten Stunde meiner Schweiz-Reise.

NÄI JETZT MACHSCH DIE BAZ WIDER IN DIS WÄGELI UND FAHRSCH WYTER. SUNSCHT GITS E LÄSERBRIEF.

Aufkleber an einem Basler Briefkasten

Wider Erwarten konnte ich schon kurz vor zwölf mein Zimmer beziehen. Sonntags wohnen in Businesshotels keine Geschäftsleute und nur wenige Wochenendgäste. Die WLAN-Nutzung war kostenlos, die Verbindung stabil und schnell.

»Zeig mal die Aussicht«, bat Amara, während sie ihre Wimpern mit einer martialischen Metallzange in Form presste. Sie hatte mich gefragt, ob es mich störe, wenn sie sich »parat macht«. Es störte mich nicht. Sie schminkt sich oft, wenn wir skypen. Auf ihrem Bildschirm sieht sie nicht nur mich, sondern auch ein Kamerabild von sich. Das ersetzt den Spiegel. Sie hatte in zwei Stunden einen Kundentermin. Mit wem, verriet sie nicht. Das macht sie nie.

Stolz hatte ich ihr von meinem Eckzimmer im fünfzehnten Stock berichtet, dessen verglaste Außenwände theoretisch einen atemberaubenden Blick über die Basler Skyline boten. Tatsächlich schaute ich auf die schmutzig roten Dächer grauer Wohnhäuser.

»Das Problem ist: Ich bin die Hälfte der Skyline.«

Amara machte große Augen. Links schon mit mondänem Schwung.

»Der Messeturm, in dem mein Hotel ein paar Etagen belegt, ist das zweithöchste Haus von Basel. 105 Meter, 31 Etagen. Die andere Hälfte von Basels Skyline steht da drüben ...« Ich drehte das Handy in Richtung eines weißen, an einer Seite treppenförmigen, Wolkenkratzers. »178 Meter, 41 Etagen. Basels höchstes Haus.«

Falkengleich stieß Amara in die Logiklücke. »Hä? Siebzig Meter höher als deins und nur zehn Etagen mehr?«

»Vielleicht haben sie in den Büros mehr Platz vom Boden bis zur Decke. Oder Geheimetagen. Würde mich hier nicht wundern. Da drin sitzt Hoffmann-La Roche, das ist ein Pharma –«

»Ich weiß«, unterbrach Amara.

Schweizer über ihr Land zu belehren – immer heikel.

»Jedenfalls ist das im Wesentlichen alles an Skyline.«

»Gut, dann zeig mir die Berge.«

Ich schwenkte das Handy hin und her. »Die Vogesen, das Jura und der Schwarzwald.«

»Ich sehe nur Grau.«

»Du musst dir den Nebel wegdenken.«

»Wie viel kostet noch mal dein Vogelnestzimmer?«

»Executive Double-Room, bitte schön! 164 Franken, ohne Frühstück.« Ein Hot-Deal-Schnäppchen aus dem Internet, inklusive lächerlicher 3,8 Prozent Mehrwertsteuer.

Ich stellte das Handy auf das Kopfteil des Bettes.

»Spatzeli, was machst du?«, schepperte Amaras Stimme aus dem kleinen schwarzen Telefonapparat.

»Auspacken.« Ich schnürte den Rucksack auf. »Sag mal, was ist eigentlich die BaZ?«

»Die *Basler Zeitung*. Warum?«

»Ich bin vorhin an einem Haus vorbeigekommen, da waren fast alle Briefkästen mit Anti-BaZ-Parolen beklebt.«

Ich hatte es fotografiert und las ihr den handgeschriebenen Zettel vor mit der Weiterfahraufforderung fürs Wägli.

Vor Lachen vermalte sie sich beim Lidstrich.

»An einem anderen Briefkasten stand: ›Keine BaZ! Auch nicht geschenkt!‹ Nur ein einziger Briefkasten war ohne Anti-BaZ-Parolen. Da klebte über dem Namensschildchen ein zweites gedrucktes. Darauf stand: ›Musterschweizer.‹«

Amara glaubte mir nicht, also schickte ich ihr mein Foto.

Inzwischen lagen auf meinem Bett drei kleine Plastikdosen mit blauen Deckeln, ein Rollkragenpullover, ein Stapel T-Shirts, schwarze, superleichte Sportschuhe, weiße Frottéschlappen, drei Paar Socken, vier Boxershorts, meine Schlafhose und eine volle Tüte. »Was haben die Leute gegen die *Basler Zeitung*?«

»Sie hassen Christoph Blocher. Weißt du, wer das ist?«

Ich packte die Tüte aus: eine schwarze Stoffhose samt Ledergürtel, ein blaukariertes Hemd und ein T-Shirt mit V-Ausschnitt, welches man unter dem Hemd nicht sah. Dazu ein himmelblauer Pullover. Meine *guten Sachen* für Restaurants und Frühstückssalons. Zur Vermeidung von Falten hatte ich alles umeinander gerollt.

»Blocher ist ein Strolch?«, vermutete ich.

»Nein! Mehrfacher Milliardär und Vizepräsident der SVP.«

»Schweizer … Volkspartei?«

»Früher war er ihr Vorsitzender und saß fast fünfundzwanzig Jahre im Nationalrat!«

»Das ist euer Parlament?«

»Exaktamente!« Amara zog ihr rechtes Unterlid nach.

»Okay, Blocher: Milliardär, SVP, Parlament. Und was hat das mit der BaZ zu tun?« Ich nahm eine der Plastikdosen sowie Amara im Telefon mit ins Bad.

Amara zog das linke Unterlid nach. »Also erst mal: Blocher hat die SVP nach rechts ausgerichtet. Und Basel ist ziemlich links. Da kriegt die SP immer die meisten Stimmmmmm…« Amara bemalte ihre Lippen.

»SP? Die Sozialistische Partei?«

»Mmmozialdemmmkratische Partemmmm.« Sie malte fertig und machte einen Kussmund. »Schönes Rot, oder?«

»Sehr sozialdemokratisch. Was ist mit Blocher und der BaZ?«

»Im Februar 2010 verkauften die Besitzer der BaZ die Zeitung für siebzig Millionen Franken an Tito Tettamanti.«

»Tito? Echt?«, kicherte ich. Amara verdrehte die Augen.

»Das ist ein Milliardär aus Lugano. Italienische Schweiz.«

»Hier mischen ja 'ne Menge Milliardäre mit.« Ich öffnete die Plastikdose. Sie enthielt meine Waschutensilien. In den anderen zwei waren Ladegeräte für Handy und Kamera, Ersatzakkus, Adapter und ähnlicher Kleinkram, den ich griffbereit haben und nicht ewig im Rucksack suchen wollte.

»Nach dem Verkauf an Tettamani kam heraus, dass sich der von einer Unternehmensberatung von Christoph Blocher beraten lässt. Angeblich nur beim Druckereigeschäft der BaZ. Trotzdem kündigten viele Leser ihr Abo. Basel links, Blocher rechts. Comprende?«

Amara pinselte Puder von ihrem Gesicht, von links nach rechts. Ich hatte inzwischen meine abgesägte Zahnbürste, eine Minitube Zahnpasta und meinen Nassrasierer ausgepackt.

»Das war alles im Februar 2010.« Sie pinselte unentwegt weiter. »Und im November 2010 verkauft Tettamanti seine Aktienmehrheit der BaZ wieder. Für offiziell eine Million Franken.«

»Moment mal, hat er nicht siebzig Millionen dafür bezahlt?«

»Eben!« Sie hielt zwei Fläschchen hoch. »Blauer oder roter Nagellack?«

»Kommt drauf an, was du anziehst.« Seit ich fürs Modefernsehen schreibe, gelte ich als Klamottenkoryphäe.

»Ein gelbes Kleid«, sagte Amara.

»Dann nimm blau.«

Sie nahm rot. »Der neue Käufer der BaZ ist der Moritz Suter.«

»Ach, der Schriftsteller?!«

»Nein, Moritz Suter gründete die Fluggesellschaft Cross Air.«

»Stimmt, der Schriftsteller heißt ja Martin«, fiel mir auf dem Weg zurück ins Zimmer ein.

»Moritz Suter entließ bei der BaZ einige Redaktoren, weil die gegen die neue Ausrichtung der Zeitung protestierten. Und er beendete das Geschäftsverhältnis mit Blochers Beratungsfirma. Angeblich. Glaubte aber keiner. Wahrscheinlich hat in Wirklichkeit Christoph Blocher den Kauf finanziert, und Suter war nur Strohmännli.«

»Da kann man verstehen, dass die Leute die BaZ nicht mögen.«

»Es geht noch weiter! Jetzt sind also alle am Durchdrehen, und die Initiative *Rettet Basel!* und ehemalige BaZ-Redakteure organisieren den Widerstand gegen Blocher. Protestschreiben, Anti-BaZ-Aufkleber. Und dann – tataaa! – gründet die Stiftung für Medienvielfalt im April 2011 eine neue Zeitung für Basel: Die *Tageswoche*. Total unlogischer Name. Wie Meterkilometer. Egal. Wo war ich? Ach ja, die Kohle für die *Tageswoche* kommt von Beatrice Oeri.«

»Lass mich raten: Milliardärin?«

»Jawohli! Sieht ziemlich vertrocknet aus und ist Urenkelin des Gründers von Hofmann-LaRoche.« Amara deutete mit einem bereits roten Fingernagel in die Richtung, in der sie hinter mir das Hofmann-LaRoche-Hochhaus vermutete. »Und jetzt kommt's! Moritz Suter verkauft die BaZ im Dezember 2011 an Blochers Tochter Rahel, und die verkauft die Aktien nur zwei Tage später an die Medienvielfalt Holding, die nichts mit der Stiftung für Medienvielfalt zu tun hat – sondern wem gehört?«

»Christoph Blocher.« Triumph lag in meiner Stimme.

»Neinneinein! Falschfalschfalsch! Sie gehört«, verkündete Amara, »Tito Tettamanti! Bäng!«

»Und Blocher?«

»Der hat den Kauf mit einer Millionengarantie abgesichert.«

Ich sank aufs Bett zwischen T-Shirts und Unterhosen. In meinem Kopf drehte sich alles. »Woher weißt du das alles?«

»Staunst du, was?« Amara ließ ihre Wimpern klimpern. »Also, erstens habe ich Wirtschaft studiert!« Ein Semester als Gasthörerin. »Zweitens verkehre ich in Kreisen« – damit meinte sie ihre Kunden und die Züricher Clubszene –, »die bei dem ganzen Hin und Her ihr halbes Vermögen ver*basel*t haben ... Hey, der war gut, oder?«

Ich lobte sie. Obwohl das Wortspiel nicht ganz sauber war. Amaras Handy klingelte. Sie nahm es in die Hand, stellte es aus. »War nur der Wecker. Was machst du jetzt?«

»Kurz hinlegen und mich danach über die Aussicht beschweren.«

Als ich wieder aufwachte, hatte sich die Aussicht auf Basel verbessert. Es war dunkel.

Geradeaus ragte der weiße Roche-Turm vor dem Abendhimmel auf. Rote Flugwarnlampen markierten seine Ecken. Links unten schnitt eine schnurgerade Straße gelb leuchtend durch die schwarze Häusermasse. An ihrem Ende erstrahlte ein Uhrenturm in der Nacht. Ich zog meine guten Sachen an, ging mich nicht beschweren, sondern essen und danach wieder schlafen.

Am nächsten Morgen verzichtete ich auf das 32-Franken-Frühstück im Hotel und spazierte zum Badischen Bahnhof, dessen Uhrenturm in der Nacht so hübsch geleuchtet hatte.

Ich entdeckte einen Bio-Bäcker, dessen belegte Brötchen lustige Namen hatten, wählte »Blöde Ziege« für 8 Franken und kramte in meinen Bauchtaschen-Barreserven: »Tut mir leid, ich hab nur 200-Franken-Scheine.«

»Das macht doch nichts«, sagte sie und gab mir mein Wechselgeld, »wir sind die Schweiz. Wir sind reich!«

Kauend verließ ich die Bahnhofshalle und ging aus dem Reich des Franken ... nach Deutschland. Denn kurz nach der Bahnhofshalle ist der Badische Bahnhof, offiziell »Basel, Bad«. Deutsches Hoheitsgebiet, weshalb er ja im Englischen »Basel German Station« heißt. Der Ursprung dieses komplizierten Bahnhofsbesitztums liegt im – jawohl – 19. Jahrhundert. Genau wie die Franzosen begannen die Deutschen in Gestalt des

Großherzogtums Baden im Jahre 1838, eine Bahnstrecke bis zur Schweizer Grenze zu bauen. Sie kam von Mannheim über Heidelberg und Freiburg. Die Stadt Basel wünschte eine Verlängerung in die eigenen Gefilde. Nach einigem Hin und Her wurde 1852 ein bis heute geltender Staatsvertrag zwischen Baden und der Schweizerischen Eidgenossenschaft geschlossen, der die Fortsetzung der Strecke auf Schweizer Staatsgebiet erlaubte und einen Bahnhofsbau zur Folge hatte.

Auf den Bahnsteigen von Basel, Bad hingen überall DB-Schilder. Dächer und Bodenmarkierungen sahen aus wie neu. Die Ziege, die die Milch für den Käse in meinem Brötchen gegeben hatte, musste dagegen schon älter gewesen sein. Jedenfalls machte die Feigenhonig-Weißkäse-Kreation ihrem Namen alle Ehre: Sie schmeckte blöd.

Mit der Tram fuhr ich auf die andere Rheinseite nach Großbasel und kaufte in der wunderhübschen Altstadt eine Schweizer SIM-Karte für mein Handy, in der Schweiz »Natel« genannt. Ursprünglich war das eine Abkürzung für das Nationale Autotelefon, dem Urvater funkbasierter Mobiltelefonie in der Schweiz. Natel verbreitete sich dann schweizweit als Bezeichnung für Geräte, die Deutsche »Handy« nennen. Lange waren die staatlichen Schweizer Post-, Telefon- und Telegraphenbetriebe (PTT) und – ihr Nachfolger in Sachen Telefon – die Swisscom einziger Mobilfunkanbieter. Als dann Konkurrenz zugelassen wurde, ließ die Swisscom NATEL als Markenname in Großschreibung schützen. Die Konkurrenz musste sich andere Namen einfallen lassen. Im allgemeinen Sprachgebrauch benutzen die Schweizer nach wie vor Natel. Dabei ist ihnen »Handy« schon seit Jahrzehnten ein Begriff. Allerdings nicht als Telefon, sondern als Geschirrspülmittel der Supermarktkette Migros. Durch den Einfluss der Deutschen verbreitet sich »Handy« für Mobiltelefon seit einigen Jahren in der Deutschschweiz und bedroht das einheimische Natel.

Gleich unterhalb des Basler Münsters bestand für mich die

Möglichkeit, zu *gieren*. Eine Tätigkeit, die keinerlei Bezug zum Schweizer oder gar internationalen Bankwesen hat. Eine Gierseilfähre ist durch einen Draht mit einer hoch oben quer über den Fluss gespannten Stahltrosse verbunden. Auf diese Weise flexibel fixiert, treibt sie durch die natürlichen Fließ- und Fliehkräfte des Wassers von einem Ufer zum anderen. Ganz ohne Motor.

Die »Fährimänner« (oder in Basel-Deutsch auch »Fäärimaa«) sind die Pächter der kleinen Boote, auf deren Bug eine Holzplattform das Einsteigen erleichtert. Am Heck schützt ein Holzhäuschen vor Regen. Dazwischen sitzen sich die Passagiere auf Längsbänken gegenüber.

Ich hatte meine Bank ganz für mich alleine. Auf der anderen versuchten drei Teenagerinnen einander beim Selfie-Schießen darin zu übertreffen, bei geschlossenem Mund die Lippen möglichst groß aussehen zu lassen. Nach jedem Bild kicherten sie über ihr »Duckface« und mutmaßten, was »der Dani« dazu sagen würde, dem sie ihre Bilder schickten.

Ich wunderte mich, dass niemand etwas zu den vielen Menschen sagte, die hilflos im Rhein trieben und sich an Kleiderbündel klammerten. Ich fragte den Fährimann, warum niemand diese Menschen rettete.

Er antwortete, in der Strömung zu treiben sei ein Freizeitspaß. Was ich in den Armen der Menschen für ein Kleiderbündel hielt, sei in Wahrheit eine fischförmige Tasche aus Nylon mit dem Hab und Gut des Schwimmers. Zum Verschließen werde der Schwanz der Tasche siebenmal umgeschlagen, weshalb sie Wickelfisch heiße. Erfunden habe sie 2001 ein Germanist aus Leipzig – jetzt Produzent von Wickelfischen.

Ich habe auch Germanistik studiert. Meine einzige wasserbezogene Erfindung ist das Rückenschwimmen beinwärts. Damit lässt sich der Nachteil ausgleichen, dass man beim traditionellen Rückenschwimmen nicht sieht, wohin man schwimmt. Ob sich das mit dem Wickelfisch kombinieren ließe?

Statt Kontakt mit dem sächsischen Freizeitspaßerfinder aufzunehmen, ging ich an Land, lief zum Hotel, holte meinen Rucksack und durchlitt einen Nachmittag voller Panik.

Strafbare Handlungen (Beschimpfungen, Drohungen und Tätlichkeiten) gegen das Fahrpersonal werden von Amtes wegen durch die Polizei verfolgt.

Personenbeförderungsgesetz Art. 59

Zum x-ten Mal schaute ich im Handy auf meine Fahrverbindung.

Mein in Berlin aufgestellter Reiseplan hatte einen Start am Bahnhof Basel SBB vorgesehen. Bis Bern, übermorgen, hatte ich die Übernachtungen und Fahrverbindungen durchgeplant. Danach wies der Plan zahlreiche Lücken auf. Einzig der Verlauf des Reisewegs stand fest. Von ihm würde ich keinen Meter abweichen. Sonst hieß es am Ende »Schwuz«.

Aufgrund der Nähe meines Hotels zum Badischen Bahnhof hatte ich kurzfristig umdisponiert, war dort um 16:18 Uhr in den NFB 36 gestiegen (NFB steht für »Niederflurbus«) und schaukelte nun in diesem quer durch die Stadt.

Mein Ziel war der S-Bahnhof Basel-Dreispitz. Ankunft 16:33, Weiterfahrt 16:40 mit der S3 Richtung Porrentruy – von dem ich nicht wusste, wie man es ausspricht. Ankunft 17:35 in Glovelier an Gleis 3, weiter 17:38 von Gleis 13 mit dem Regio 270 nach La Chaux-de-Fonds. Ankunft 18:56.

Statt fast drei Stunden herumzugondeln, hätte ich von Basel über Biel in weniger als zwei Stunden am Ziel sein können. Doch dann hätte die Strecke keinen – wenngleich, nur leicht gewölbten – ersten Bogen des S ergeben, sondern höchstens an den Heimweg eines betrunkenen Seemannes erinnert.

Einige Meter vor einer großen Ampelkreuzung stieg ich in Basel-Dreispitz aus, freute mich über die frische Luft und lief in Fahrtrichtung vor bis zur Hauptstraße, zu der parallel eine Schienentrasse verlief. Perfekt – hier musste meine S3 abfahren.

Ein schienengebundenes Fahrzeug glitt heran. Es trug auf der Stirn eine 11 und sah aus wie eine Straßenbahn, was aber nichts heißen musste; in Köln verkehren solche Fahrzeuge unterirdisch und werden hochtrabend U-Bahn genannt. Vielleicht hießen in Basel die Straßenbahnen »S-Bahn«.

Da ich die S3 brauchte, ließ ich die 11 ihrer Schienenwege ziehen und suchte jemanden, der sich auskannte.

Amara hatte mir eingebläut, meine deutsche Direktheit gegen eine Höflichkeit einzutauschen, deren richtiges Maß ich dann gefunden hätte, wenn ich das Gefühl bekäme, ich würde mein Gegenüber auf den Arm nehmen. Daher sagte ich statt »Tschuljung, is' das die S-Bahn?« zu einem älteren Mann, der an der roten Fußgängerampel wartete: »Grüezi, guten Tag. Entschuldigen Sie vielmals, mein Herr ...«, inzwischen war es grün geworden, »... könnten Sie mir freundlicherweise sagen, ob hier die S3 nach Porr-, Porr-, nach ...«, ich konnte den französischen Endbahnhof nicht aussprechen. Der Mann setzte einen Fuß auf die Straße, »... also, ob hier die S-Bahn abfährt?«

»S-Bahn?«

Ich zeigte auf das schienengebundene Fahrzeug.

»Sie meinen das Tram.« Er hatte sofort ins Hochdeutsche gewechselt. Nur den schweizerischen Artikel beibehalten.

»Und die S-Bahn?«

»Das weiß ich nicht. Tut mir sehr leid.«

Mit einem »Trotzdem merci vielmals« ließ ich ihn stehen. Gehen durfte er ja nicht. Die Ampel war wieder auf Rot gesprungen.

Außer mit der Regel, die ausgearbeitete Route nicht zu verlassen, geißelte ich mich mit einer zweiten: Keine Verwendung von Google Maps mit der GPS-gesteuerten Standortbestimmung. Alles gleich zu finden ist langweilig und verhindert Abenteuer. Und das rechtzeitige Erreichen des Zuges.

Noch eine Minute.

Wenn ich den Zug verpasste, würde erst in zwei Stunden wieder eine Verbindung zu meiner Route passen. Zu spät. Um halb neun war ich in La Chaux-de-Fonds verabredet. Mit einem Mann.

Panisch und alle Vorsätze vergessend, schleuderte ich den Passanten entgegen: »S-Bahn? Wo?«

Man zeigte stumm zur Bushaltestelle. Ein paar Schritte dahinter überbrückte die Straße einen Geländeeinschnitt. Darin fuhren aus entgegengesetzten Richtungen zwei rote S-Bahnen ein. Außer gläsernen Aufzugsausgängen und grauen Treppenüberdachungen wies nichts auf den Bahnhof hin. Das kleine Stationsschild verdeckte der vorspringende Bau eines Sanitärhandels.

An einem der Treppenabgänge verkündete eine Plakette stolz, dass die Station Dreispitz 2008 in der »Kategorie 1« einen Architekturpreis gewonnen habe. Ich vermutete, »Kategorie 1« prämierte den bestversteckten Bahnhof.

Viel wichtiger war, zu welchem Gleis und damit zu welcher Treppe ich musste. »Richtung Basel« stand an der einen. Zum Bahnhof Basel SBB wollte ich nicht.

Demnach musste ich Richtung »Richtung Laufen« laufen. Sekunden später fuhr die Bahn los. Mit mir.

Ich habe einen gültigen Ausweis. Andernfalls zahle ich eine Busse zwischen Fr. 100.- und Fr. 350.-!

Warnhinweis in den Wagen der Jura-Bahn

Nach einer Viertelstunde Fahrt stellte ich fest, dass die S-Bahn zwar bisher an allen Zwischenstationen gehalten hatte, die auf meiner Karte verzeichnet waren, nun aber auf dem Bildschirm neben der Tür unter den angezeigten nächsten drei Halten nicht mein Umsteigebahnhof Glovelier auftauchte, obwohl wir laut meinem Streckenplan zwei Stationen von ihm entfernt waren. Zudem kamen die Durchsagen nicht mehr zweisprachig, sondern nur noch auf Französisch, das ich nicht verstehe. Deshalb schaute ich in Delémont aus der offenen S-Bahn-Tür, in der Hoffnung, auf dem Bahnhofsanzeiger mehr zu erfahren.

Mehrere Fahrgäste wechselten in den hinteren Teil der S-Bahn.

Ich riss meinen Rucksack hoch und stürzte ihnen nach. Unterwegs traf ich auf den Zugbegleiter. »Entschuldigung, welcher Zugteil fährt nach Glovelier?«

»Der ganze ...«

»Aber ...« Ich berichtete vom Unterschied zwischen Karte und Anzeige und lernte, dass mein Streckenplan aus Platzgründen einige Halte ausließ. Die Fahrgäste waren nur aus einem übervollen Zweite-Klasse-Abteil in ein weniger volles umgezogen. Der Uniformierte pfiff, ich sprang in die Bahn.

Die fuhr zurück in die Richtung, aus der wir gekommen waren.

Dennoch war der nächste Bahnhof Courtételle – laut Infoanzeige derjenige, der auf Delémont folgte. Auf meinem Streckenplan fehlte Courtételle, aber wenn es draußen existierte, bestand Hoffnung, dass es trotz Richtungswechsel voranging.

Ich griff nach einer der Halbliterflaschen in den Seitentaschen des Rucksacks und beruhigte mich mit einem Schluck Migros-Mineralwasser.

Sobald Glovelier als nächster Halt angezeigt wurde, stand ich sprungbereit an der Tür. Kaum angekommen, rannte ich los. Völlig unnötig: Mein Ankunftsgleis 3 stieß leicht versetzt an das Abfahrtsgleis 13.

Ich beschloss, mir in der Schweiz ab sofort das verwunderte Kopfschütteln abzugewöhnen. Ich hatte schon Muskelkater.

Die letzte Strecke meiner Tagesetappe fuhr ich mit der privaten Bahngesellschaft *Chemin de fer du Jura*, auf Deutsch »Jura-Bahn«. Das Jura ist ein Höhenzug, der kurz hinter Zürich am Nacken des Wildschweins beginnt, sich dann unterhalb von Basel westwärts ausbreitet und bis in den Wildschweinschwanz hineinzieht. Das Jura bedeckt die Schweiz zu zehn Prozent und ist Namensgeber des Kantons Jura, nicht jedoch der gleichnamigen Rechtswissenschaften. Genauso wenig hat es mit den Alpen zu tun, von denen man immer glaubt, sie würden die ganze Schweiz einnehmen.

Die roten Wagen der *Chemin de fer du Jura* muteten nostalgisch an. Die Türen schlossen nicht plan mit den Fensterwänden ab, sondern waren nach innen zurückgesetzt. Den Zug zog keine separate Lok. Die Führerstände waren in die Endwagen integriert. Ich entschied mich für ein leeres Erste-Klasse-Abteil und ließ mich in verblichene, von gestreiftem Samt überzogene Sitze fallen. Der Zug rumpelte los.

Es war stickig im Abteil.

In der Mitte der Fensterscheiben steckte ein Knauf. Ich zog daran. Das Fenster war stärker. Ich ruckelte. Das Fenster gab einen Zentimeter nach. Ich zwängte meine Finger in den Spalt zwischen Scheibe und Rahmen und hängte mich an die Scheibe. Meine 84 Kilo und die im Holzrahmen verklemmte Scheibe rangen miteinander. Ich stöhnte, sie knarzte. Bei zwei Zentimetern einigten wir uns auf eine Kampfpause.

Das optisch Neueste im Wagen war das Warnschild über der Tür, das in Form einer Selbstbezichtigung den Reisenden gemahnte, einen gültigen Fahrschein zu besitzen. Ich hatte noch nicht zu Ende gelesen, da ratterte die Tür zur Seite.

»Bongschur, le bileee sivoplää.« Der Schaffner.

Meine Kenntnisse des Französischen beschränken sich auf tageszeitlich passende Grüße, »bitte«, »danke«, »ich liebe dich« und »nichts geht mehr«. Außerdem hatte mir Amara einen Satz beigebracht, den ich heute Abend anzuwenden gedachte. Nichts davon würde mir jetzt helfen. Auch nicht, dass ich in der Schule sechs Jahre Russisch gelernt hatte und das Latinum besaß.

Ich probierte es mit: »Just a moment please. I've got it in my pocket.« Ich lupfte mein T-Shirt, zeigte ein bisschen nackte Haut und zottelte ein schmales Dokument aus der Bauchtasche. Misstrauisch musterte es der Schaffner.

Die Fahrkarten waren ein Schwachpunkt meiner Reiseplanung gewesen. Einerseits wollte und musste ich flexibel bei den Abfahrtszeiten sein, andererseits würden mich kurz vor Abfahrt gelöste Tickets ein Vermögen kosten, zumal die kurzen Umsteigezeiten oft nicht ausreichten, um sie zu kaufen.

So wie in Dreispitz und Glovelier.

Dieses Problem hatten auch die SBB erkannt und boten seit kurzem für Touristen eine Lösung namens *Swiss Travel Pass* an. Der erlaubt, anders als die *Deutsche Bahncard 100*, die Nutzung sämtlicher Nah- und Fernverkehrsmittel in allen Verkehrsverbünden, inklusive Schiffen und Rabatt auf Bergbahnen. Er gilt für drei, acht oder fünfzehn Reisetage, die entweder direkt aufeinanderfolgen müssen oder flexibel innerhalb von vier Wochen abgereist werden können. Ich besaß die flexible und am längsten geltende Variante, amtlich abgestempelt und in Deutsch und Englisch beschriftet.

Mein Schaffner sprach kein Englisch, und die Existenz des *Swiss Travel Pass Flex* war offensichtlich noch nicht in die Weiten des westschweizer Juragebirges vorgedrungen.

»Tikkiet?«, fragte der Schaffner.

»Ja ... äh ... yes ... äh ... oui ... moah tikkiet«, radebrechte ich.

»Deutsch?«, fragte er.

Ich nickte. Schweizer mögen keine Deutschen, hatte Amara gewarnt. Dass Franzosen keine Deutschen mögen, weiß man ja. Ich war hier mit einem Romand konfrontiert, einem französischsprachigen Schweizer!

Der Zug hielt. Mitten in einer Schlucht. Dunkler Wald auf beiden Seiten. Ein Mann in Bahnuniform schritt am Fenster vorbei. Hatte der Schaffner durch ein geheimes Signal Verstärkung geholt? Würden sie mich aussetzen?

Durch den Zwei-Zentimeter-Fensterspalt drang metallisches Quietschen. Dann fuhr der Zug in die Richtung, aus der wir gekommen waren. Sie brachten mich zurück.

Der Schaffner sah die stumme Frage in meinen Augen: »Äh ... Hier ist ...«, begann er, sein französischer Akzent dehnte die Vokale, »eine Spitzkehre. Wie eine Ypsilon.« Er verdeutlichte mir den Streckenverlauf, in dem er das Victory-Zeichen machte und mit dem Zeigefinger der anderen Hand an dessen Spitze noch etwas tiefer fuhr. »Wir sind gefahren diese rechte Schenkel hinunter in die Schwanz, dann der Zugführer muss aussteigen, nach vorne laufen, Weiche stellen und die andere Schenkel hinauffahren. Gleich wir überwinden 500 Meter Höhe.«

Der Schaffner sah noch einmal auf meinen *Swiss Travel Pass* – und zuckte die Schultern. Es würde schon korrekt sein. Sein grimmiger Kontrolleursblick wich einem Lächeln: »Gute Reise«, wünschte er und machte meine Vorurteile kaputt.

Über den weiten Wiesen, die jetzt beiderseits der Strecke

sanft anstiegen, hingen Nebelschwaden. Hin und wieder tauchten am Horizont die Schemen einsamer Bauerngehöfte auf, umgeben von Silhouetten mächtiger Bäume. Von der klassischen Schweizer Bergwelt, unten grüne Wälder, oben graue Felsen mit schneebepuderten Spitzen, war weit und breit nichts zu sehen.

Der Zug rumpelte über Weichen und hielt am Bahnhof von Saignelégier vor einem Stationsgebäude mit sechs spitzen Dächlein nebeneinander.

Eine Weile passierte nichts. Ich ruckelte entschlossen am Fenster herum. Es hatte plötzlich Mitleid und sank so weit herab, dass ich den Kopf herausstecken konnte.

Unendliches Schienengewirr zu beiden Seiten.

Der Zug ruckte an und holperte zurück in die Richtung, aus der wir gekommen waren.

Nach hundert Metern endete die Fahrt.

Eine Weile passierte nichts. Dann ruckte der Zug an und holperte zurück in die Richtung, aus der wir gekommen waren. Jetzt ein Gleis weiter links.

Nach hundert Metern endete die Fahrt.

Eine Weile passierte nichts. Dann ruckte der Zug an und holperte zurück in die Richtung, aus der wir gekommen waren. Ob ich in einer Zeitschleife steckte?

Nein, nur in der Schweiz. Hier schien die Devise zu gelten: Fortschritt durch Umkehr.

Der Zug ratterte weiter durch die Nebelwiesen des Jura.

An den nächsten Haltestellen, meist bushaltestellengroße Wartehäuschen mit dem Stationsnamen auf dem Dach, hielten wir nur, wenn jemand aus- oder einsteigen wollte.

Mit einem Mal verschwand der Nebel, und es tauchten die ersten Häuser von La Chaux-de-Fonds auf, der Keimzelle der modernen Schweiz.

Im Budget der Uhrenstadt klafft ein Loch von 12 Millionen Franken, und das Spital droht zu schliessen. La Chaux-de-Fonds steckt wieder einmal in einer Krise. Wie man solche bewältigt, hat die Stadt wiederholt bewiesen.

News im Info-Anzeiger des NFB 36

Die ersten Häuser von La Chaux-de-Fonds waren weiße, in die Jahre gekommene Hochhäuser, die so gar nicht zum Heidi-Image der Schweiz passen wollten. Mein roter Rumpelzug nahm eine Kurve und wechselte unvermittelt vom Bahndamm auf eine Hauptstraße. Hier fuhr er wie eine Straßenbahn den Autos entgegen.

Am Bahnhof machte ich das obligatorische Gesicht-vor-Stationsschild-Foto. Kurz darauf stand ich auf dem Bahnhofsvorplatz, hielt den A4-Papier-Ausdruck meines Reiseplans in der Hand und versuchte, die Wegeskizze darauf mit der Wirklichkeit in Einklang zu bringen, indem ich mich in verschiedene Richtungen drehte. Seit ich denken kann, bereitet mir die Unterscheidung zwischen links und rechts Schwierigkeiten. Wenn es heißt »Rechts lang!«, muss ich kurz nachdenken und wende mich meist nach links. Ärzte der Bundeswehr erklärten mich bei der Musterung offiziell untauglich für den Dienst an der Waffe. Mein Großvater, der glaubte, man könne zwischen Wehr- und Zivildienst wählen, war erschüttert, dass man mir nicht einmal zutraute, im Altenheim Suppe zu verteilen.

Zwischen meinem vierten und elften Lebensjahr hatte ich eine glückliche Phase: die Splitter-Jahre. Als Vierjähriger zog ich mir am linken Handballen einen Splitter ein, der jahrelang dort blieb und mir bei der Orientierung half. Splitter gleich links. Oder: nicht rechts!

Irgendwann wuchs der Splitter heraus. Manchmal, in Hektik, schaue ich aus alter Gewohnheit noch heute auf meine Handballen.

Das heißt nicht, dass ich keinen Orientierungssinn hätte. Ich komme eigentlich immer da an, wo ich hinwill. Aber Karten, die man nicht durch Drehen mit der Wirklichkeit in Einklang bringen kann, Kommandos oder Tanzchoreographien, denen ich sofort folgen muss, bereiten mir Probleme.

Zum Glück war es diesmal ganz einfach. Ich musste über den Bahnhofsvorplatz bis zur Querstraße und dann rechts. Also zu der Seite, wo ich immer das Messer halte.

Die neoklassische Fassade des Bahnhofsgebäudes mit ihren riesigen Rundbogenfenstern kündete von einer wohlhabenden Stadt. Die Häuser gegenüber dem Bahnhof vom Gegenteil: verblichener Anstrich, staubiger Putz. Schaurig wirkte ein stucküberladener dunkler Eckbau, dessen Eckturm ein steinerner Adler krönte. Seine Schwingen ausgebreitet, krallte er sich in die Weltkugel.

Auf dem Mittelstreifen der breiten, sehr geraden Avenue Leopold Robert standen in Reih und Glied Ahornbäume. Unter ihren dichten Kronen lief ich Richtung Hotel. Es war eines der besten der Stadt. Gebucht hatte ich ursprünglich ein preiswerteres. Das hatte ich wieder abbestellen müssen.

»Bist du nackt?«, fragte Amara, zur Webcam vorgebeugt.

»Jawohl«, bestätigte ich. »Wir gehen jetzt in die Badewanne.«

Ich stieg in den Schaumberg. Bis zu meinem Termin blieben knapp vierzig Minuten.

»Ich seh ja gar nichts.«

»Möchtest du etwa mehr sehen?« Meine Handykamera zielte nur auf meinen Oberkörper.

»Nööö. Die Zeiten sind vorbei«, sagte sie. »Wo bist du?«

Ich sank ins heiße Wasser. »In einem Art-déco-Hotel. Ich habe ständig das Gefühl, ich müsste husten.«

»So staubig?«

»Nein, so schwülstig. Rote Stofftapeten, goldene Spiegelrahmen und Kissen mit Kordeln.«

»Und wem hast du das zu verdanken?«

»Der Stadt«, sagte ich.

»Mir!«, widersprach sie.

Von Berlin aus hatte ich, nach meiner Zimmerbuchung in La Chaux-de-Fonds, das örtliche Tourismusbüro um Infomaterial zur Uhrenproduktion gebeten, mich nach Führungen erkundigt und an meine schweizfreundlich formulierte Mail meinen Presseausweis angehängt, um die Ernsthaftigkeit meines Anliegens zu unterstreichen. Eine ähnliche Mail hatte ich den SBB geschrieben, von denen ich mir geeignetes Kartenmaterial für meine Reiseplanung wünschte und eine Billet-Empfehlung. Die Ergebnisse waren verblüffend: La Chaux-de-Fonds lud mich ins Athmos-Hotel ein und spendierte mir ein Besichtigungsprogramm unter der Leitung eines Monsieur Carrier, die SBB schickten einen Erste-Klasse-Swiss-Travel-Flex-Pass. Dabei kann man den an jedem deutschen Bahnschalter kaufen.

»Wir sind die Schweiz. Wir können uns das leisten«, hatte Amara kommentiert und mein Ansinnen, das Angebot abzulehnen, zerstreut: »Sei doch nicht dumm.«

»Ja, dir verdanke ich das.« Ich plätscherte dankbar im Schaumbad herum.

Amara machte ein Gesicht wie eine frisch gekürte Weinkönigin. »Und hat es mit dem Satz geklappt?«

»Perfekt. Ich bin direkt auf die Rezeptionsfrau zugestürmt, habe *Bongswar* gesagt und *Schö ma pell Kristjong Aisär*. Und sie wusste sofort Bescheid.« Amara hatte das mit mir geübt.

»Und dann?«

»Redete sie sehr lange, und ich nickte sehr viel.« Ich ließ kaltes Wasser nachlaufen. »Ach, sieh mal an, die Duschkopfhalterung hier ist die gleiche Klemmhebel-Kugelgelenk-Konstruktion wie in meinem Bad in Basel.«

»Was ... äh ... wie bitte?«

Ich zeigte es ihr. Die Gleithalterung an der Duschstange wurde mit einem durch Druck von oben zu lösenden Klemmhebel fixiert, der Brausekopf hing in einem waagerechten Greifer, dessen Kugelgelenk es dem Duschenden erlaubte, den Wasserstrahl in verschiedene Richtungen zu stellen. »Hab in Deutschland noch nie gesehen. Und hier schon zweimal.«

»Das ist voll ein Monk-Ding.« Amara schaute täglich mindestens eine Folge *Monk*. Die Hauptfigur dieser US-Serie ist ein ehemaliger Polizeibeamter voller Phobien und Ticks, die ihn befähigen, an Tatorten mehr zu sehen als die Polizei von San Francisco.

»Spatzeli, ich mach mir schnell einen Kafi, und dann erzählst du mir, was du erlebt hast, und ich dir, was ich heute nicht erlebt habe.«

Das machten wir, bis ich losmusste, Monsieur Carrier treffen und ein Pferd essen.

In der Hotelhalle erwartete mich ein Herr Anfang siebzig mit einem Gesicht wie gemacht für Geldscheine: reich an Konturen, ideal für Kupferstecher. Sein dunkelgraues Haar war sorgfältig nach hinten gebürstet. Wache dunkle Augen blitzten hinter kleinen runden Brillengläsern. Ein gestutzter Oberlippenbart war eingerahmt von Furchen, die Lebenserfahrung verhießen. Gelehrte des 19. Jahrhunderts sehen so aus: Paul Ehrlich, Robert Koch.

Monsieur Carriers Interesse galt jedoch nicht Syphilis und Tuberkulose, sondern La Chaux-de-Fonds und mir.

Dienstbeflissen hielt er mir die Tür zum Windfang auf, ich revanchierte mich durch Aufhalten der Außentür. Er bat mich voranzugehen, ich bestand darauf, dass er zuerst ginge, er lehnte ab, und ich fügte mich.

Sein Deutsch war frei von französischem Akzent. Die Färbung darin hielt ich für einen Schweizer Dialekt.

»Sie können gerne Schweizerdeutsch sprechen«, bot ich ihm an, »ich verstehe das ganz gut.«

»Oh, das habe ich leider nie gelernt.« Er bedeutete mir mit ausgestrecktem Arm, über die Straße zu gehen, und ich hätte wohl »Nach Ihnen« gesagt, hätte mich seine Antwort nicht aus dem Konzept gebracht. Auf dem Mittelstreifen erklärte er: »Sie haben es bestimmt schon gehört, ich bin Schwabe. Seit vierzig Jahren zu Hause in La Chaux-de-Fonds.«

Monsieur Carrier sagte »LaTscho'dFong«. Nicht wie ich »La Scho de Fong«.

Wir gingen ein Stück auf dem Mittelstreifen entlang.

»LaTscho«, jetzt kürzte er die Stadt ab, »ist eigentlich die höchstgelegene Stadt Europas. Unsere Hauptstraße, die Avenüü Leopol Robäär, liegt auf 995 Metern über Meereshöhe. Alle Bäume auf dem Mittelstreifen werden so beschnitten, dass sie exakt auf 1000 Meter Höhe enden. Doch seit Davos sich zur Stadt erklärte, ist Davos die höchstgelegene ...« – er schrieb Gänsefüßchen in die Luft – »... Stadt. Eigentlich nur ein aufgeplustertes Dorf.« Sein *aufgepluschtert* verriet deutlich den Schwaben. »LaTscho dagegen war die erste moderne Stadt der Schweiz. Nach dem großen Feuer von 1794 nach einem Masterplan in einer Art Schachbrettmuster wiederaufgebaut. Das hatte sich der Baumeister übrigens in Preußen abgeguckt. LaTschos preußische Wurzeln verschweigt man hier gerne.«

Wir spazierten in eine Seitenstraße, die genau im rechten Winkel von der Avenue abging.

»Schauen Sie mal.« Er deutete geradeaus bergauf. »Die Straßen, die unsere kreuzen, verlaufen alle parallel zur *Avenüü*.«

Wir blieben mitten auf einer kleinen Kreuzung stehen: »Im Querschnitt haben wir hier immer: Straße, Vorgarten, Haus, Straße, Vorgarten, Haus. Der Abstand der Häuserreihen wurde so berechnet, dass der Schatten der ersten Häuserreihe nicht auf die dahinterliegende fiel. Dadurch hatten die Uhrmacher bis abends Licht. Sehen Sie dort oben? Fensterbänder.«

Er sagte schwäbisch *Fenschtrbänder* und meinte eine Reihe dicht nebeneinander gesetzter Fenster im obersten Stockwerk. »Direkt dahinter standen die Werkbänke der Uhrmacher. Die Fenster sind hauptsächlich nach Süden ausgerichtet. Genau genommen war der Architekt der Stadt das Licht. Ah, da ist unser Restaurant. Bitte sehr.«

»Nach Ihnen«, sagte ich.

»Aber nicht doch.« Er wartete. Ich fügte mich.

Das *Chez Gilles* verströmte rustikalen Luxus. Viel dunkles Holz im Kerzenschein. Unmöglich zu erkennen, was von der Einrichtung original alt war und was gut nachgemacht.

»Den Wein kann ich Ihnen sehr empfehlen.« Monsieur Carrier reichte mir die Weinkarte.

Ich gab sie ihm zurück: »Ich trinke leider keinen Wein.«

»Oh, dann nehmen Sie unbedingt vom Absinth. Der wurde hier im Schweizer Jura erfunden, im Val de Travers um 1800. Dreißig Kilometer von LaTscho entfernt. Die Bauern hatten dort große Felder angelegt, auf denen sie die Kräuter für den Absinth anbauten. Vielleicht kennen Sie den Namen Pernod. Die Familie stammt von hier. Später ging sie rüber in den französischen Jura und verbreitete den Absinth dort.« Bei Monsieur Carrier war das Jura männlich. Im Lexikon ist es sächlich. »Zuerst war Absinth ja ein Arme-Leute-Schnaps. Bis ihn die französischen Künstler zum Modegetränk machten. Denen gefielen wohl die Halluzinationen, die man bekommt, wenn man zu viel davon trinkt. Van Gogh schnitt sein Ohr im Absinth-Wahn ab. Anfang des 20. Jahrhunderts wurde er in der Schweiz verboten.«

»Van Gogh?«

»Absinth.«

»Ach so.«

Wir blätterten in der Karte.

»Es ist also illegal, Absinth zu trinken?«, fragte ich.

»Nein, seit zehn Jahren dürfen wir wieder. Aber während der Zeit des Verbots wurde im Schweizer Jura natürlich weiter heimlich Absinth gebrannt. War ein gutes Geschäft. Die Winter hier oben sind lang, da braucht man Beschäftigung. Der Jura ist das kälteste Gebiet der Schweiz. In Brévine, ein Dorf in der Nähe von Le Locle, wurden schon über 41 Grad minus gemessen.«

»Le Locle – die Lokomotive?«

Er lachte pflichtschuldig. »Eine kleine Stadt südwestlich von LaTscho. Da wurden 1690 die allerersten Uhren im Jura gebaut. Soll ich uns Absinth bestellen?«

»Ich trinke überhaupt gar keinen Alkohol.«

»Oh.«

Es folgte die Pause, in der die Leute überlegen, ob sie nach dem Grund fragen dürfen. Ich sagte wie immer die Wahrheit: »Hab ich noch nie. Ich weiß gar nicht, wie es ist, betrunken zu sein.«

»Stört es Sie, wenn ich ein Glas Wein trinke?«

»Sie können gern eine ganze Flasche ...!« Falls er sich betrank, stiegen meine Chancen, dass er an den Türen keinen Widerstand mehr leistete und als Erster durchging.

Er orderte ein Glas Rotwein. Ich eine Flasche Mineralwasser.

Auf der Speisekarte standen klassische Fleischgerichte. Am Rand las ich: »Rind, Schwein und Poulet (Schweiz).« Poulet ist Huhn. »Pferd (Kanada).« In den Weiten Kanadas ließ es sich gut galoppieren. Ich bildete mir ein, das Pferd, von denen wir beide ein Entrecôte auf heißem Stein bestellten, hätte ein glückliches Leben gehabt.

Monsieur Carrier begann zu erzählen. Er war Ingenieur gewesen und hatte in Stuttgart bei Daimler gearbeitet. Um Französisch zu lernen, wurde er nach La Chaux-de-Fonds geschickt, in eine Firma, die Uhrenkomponenten und kleine Elektromotoren herstellte. Er verliebte sich. Erst in eine Frau, dann in die Stadt. Er heiratete und blieb.

Mehr oder weniger. »Ich ging dann für die Firma als Vertriebler in die USA. In den letzten Jahren war ich für eine chinesische Firma tätig und viel in Hongkong und China unterwegs. Meine Frau hütete derweil das Haus und unsere zwei Kinder. Mein Sohn ist Banker geworden.«

Wir schmunzelten. Banker – was sonst in der Schweiz?

»Tja, und seit meiner Pensionierung bin ich Stadt- und Museumsführer. Zu Hause rumsitzen und meiner Frau auf den Geist gehen kann ich ja später immer noch, gell?!«

Der Kellner brachte jedem von uns eine weiße Papierschürze. Sie nahm Monsieur Carrier ein wenig die Würde. Mir vermutlich auch. Hauptsache, meine »guten Sachen« waren vor spritzendem Fett geschützt.

Eine dicke zischende Fleischscheibe auf heißer Steinplatte kam. Sie schmeckte so gut, dass ich Monsieur Carriers Erzählungen ständig durch »Mhmmjamjam« unterbrach.

»Haben Sie einen Zehn-Franken-Schein?«, fragte er nach dem Essen.

»Das kostet bestimmt mehr.«

»Sie sind eingeladen. Trotzdem, falls sie zehn Franken ...«

Ich hob Papierschürze, Pullover und T-Shirt und kramte erfolgreich in meiner Bauchtasche.

Er zog den Schein glatt. Hielt ihn senkrecht. »Schauen Sie.«

Vom Schein blickte, etwas erschrocken, ein älterer Herr. Seine rechte Hand hatte gerade seine kleine runde Brille auf die Stirn geschoben. Die Kopfform stimmte, das Alter, die Brille. Einzig der Schnurrbart fehlte.

»Das sind ja Sie«, rief ich.

Monsieur Carrier lachte, diesmal echt. »Das ist Charles-Édouard Jeanneret-Gris. Besser bekannt als Le Corbusier. Einer der zwei berühmten Söhne der Stadt. 1887 hier geboren. Sein Vater war Emaillierer von Uhrenzifferblättern. Sie kennen Le Corbusier?«

»Meine Mutter hat eine Corbusier-Liege.« Ein S-förmiges Ruhemöbel, in dem es sich gut ruhte. Wieder aufzustehen war jedoch mühsam.

»Le Corbusier hat an der Kunstgewerbeschule in La Chaux-de-Fonds studiert und 1905 hier sein erstes Haus gebaut. Für einen Freund seines Lehrer. Die Villa Fallet, später das La Maison blanche, ein Haus für seine Eltern oberhalb des Ortes. Da hat er schon viel mit dem Lichteinfall experimentiert, was später sein Markenzeichen wurde: Licht und klare Formen. Im Grunde finden Sie in jedem Haus Corbusiers ein wenig LaTscho.«

»Verraten Sie mir noch, wer der zweite war?« Ich arbeitete mich aus meiner Papierschürze.

»Der zweite?« Monsieurs Carrier hob die Schlaufe seiner Schürze über den Kopf.

»Der zweite berühmte Sohn der Stadt.« Meine Schlaufe blieb an meiner Brille hängen.

»Das war ... warten Sie, ich helfe Ihnen.«

»Vielen Dank ...« Meine Brille hing mit einem Bügel an einem Ohr, der andere Bügel hing in der Schürzenschlaufe. Monsieur Carrier nahm mir meine Brille ab und zog sie samt Schürze zu sich. »Der zweite große Sohn der Stadt war ...«

»Vorsicht, die Kerze!«

Durch die Papierschürze stach ein gelbrotes Zünglein. Ich griff zu meinem Wasserglas. Etwa die Hälfte des Wassers traf das Zünglein. Die andere Monsieur Carrier.

»Oh, Entschuldigung.«

»Ich bitte Sie! Besser als LaTscho in Flammen. Ein großer Stadtbrand reicht.« Er tupfte mit einer Serviette vom Nachbartisch an sich herum. »Es war Louis Chevrolet.«

»Der Brandstifter?«

»LaTscho'dFongs zweiter großer Sohn. Der später die Automarke gründete. Seine Eltern wanderten allerdings nach Frankreich aus, da war er noch ein Kind. Wir haben hier ein großes Monument mit dem Abdruck seines Kopfes, gestiftet von Chevrolet. Deshalb kommen öfter Führungskräfte von General Motors hierher. Die führe ich herum. Morgen habe ich eine chinesische Gruppe, und am Mittwoch mache ich eine Corbusier-Führung mit Studenten aus Paris.«

Monsieur Carrier nutzte offensichtlich jede Gelegenheit, seiner Gattin nicht auf den Geist zu gehen.

»Von dort oben haben wir einen phantastischen Blick über die Stadt«, zeigte Monsieur Carrier einige Minuten später auf einen Büroturm, der, hell angestrahlt, alle Häuser überragte. »Das ist der Espacité-Turm. Bürohaus der Stadtverwaltung.«

In einem Vorraum am Fuß des Turms drückte Monsieur Carrier den Knopf neben einer Fahrstuhltür. Sie teilte sich. Die Köpfe zweier eben noch knutschender schwarzer Teenager fuhren auseinander.

»Bongswar!«, sagte Monsieur Carrier.

Der Junge nahm stumm seine Freundin bei der Hand. Sie verließen den Aufzug. Um diese Uhrzeit hatten sie nicht mehr mit zwei höflichen Herren gerechnet.

»Bitte ...«, sagte Monsieur Carrier.

»Nein, jetzt gehen Sie aber.«

»Nicht doch.«

Ich gab nach.

Monsieur Carrier drückte einen Knopf. Die Tür ging zu und verbarg die verärgerten Teenager. Mehr passierte nicht.

»Oh, man kann wohl um diese Zeit nicht mehr hinauffahren.«

Monsieur Carrier drückte einen Knopf. Die Tür ging auf. Die Teenager fuhren auseinander. Und sahen uns zu, wie wir mit ausgestrecktem Arm einander die Richtung wiesen: »Bitte ...«

»Ich bitte Sie ...«

Dann machten wir gleichzeitig einen Schritt nach vorn und blieben in der Tür stecken. Immerhin. Ein Fortschritt.

Diese Stadt ist eine einzige Uhrenfabrik.

Karl Marx, 1867

S eit mich Monsieur Carrier nach dem Frühstück vom Hotel abgeholt hatte, galt eine stille Vereinbarung. Wir ließen uns abwechselnd den Vortritt.

Im schummrigen Touristeninformationszentrum war ich der einzige Tourist, Monsieur Carrier mein Guide, der auf mich aufpasste. Eine Konstellation, die ich aus Nordkorea gut kannte. Wichtiger Unterschied: Wenn ich hier wegliefe, würde man mich nicht einfangen. Und vor Denkmälern für die beiden Helden der Stadt musste ich mich nicht verbeugen.

Über eine schräge Ebene gelangten wir auf eine Galerie. Auf den Boden des Raumes wurde ein Film projiziert über den Aufstieg der Uhrmacherstadt La Chaux-de-Fonds. Er lässt sich in fünf Sätzen zusammenfassen:

1. In den langen Wintern verdienten sich die Bauern des Jura etwas mit der Herstellung von kleinen Werkzeugen hinzu.

2. Der Calvinismus, der im 16. Jahrhundert als besonders strenge und asketische Variante des Protestantismus in Genf entstand, verbot den dortigen Juwelieren die Herstellung unnützen Tands.

3. Nicht dumm, stellten sie auf die Herstellung der überaus nützlichen und beliebter werdenden Uhren um, wofür sich ihre Kenntnisse in Gravur und Emaillieren hervorragend eigneten.

4. Die Uhrenherstellung breitete sich gen Norden zu den

handwerklich begabten Bauern aus, in deren Häusern das notwendige Licht zunächst durch Fensterreihen im Erdgeschoss und später im Giebel kam, bis der große Brand die Chance eröffnete, eine Stadt zu bauen, die noch besser den Bedürfnissen der Uhrenproduktion Rechnung trug.

5. Bis Mitte des 19. Jahrhunderts war La Chaux-de-Fonds selbst zu einem perfekt ineinandergreifenden Uhrwerk geworden, in dem die einen die Einzelteile fertigten, die Nächsten sie den Uhrmachern zum Zusammenbauen lieferten und die Juden der Stadt sich um den Vertrieb in alle Welt kümmerten.

»Im 19. Jahrhundert war die Stadt die einzige Kommune der Westschweiz, die Juden erlaubte, sich niederzulassen. Ohne den Geschäftssinn und die weltweiten Verbindungen der jüdischen Bürger hätte die Schweiz damals nicht die Weltmarktführung in der Uhrenproduktion geschafft. Das vergisst man heute gern mal«, deutete Monsieur Carrier hiesigen Antisemitismus an.

Für den Niedergang von La Chaux-de-Fonds braucht es keine fünf Sätze. Ein Wort genügt: Japan.

Bis 1970 kam die Hälfte aller Uhren weltweit aus der Schweiz. Vor allem aus dem Gebiet zwischen La Chaux-de-Fonds am Hinterschinken des Wildschweins und Genf am Schwanzende kamen Marken wie *Patek Phillipe*, in Genf von den zugewanderten Polen Patek und Czapek (später ersetzt durch den Franzosen Phillipe) gegründet, *Omega*, in LaTscho von einem Einheimischen gegründet, *Breitling*, von einem Deutschen gegründet, *Tissot*, *Festina*, *Heuer* und viele mehr.

Stetig verbesserten die Uhrmacher die Ganggenauigkeit und fügten neue Funktionen, sogenannte »Komplikationen«, hinzu. Was blieb, war der große Anteil der Handarbeit, die daraus resultierenden Kosten und der Umstand, dass, wenn ihr Träger vergaß, sie aufzuziehen oder, falls es eine Automatikuhr war, sie zu bewegen, die Uhr ihren Dienst einstellte. Ganz im Gegensatz zu Uhren mit einem Quarzwerk. Die gingen genauer und hatten bald Laufzeiten von über einem Jahr dank Batterie. Die Grundsteine dieser Technik erfanden nicht die Japaner, sie wurden im Vorkriegsdeutschland und später auch in der DDR gelegt. Obwohl die erste Quarzarmbanduhr – die *Beta 21* – 1969 in Neuchâtel, Hauptstadt des Kantons Neuenburg, entstand, waren es japanische Hersteller, allen voran *Seiko*, die ab 1970 den Uhrenmarkt dank in Europa gekaufter Patente mit den neuartigen Armbanduhren überschwemmten. Die Schweizer versuchten dem Trend zu folgen, setzten bisweilen technische Maßstäbe, doch der billigen Massenproduktion der Japaner konnten die traditionellen Manufakturen nichts entgegensetzen. Sie mussten Mitarbeiter entlassen oder gar schließen. Hatte sich die Einwohnerzahl La Chaux-de-Fonds von 1800 bis 1900 versiebenfacht und war sie zwischen 1950 und 1970 immerhin noch um zehntausend gewachsen, verließen nun Tausende die Uhrenstadt im schweizerischen Jura.

Wir nahmen einen neuen Anlauf hinauf zum Espacité-Büroturm, um von oben auf die Stadt zu schauen, die 2009 zusammen mit dem benachbarten Le Locle zum UNESCO-Weltkulturerbe ernannt worden war.

Die Kellnerin des leeren Restaurants in der Dachetage begrüßte uns freudig. Ihr Lächeln erstarb, als Monsieur Carrier nicht um einen Tisch bat, sondern nur um die Erlaubnis, die Aussichtsterrasse zu betreten. Die war komplett umgittert. Sicher keine schlechte Idee in der Stadt mit der höchsten Arbeitslosenrate der Schweiz und einer Hauptstraße, die den Namen eines Selbstmörders trägt. Der in La Chaux-de-Fonds geborene Maler Louis Leopold Robert hatte sich, weil ihn eine Nichte Napoleons verschmähte, 1835 mit 39 Jahren das Leben genommen.

»Schön, nicht wahr?«, sagte Herr Carrier und meinte die Aussicht. »Lassen Sie uns wieder runtergehen.« Da es heiß geworden war, wechselten wir unten schnell auf die Schattenseite der Straße, wo Monsieur zu den Lichtblicken der Gegenwart kam. »Den Uhrenstandort Schweiz retteten eine Plastikuhr und ein Libanese. Anfang der achtziger Jahre brachte der in Beirut geborene Nicolas Hayek die *Swatch* auf den Markt. Bei der bilden Gehäuse und Werk eine Einheit, das spart Arbeitsschritte. Plastik ist billig, und die Herstellung erledigten Roboter. Die bunten Swatch-Uhren machten den Zeitmesser am Handgelenk einerseits zu einem Modeaccessoire und andererseits zum Imageträger Schweizer Uhrentechnik. Denn sie wird ja bis heute in Biel, also hier im Jura produziert. Als Handys immer mehr die Armbanduhr ersetzten, litten darunter ...« Monsieur Carrier hob mitten in seiner Rede Arm und Zeigefinger: »Schauen Sie, *Fenschtrband*!«, und sprach weiter. »... litten darunter die Hersteller des unteren Preissegments. Die Premiumhersteller erlebten dagegen einen Aufschwung. Männer, die ja kaum Schmuck tragen, können dadurch, anders als mit einem Auto ... *Fenschtrband*! ... im Büro, auf Reisen, beim Geschäftsessen ihre wirtschaftliche Potenz zeigen. Und Uhren sind eine wertbeständige Anlage. Sie können in ein Exemplar zehn-, zwanzig- hunderttausend Euro oder auch eine Million investieren. Bis vor kurzem waren die Araber die besten Kunden, inzwischen sind es ... *Fenschtrband*! ... die Chinesen.«

Zu Monsieur Carriers Hinweisen auf *Fenschtrbänder* gesellten sich etwa alle hundert Meter Fingerzeige auf Perlen des Jugendstils: floral geschmiedete Balkongitter, steinerne Blumengirlanden und Malereien an Hausfassaden. Außerdem huschten wir regelmäßig durch unscheinbare Haustüren, hinter denen sich prächtige Treppenhäuser mit Bodenmosaiken und Wänden aus handgemaltem Marmor verbargen – echten leisteten sich die Uhrmacher dann doch nicht. Dafür sahen alle Treppenstufen aus wie neu, selbst wenn sie hundert Jahre alt oder älter waren. Anderswo wetzen Schuhsohlen Sandstein schief, in La Chaux-de-Fonds widersetzen sich die Treppen aus Alpengranit jedem Abrieb.

Hinter der nächsten Tür verbarg sich Arbeit.

»Es ist so weit«, verkündete Monsieur Carrier, »Sie werden eine Uhr bauen!«

Darauf freute ich mich schon den ganzen Tag.

Die graue Holztür schwang nach innen.

»Bongschuuuur«, gurrte ein glatzköpfiger Mann, in einer grauen Weste und geringeltem T-Shirt. »Bongschuuuur, bongschuuuur«, wiederholte er. Auf seiner Stirn klebte etwas, das aussah wie ein abgesägtes Stück Fernrohr. Erst bei genauem Hinsehen erkannte ich, dass es durch dünne Bügel mit seiner schwarzen Brille verbunden war.

Monsieur Carrier ließ mir den Vortritt. Der glatzköpfige Uhrmacher griff sich einen weißen Kittel von einem Garderobenständer und drehte sich zu mir. Wie ein Gespenst wehte der weiße Stoff auf mich zu. Er gurrte, und Monsieur Carrier übersetzte: »Sie möchten das bitte anziehen.«

Es war nicht ganz klar, warum ich mich für die Montage einer Uhr als Arzt verkleiden musste, doch es passte zum Ambiente, das mehr an ein Labor erinnerte als an eine Werkstatt. Weiße Wände, grelle Neonröhren an der Decke und mehrere gläserne Trennwände, die verschiedene Arbeitsecken abteilten und doch überall Licht hinließen. Auf einer Fensterbank dudelte ein Radio.

Hier würde ich meine Uhr bauen und später stolz allen mein Werk zeigen können. *Hab ich selbst gemacht!*

Ich wurde zu einem anderthalb Meter breiten und halb so tiefen Arbeitstisch geführt. Er war deutlich höher als ein normaler Tisch. An der Frontseite der Tischplatte waren links und rechts Polster aus Kunstleder angebracht, die eine körperbreite Lücke ließen.

»Siet, siet«, versuchte sich der Uhrmachermeister in Englisch, und ich setzte mich – »Merci!« – auf den runden Schemel vor dem Tisch. Die Tischplatte stieß an mein Brustbein. Irritiert versuchte ich den Schemel höher zu stellen.

»Nong-nong-nong«, wedelten die Hände des Uhrmachermeisters abwehrend in der Luft herum. Monsieur Carrier griff ein: »Sie sitzen perfekt. Sie werden gleich sehen, warum.«

Der Meister nahm von einem Seitentisch mit Daumen und Zeigefinger ein ähnliches Okular, wie er es auf der Stirn trug, und befestigte es mit Hilfe eines langen Klemmbügels, der halb um meinen Kopf herumführte, auf meiner Stirn. Nun waren wir beide Einhörner.

Er hob zu einer langen Erklärung an. »Sie werden«, übersetzte Monsieur Carrier, »das Gangwerk einer Armbanduhr mit dem Gehäuse vereinen.«

Das Gangwerk war eine klobige, kreisrunde Scheibe, aus der die Krone zum Aufziehen ragte. Ich legte – meine Arme ruhten links und rechts auf den Polstern – die Scheibe in die passende Aussparung eines metallenen Halters.

»Süpär!«, wurde ich für diesen komplizierten Vorgang gelobt.

Unbeeindruckt davon, dass ich ihn nicht und er mich nicht verstand, erläuterte mir der Uhrmachermeister mehrere Minuten die nächsten Arbeitsschritte. Ich machte »Aha, hmhm.« Monsieur Carrier übersetzte gleichzeitig die wichtigsten Anweisungen, und im Radio las ein Mann auf Französisch die Nachrichten vor.

Dann durfte ich das Gehäuse umdrehen und das Zifferblatt auflegen.

»Parfää! Süpäär!«

Den ganzen Wetterbericht lang hörte ich den Herren wieder zu und platzierte bei Beginn des Verkehrsfunks unter Zuhilfenahme einer Pinzette die Öse des Stundenzeigers auf der Mittelachse.

»Oooh, süpär-süpär«, gurrte mein Uhrmachermeister und setzte mir, damit ich besser sah, das Okular von meiner Stirn aufs Auge. Die Okularlinse war derweil auf meiner schwitzigen Haut beschlagen, und ich sah nicht besser, nur besser aus. Um niemanden zu enttäuschen, behielt ich die blinde Linse auf dem Auge und schaute mit dem anderen.

Mein Meister schob den Uhrenhalter samt Uhr unter eine kleine Presse und deutete an, wie sie zu bedienen sei. Er legte den Uhrenhalter wieder vor mir ab. »Sivupläää.«

»Sie sollen jetzt ...«

Ich nickte, betätigte einen Hebel. Der Stempel der Presse drückte den Zeiger auf der Achse fest.

»Ohhhh, parfäää!«

Wir wiederholten den Vorgang mit dem dünnen Minutenzeiger.

»Oooh, süpäär, süpäär!«

Dann kam der sehr, sehr dünne Sekundenzeiger.

»Hoppsala«, rief ich.

Wir bückten uns alle drei.

»Nong-nong-nong«, wedelten die Hände des Uhrmachers. Er nahm einen kleinen Stab zur Hand – »Magnäätikk!« –, kniete nieder und führte den Stab über den Boden. Gebannt folgten wir den Zickzackbewegungen seines Armes.

Um nichts umzustoßen, schob ich die Stanze zur Seite. »Hier isser ja!« Der winzige Zeiger funkelte uns an.

Für die Montage von Sekundenzeiger, Uhrenglas und Armband sowie das Aufziehen meiner Uhr brauchten wir eine weitere Viertelstunde.

»Finiii!«, klatschte der Meister in die Hände.

Meine Uhr war ein ganz schön dickes Ding, das allein deshalb eine Zierde meines Handgelenks sein würde, weil ich es selbst gebaut hatte. Viel würde sie nicht kosten, schließlich hatte ich sie montiert. Ich legte die Uhr an. Zeigte sie stolz herum. Die Herren lachten. Mein Meister nahm mir die Uhr ab und überreichte mir einen Vordruck aus dickem Papier.

»Bravo! Süpär!«, gratulierte er mir wie zu einer bestandenen Prüfung. Statt mit einer Uhr verließ ich die Werkstatt mit einer Urkunde.

»Ich hoffe, Sie dachten nicht, Sie können die Uhr behalten.«
»Nein-nein ...«
»Er baut sie wieder auseinander für die nächsten Touristen.«
»Die freuen sich bestimmt.«

Den Nachmittag verbrachten wir auf dem Jugendstilfriedhof, im Uhrenmuseum und bei einem weiteren Uhrmachermeister, der gestand, privat ständig zu spät zu kommen.

Monsieur Carrier erwies sich als unerschöpflicher Faktenquell. Während er sprudelte, lief mein Hirn über.

Mochte Monsieur Carrier auch gebürtiger Schwabe sein und kein Schweizer, die leidenschaftliche Liebe zu La Chaux-de-Fonds, die aus jeder Silbe sprach, verdient es, mit einer Monsieur-Carrier-Uhr belohnt zu werden. Ganz wichtig: Quer zwischen der 10 und der 2 muss ins Ziffernblatt ein *Fenschtrband*.

Mit sechs Silben pro Sekunde ist das Sprechtempo der Walliser und Zürcher am höchsten, so das Ergebnis einer Dialektstudie. Die Bündner schaffen 5,3 und die Berner nur 5 Silben.

20 Minuten (kostenlose Schweizer Pendlerzeitung), Ausgabe 1.9.2015

»Bin 19:07 da«, schrieb ich eine Nachricht. »Treffen wir uns 19:15 am Roller?«

Spätestens dann sollte ich entschieden haben, an welcher Körperstelle ich mich an der rollerfahrenden Rechtsanwältin Paloma festhalten sollte. Beziehungsweise ob ich der Schicklichkeit wegen nicht lieber riskierte, auf den Asphalt zu knallen.

Wer in Hotels wohnt, wahrt immer einen gewissen Abstand zu den Einheimischen. Deshalb hatte ich zwei Übernachtungen auf einer Internetplattform gebucht, auf der Privatleute Zimmer ihrer Wohnung an Touristen vermieten, zu Preisen, die deutlich unter denen der örtlichen Hotels liegen. Für Bern hatte ich bei Paloma angefragt. Für Spiez bei einer Frau, die mit Engeln zusammenarbeitete.

Die Fotos in ihren Profilen auf der Vermietungswebsite zeigten überaus attraktive Frauen, die eine dunkel, die andere blond. Meine Entscheidung für sie fiel aus anderen Gründen: Paloma besaß einen schlappohrigen Beagle, die Engel-Frau zwei ponyhohe Doggen. Ich bin Hundemensch. Von Kind an mit Hunden aufgewachsen und seit zwölf Jahren enger Freund eines Irish Setters, der meiner Mutter gehört und mir folgt.

Zwischen Hundemenschen klappt die Kommunikation nicht nur wegen des gemeinsamen Lieblingsthemas besser.

Hundemenschen verhalten sich auch klarer. Wenn sie einen mögen, dann mögen sie einen, wenn nicht, dann nicht. Anders Katzenmenschen. Eben noch umschmeicheln sie dich schmusig-schnurrend, plötzlich fahren sie ihre Krallen aus oder zeigen die kalte Schulter.

Amara ist übrigens ein Pferdemensch. Sie hatte jahrelang zwei Pferde besessen, sie durch Reitunterricht finanziert und einige Wettbewerbe im Vielseitigkeitsreiten gewonnen.

Amara schickte viele lachende Smileys, als ich schrieb, Paloma habe mir mitgeteilt, ihr Freund werde heute Abend für uns kochen. Eine klare Botschaft, die sie vermutlich all ihren männlichen Mietern sendet, nachdem ihr reizvolles Profilfoto sie angelockt hat.

»Mich interessiert nur ihr Hund«, betonte ich.

Amara schickte noch mehr lachende Smileys. Pferdemenschen vergaloppieren sich gerne.

»Und gib ihnen Zeit, wenn sie mit dir reden«, schrieb sie.

»Wieso sollte ich?«

»Weil Berner ganz schrecklich langsam sind. Die machen mich wahnsinnig.«

Auf der Rolltreppe – hinauf von den unterirdischen Bahnsteigen des Berner Hauptbahnhofs ins Zwischengeschoss – schrieb ich Paloma erneut, da sie noch nicht geantwortet hatte. »Bin in Basel. 19:15 Uhr am Roller?«

»Basel???«, antwortete sie umgehend.

Als ich daraufhin gestehen musste, dass ich Bern und Basel schon immer verwechselte, sandte sie mir augenblicklich drei augenrollende Smileys und versprach, gleich von zu Hause loszufahren.

Ich schlug mich wie verabredet zum »Kurzparking« auf dem Dach des Hauptbahnhofs durch und postierte mich unter einem blauen Schild mit der Silhouette eines Motorradfahrers. Umringt von Rollern und Rennmaschinen starrte ich in den

Tunnel, der hier heraufführte. Bei jedem Knattern, das aus dem Schlund schallte, nahm ich Haltung an und sank wieder zusammen, wenn das Zweirad an mir vorbeisauste.

Ein Mann kam auf mich zu. Eine Bierbüchse in der Hand, T-Shirt und Jeans verschlissen, die Haare lang und strähnig. Seine Schuhe schlurften über den Asphalt. Er hustete. Rasselnd. »Hasch du e Stutz?«

»Stutz« war einer der ersten Schweizer Ausdrücke, den ich von Amara gelernt hatte. Er wollte einen Franken.

»Augenblick, da muss ich mal nachschauen.« Ich griff in meine Hosentasche.

»Bisch e Dütsche, stimmt's?« Er spuckte es fast aus. »Bisch e Scheiß-Dütsche!«

Mich weiter beschimpfend, schlurfte er davon. Am Ende des Parkplatzes verschwand er in einem grauen Container, an den Seitenwänden engmaschige Gitter vor den Fenstern, auf dem Dach rote Buchstaben. »La Gare« – Bahnhof.

»Daarf i bissoguet verbii?«, rief es dumpf hinter mir.

Auf einer blubbernden BMW saß breitbeinig ein Geschäftsmann. Schwarzer Integralhelm zu schwarzem Anzug.

»Sagen Sie bitte«, ergriff ich die Gelegenheit beim Schopf, »was ist das da drüben?«

»'s Alki-Stübli.« Er wechselte ins Hochdeutsche. »Früher haben die in der Unterführung gesessen. Vor zehn Jahren haben sie den Container gekriegt.« Er legte einen Gang ein. Ich machte ihm Platz.

»Die sött men uuswiise!« Mit einem Aufheulen des Motors verlieh er seiner Forderung, alle Alkoholiker aus dem Land zu scheuchen, Nachdruck und röhrte in die Finsternis des Tunnels davon. Im selben Augenblick summte eine pummlige, schwarze Vespa heran, gesteuert von einer brünetten Elfe in einem weißen Häkelkleidchen auf sonnengebräunter Haut.

Sie stoppte wenige Zentimeter vor mir. Aus dem offenen Visier ihres Jethelmes strahlten mich die weißesten Zähne an, die ich je gesehen hatte. Und zwei Augen in der Farbe von Kaffeebohnen.

»Hi!«, sagte Paloma.

»Hi«, sagte auch ich.

Wir floskelten herum, sie reichte mir einen zweiten Jethelm.

So elegant wie mir möglich schwang ich mich samt Rucksack hinter sie.

Ab der zweiten Ampel zuckten meine angewinkelten Beine, sobald es Grün wurde, nach innen und pressten sich an ihre halbnackten Oberschenkel. Ich konnte nichts dagegen tun.

An der ersten Ampel hatte mich der Vorwärtsdrang ihrer Vespa zurückgeworfen, und hätte mein Rucksack nicht auf dem Gepäckträger aufgesetzt, wäre ich hintenüber gefallen.

Um meinen Helm heulte der Wind, die Riemen des Rucksacks flatterten, und meine Hände umklammerten den Haltegriff hinter mir so fest, dass sie schmerzten.

Palomas wehendes Haar kitzelte mich an der Nase. Ich schloss mein Visier. Und mehrmals die Augen. Denn in den Kurven spielte sie jedes Mal Fliehkraft und Erdanziehung gegeneinander aus, in einer Geschwindigkeit, die vermuten ließ, dass sie keine Bernerin war. Plötzlich schwenkte sie von der Straße, und wir hopsten über eine Bordsteinkante. Sie stellte den Motor ab und ließ den Roller ausrollen. Sie nahm den Helm ab und nickte zur anderen Straßenseite: »Such dir das hässlichste Haus aus, da wohn ich.«

Leider muß festgestellt werden, daß trotz ausdrücklichem Verbot Kinder den Lift ohne Begleitung durch Erwachsene benützen. Kinder sind in ihren Handlungen unberechenbar, und <u>als besonders gefährlich hat sich das Spielen mit Ball</u> im Lift erwiesen. Schützen Sie Ihre Kinder vor Unfällen und schwerem Leid durch gewissenhafte Betreuung! Lassen Sie Ihre Kinder nie allein den Lift benützen!

Warnhinweis im Aufzug der Unterkunft in Bern

In den Aufzug passten ein Mann und ein Rucksack. Paloma lief in den vierten Stock. Nachdem ich es geschafft hatte, mich umzudrehen, ließ mich die Warnung der Hausverwaltung grübeln, was das Faszinierende an Ballspielen auf einem halben Quadratmeter sein sollte. Vielleicht der Umstand, dass – besonders wenn man zu zweit spielte – der Ball nicht so weit geworfen werden musste, was die Chance, ihn zu fangen, erhöhte. Erfolgserlebnisse motivieren ja Kinder. Abgesehen vom Inhalt war der Warnhinweis der Hausverwaltung aus einem weiteren Grund bemerkenswert: Er enthielt mehrere ß.

Mit der Rechtschreibreform des Deutschen im Jahr 1996 wurde neu und völlig eindeutig geregelt, wann ein ß durch ein Doppel-s zu ersetzen ist. Nach kurzen Vokalen folgt zwingend ein Doppel-s. Damit wird *daß* zu *dass*. Komischerweise glauben viele Deutsche seitdem, das ß sei abgeschafft, und schreiben *Strasse*, was sich in dieser Form auf *Gasse* reimen würde und schon deshalb grundfalsch ist. Im Deutsch der Deutschen. (Und der Österreicher.)

Die Schweizer (und Liechtensteiner) schlossen sich der 1996er-Reform und ihren Überarbeitungen 2004 und 2006 im Wesentlichen an. Zu den wenigen Ausnahmen gehört die Verwendung des ß. Aber nicht, weil die Schweizer an diesem besonderen Buchstaben so hängen. Im Gegenteil.

Ab den zwanziger Jahren wurde ß in der Schweiz zunehmend durch Doppel-s ersetzt. Ab dem 1. Januar 1938 lehrten die Schulen des Kantons Zürich die ß-Schreibung gar nicht mehr, die anderen Kantone folgten. Als letzte Schweizer Zeitung gab die *Neue Zürcher Zeitung* (NZZ) die Schreibung des ß im November 1974 auf.

Auf den meisten Schweizer Tastaturen fehlt das ß. Sie haben, auch der zweitverbreitetsten Schweizer Amtssprache geschuldet, die französische Tastenbelegung.

Einzig die Schweizer Buchverlage verwendeten das ß, um ihre Bücher nicht nur auf dem kleinen Markt der Deutschschweiz, sondern auch in Deutschland und Österreich verkaufen zu können, wo die Leserinnen und Leser von der Schweizer Verwendung des Doppel-s auch nach langen Vokalen nicht irritiert werden sollen. Zum Beispiel durch Sätze wie: »Ich liebe deine Körpermasse.«

Der Warnhinweis der Hausverwaltung war also entweder von Deutschen mit alten Gewohnheiten geschrieben worden oder von ganz, ganz alten Schweizern.

Als ich endlich in der vierten Etage aus dem Fahrstuhl trat, wartete Paloma bereits im Flur ihrer Wohnung auf mich. Der Fahrstuhl war ein echter Berner. Sie nicht.

In dem langen Flur – ein Fenster am Ende, davor ein Esstisch – tapste uns ein krummbeiniges Hundetier entgegen. Es inspizierte meine Hosenbeine. Seine Pfoten klackten auf dem hellen Parkett. Der Schwanz begann zu wedeln. Charles war mit mir einverstanden.

Sechs Türen gingen vom Flur ab. Aus einer winkte eine kurzhaarige Endzwanzigerin: »Hi, I'm Mabel.« Es klang routiniert. Sie musste wohl oft Übernachtungsgästen zuwinken. In der Küche am Herd stand Jesus. Er rührte in einem Topf.

»Tschou, Gottwiuche z Bäärn!« Er hob einen Holzlöffel zum Gruß.

Bis zum Essen blieb eine Viertelstunde. Paloma zeigte mir mein Zimmer: keine zehn Quadratmeter, aber mit Balkon.

Links ein einfacher Schreibtisch, rechts eine Klappliege, wie sie Discounterprospekte regelmäßig als platzsparendes Gästebett anpreisen. Darauf ein Willkommenspaket aus zwei flauschigen Handtüchern, Duschgel, einem Multisteckeradapter und einem Riegel *Ragusa*, eine Schweizer Spezialität, 1942 erfunden von Firmengründer Camille Bloch. Damals, zur Zeit des Zweiten Weltkriegs, war Kakao Mangelware. Also fertigte Bloch den Hauptteil seines Riegels aus einer Masse aus gemahlenen und ganzen Haselnüssen, die er problemlos aus der Türkei bekam, und überzog ihn nur ganz dünn mit Schokolade.

»Ich würde gerne vor dem Essen …«, setzte ich an.

»… duschen«, setzte Paloma fort. »Das Bad ist gegenüber.« Sie verschwand, Charles wollte bleiben.

»Lass ihn doch«, erlaubte ich.

Seinen Kopf schräg gelegt, verfolgte er, wie ich mich mit dem Riegel *Ragusa* abmühte, benannt nach der gleichnamigen kroatischen Adriastadt, die heute Dubrovnik heißt und in der Camille Bloch einmal seine Ferien verbrachte.

Kaum hatte ich das Silberpapier aufgerissen, drängte ein brauner Brei ins Freie. Tribut an die Hitze.

Ich legte die geschmolzene Süßware auf den Schreibtisch. Meine Finger klebten. Charles starrte sie an, und ich verstand. Glücklich schlabberte er meine Hand sauber.

Ich wandte mich ab, um auszupacken. Hinter mir rummste es. Charles war auf den Bürostuhl gesprungen und nahm verwundert wahr, wie dieser mit ihm davonrollte. Kurz bevor der Abstand zum Schreibtisch zu groß wurde, setzte er hinüber.

Zu seiner Enttäuschung war ich schneller und schnappte ihm den Schokonussbrei vor der feuchten Nase weg.

»Und jetzt raus, kleiner Mann.«

»Wie lang bliibsch z Bäärn?«, fragte Jesus. Wir saßen am Esstisch im Flur. Er und Paloma auf der einen Seite, ich auf der anderen. Auf unseren Tellern dampfte ein vegetarisches Curry.

Die beiden tranken dazu Bier. Ich *Rivella rot*, eine Schweizer Kräuterlimo auf Milchsäurebasis. Sie schmeckte sehr süß und ein bisschen nach Heuaufguss.

Jesus hieß eigentlich Clemens. Ein kurzer Vollbart umwob sein schmales Gesicht, seine dunkelblonden Haare fielen über die Schultern. Sandalen an den Füßen komplettierten das Bild.

Ich erzählte von meinen Bern-Plänen und wünschte: »En guete!«

Meine dürftigen Fremdsprachenkenntnisse freuten die beiden. Paloma verstand ich besser als ihn, was wohl daran lag, dass er echter Berner war und sie in Zug (der Stadt) aufgewachsen und in Peru geboren. Seit kurzem absolvierte Paloma im Berner Bundeshaus, dem Parlament der Schweiz, ein sechsmonatiges Praktikum. »Schwerpunkt Internationale und Interparlamentarische Beziehungen«, sagte sie wenig begeistert.

Clemens strich über die bronzene Haut ihres Oberarmes: »E haubs Jaar no, de geit s uf Peru!« In einem halben Jahr wollten sie in Palomas Geburtsland reisen. Wie lange sie bleiben würden, war offen. Paloma sah ihn an. Legte ihre Hand auf seine, so zart, als fürchtete sie, etwas Kostbares zu zerbrechen.

»Magsch no e Nachschlag?«, fragte mich Clemens nach zwei Sekunden der Stille.

Er studierte Umwelttechnik und arbeitete für eine Schweizer Nichtregierungsorganisation, die sich weltweit um Wasserbauprojekte kümmerte. Vor wenigen Monaten war er aus Mosambik zurückgekehrt, wo er ein halbes Jahr Brunnen gebaut hatte – als Freiwilliger.

Beide kannten sich seit drei Jahren. Die Neunzig-Quadratmeter-Wohnung teilte sich Paloma jedoch mit ihrer Schwester, die gerade in den USA weilte und ihr Zimmer an die Australierin Mabel untervermietet hatte. Für vier Zimmer, Küche, Bad und Balkon bezahlte Paloma 1800 Franken netto, finanziert durch ihr Praktikumsgehalt, Untervermietung und Gästebesuche. Amaras dreißig Quadratmeter große Einzimmerwohnung in einem Zürcher Außenbezirk kostete monatlich 1200 Franken netto. Finanziert durch Zuhören, Ratschläge und Handauflegen.

»Bern ist megapreiswert«, behauptete Paloma. Sie schenkte mir Rivella nach. »Du kriegst in der Altstadt schon ein ganzes Haus für zweifünf im Monat. Das ist dann zwar schmal und dunkel. Aber du wohnst in einem UNESCO-Weltkulturerbe.«

Unser Gespräch unterbrach Grunzen, Röcheln und Schnaufen. Unter dem Tisch auf meinen Füßen schnarchte Charles.

»Sagt mal, was haltet ihr davon«, fragte ich, nachdem wir fertig geschmunzelt hatten, »wenn ich euch zu einem Eis einlade?«

Zu viert spazierten wir durchs abendliche Länggassviertel. Charles schnüffelte uns voran. Clemens klärte mich darüber auf, dass die Berner Uni zwei Straßen weiter in den früheren Produktionsstätten der Firma Toblerone untergebracht ist und deswegen »Unitobler« genannt wird. Und Paloma, dass sie in ihrem Praktikum Nationalräten zuarbeitet, die zusätzlich zu ihrem Parlamentarier-Honorar bis zu einer Viertelmillion Franken pro Jahr von Schweizer Firmen kassieren. Legal.

»Da chasch di scho fraage, für wäär eigetlich en Abstimmig im Nazionalraat isch, für d Burger oder fürs Bisness?«, gab Clemens nach Palomas Hintergrundbericht zu bedenken,

Auch von Charles lernte ich etwas über die Schweiz. Er zeigte mir ihre schönsten Bäume.

»Chasch guet schwimme?«, fragte Clemens am nächsten Morgen bei einem überraschend dürftigen Frühstück: trockenes Croissant und Milchkaffee.

Ich bejahte seine Frage leichtsinnigerweise, und er empfahl mir, ins »Marzilibad« zu gehen. Dann malte er mir einen Plan, damit ich zur Aare fand, dem Fluss, der Bern durchquert.

Dass man in der Aare schwimmen kann, hatte ich auf der

Herfahrt in einer der kostenlosen Zeitungen gelesen, die in jedem Bahnhof ausliegen. Die kostenlose Pendlerzeitung *20 Minuten* berichtete ausführlich über zwei vierzehnjährige Mädchen, die von der Strömung gegen einen Brückenpfeiler gedrückt worden und ertrunken waren.

Auf Clemens' Plan standen als Wegmarken »Reitschule (autonome Zone, oft kritisiert, kulturell wichtig, morgens verschlafen)«, »Bahnhof (Glaskasten)«, »Baldachin (Taubenscheiße)«, »Kleine Schanze (Park)«, »Marzili«, »Bundeshaus« und noch einiges mehr neben Doppelstrichen, die Straßen, Brücken und Flüsse darstellten. Es war ein richtiges Kunstwerk und machte die Frühstücksenttäuschung wett.

Die Sonne brannte auf der Haut, es würde ein heißer Tag werden. Bei jedem zweiten Schritt, den ich die Länggassstraße hinab Richtung Innenstadt machte, schlug eine Migros-Plastiktüte gegen mein rechtes Bein. Darin: eine Sonnenmilch-Probepackung, meine Kamera und ein gestreiftes Badetuch aus Leinen, das aus der Aussteuer meiner Urgroßmutter stammte. Trotz seines Alters war es wie neu. Das Leinentuch wog halb so viel wie herkömmliche Badetücher und trocknete doppelt so schnell. Über der Badehose trug ich meine guten Sachen. Denn zuerst wollte ich – eine Empfehlung Palomas – das Zentrum der Macht besuchen.

Die Straße endete an einer Kreuzung, die ein verschachtelter Fachwerkbau voller Gauben und Ecktürmchen dominierte. Er war übersät von Graffiti. »Kapitalismus abschaffen!«, »Police away!«, »Jeder Tag ist Frauenkampftag!«

Das war nicht das Zentrum der Macht. Das war die Reitschule, Punkt 1 auf Clemens' Plan. Hier ritten schon lange keine Berner mehr. Nach einer längeren Nutzung als Lager war sie in den achtziger Jahren besetzt, geräumt und wieder besetzt worden. Und wieder geräumt. Nach Protesten der Berner Bevölkerung ließen die Stadtoberen ein alternatives Kulturzentrum zu: Kino, Theater, Jugendtreff. Die fünfjährige Renovierung für 17 Millionen Franken sah man dem Bau nicht mehr an. Seine bunte Fassade verdankte er wohl auch der nach der Vorwahl von Bern benannten Sprayer-Gang *031*. Die hat in der Reitschule seit Jahren ihr Hauptquartier und nervt die anderen Nutzer durch ihren Hang zur Gewalt.

An diesem Morgen wirkte das Gelände, wie von Clemens prophezeit, friedlich und verschlafen. Frühes Aufstehen hat sich in der alternativen Szene bisher nicht durchgesetzt. In dem Punkt ist man konservativ.

Am Baldachin, einem Plexiglasdach über dem Vorplatz des Hauptbahnhofs, bog ich nach links ab und kam in eine von ehrwürdigen Geschäftshäusern gesäumte Einkaufsstraße. Die Geschäfte lagen zurückgesetzt hinter Laubengängen. Vor den Bögen der Laubengänge war eine meterbreite Holzluke in den Gehweg eingelassen. Gerade wurden die ersten Lukenflügel nach außen hochgeklappt. In den ehemaligen Kellerräumen befanden sich Blumen- und Klamottenläden und manchmal ein zweiter Verkaufsraum des Geschäftes darüber. Eine schmale Treppe führte hinab in die Berner Kellerläden.

Die Einkaufsstraße endete an einem Platz, aus dessen Pflaster Wasserfontänen schossen. Zur Freude einer halbnackten Kinderschar, die kreischend dazwischen herumpatschte, von zwei Kindergärtnerinnen stetig zur Vorsicht ermahnt.

Gleich dahinter stand wie ein Königspalast das Schweizer Bundeshaus: Dunkle, reichverzierte Fassade, grüne Kuppel über dem Mittelteil. Das hohe Haus blickte etwas grimmig drein. Die hopsenden Nackedeis vor seiner Tür gefielen ihm wohl nicht.

Unter dem Vorsitz von Nationalrat Lorenz Hess (Präsident) und Matthias Schneider von Coca-Cola Schweiz (Vizepräsident) wurde die Informationsgruppe Erfrischungsgetränke gegründet.

PackAktuell (Fachzeitschrift), Ausgabe 26.11.2013

D er Architekt des Bundeshauses Hans-Wilhelm Auer hatte einen Traum«, eröffnete die Führerin ihre Tour durch das Bundeshaus in Bern. Sie wirkte wie eine in die Jahre gekommene Grundschullehrerin. Was das Alter ihr an Straffheit und Glätte genommen hatte, glich sie durch die Akkuratesse bei Mode und Make-up aus. Der Hosenanzug saß perfekt, der Fassonschnitt schien ihr gerade erst verpasst worden zu sein.

»Hans-Wilhelm Auer wollte hier in Bern einen Palast bauen. Für uns, das Volk.«

Sein Traum musste ein Alptraum gewesen sein. Die Kuppelhalle des Bundeshauses war ein in Stein gehauener Gewittersturm. Wie Sturzbäche ergossen sich von links und rechts breite Treppen auf ein Zwischengeschoss und flossen von dort, vereinigt zu einer einzigen, geradeaus weiter. Ein rotgesäumter Läufer auf allen Treppen weckte die Assoziation, es flösse Blut im Bundeshaus. Fontänengleich schossen über drei Stockwerke Säulen und Pilaster in die Höhe, durch Bögen verbunden und diese Bögen von weiteren Bögen unterteilt.

Schwere Balustraden und Balkone hingen wie Regenwolken über dem Raum. Dahinter taten sich unter weißen Kreuzgewölben dunkelrote Gänge auf. Ganz oben blitzte es. Sonnenlicht stach durch vier monumentale Bogenfenster und die von innen kirchenfensterbunte Kuppel. Gottesgleich schauten drei steinerne Männer in engen Mänteln auf uns herab.

»Was dem Architekten, unserem Hans-Wilhelm Auer, ganz besonders wichtig war: Das Baumaterial für das Parlamentsgebäude der Eidgenossenschaft sollte nur aus der Schweiz kommen.«

Die Hälfte unserer Gruppe kam aus China. Bewaffnet mit kleinen Regenschirmen und großen Kameras. Anfangs hatte ihr Reiseleiter übersetzt, was in der Halle sehr hallte. Nach strengen Blicken unserer Führerin war er verstummt. Die übrigen Teilnehmer der Gruppe waren wettergegerbte Senioren.

»Wir stehen hier direkt vor dem Monument der drei Eidgenossen, wie sie 1291 auf der Rütli-Wiese auf den Bundesbrief schwören. Von links nach rechts: Werner Stauffacher, Walter Fürst und Arnold von Melchtal. Das Material ist gelber Kalkstein. Aus Italien.«

So weit zu »Bundeshaus – Swiss Made«.

»Auf den Treppenpodest-Ecken sehen Sie vier bronzene Statuen. Sie bilden die sogenannte Ehrenwache des Rütli-Schwurs. Einzeln symbolisieren sie unsere vier Landessprachen. Der mit dem Vollbart steht symbolisch für die schweizerdeutsche Sprache, welche von 64 Prozent der Bevölkerung gesprochen wird. Ihm gegenüber mit dem Schnauz da ist der Vertreter der 25 Prozent französischsprachigen Schweizer.«

Mit ihren Bärten, Helmen und Schwertern schienen die vier direkt einem Asterix-Comic entsprungen.

»Der streitbare Herr gegenüber steht für die italienische Sprache, 6,5 Prozent Anteil in der Schweiz. Und auch ihn vergessen wir nicht«, die Führerin zeigte auf einen traurigen Bronzemann, »unseren Vertreter für die rätoromanische Sprache. Welche als Muttersprache leider nur noch von einem halben Prozent der Bevölkerung gesprochen wird.« Sie machte eine Handbewegung in die Höhe, und wir folgten brav mit unseren Blicken.

»Das Gipsrelief über dem kleinen Balkon hat zwei Namen. Der erste Name lautet ›Schiller-Fries‹. Denn es zeigt eine Szene aus der Geschichte des Wilhelm Tell, geschrieben von Friedrich Schiller. Es wird dargestellt, wie die Auswärtigen zu uns ins Land kommen. Sie werden von den Ansässigen herzlich willkommen geheißen. Für Architekt Hans Wilhelm Auer war es deshalb der ›Asyl-Fries‹. Auer wollte unbedingt diese Szene aus der Tell-Geschichte, denn er meinte schon 1902, dass wir in der Schweiz eine sehr moderne, offene Asylpolitik haben, und das soll hier die ganze Welt sehen.«

Von den 8,28 Millionen der Schweizer Wohnbevölkerung sind 2,01 Millionen Ausländer aus sämtlichen Nationen der Welt, ausgenommen Tuvalu, Mikronesien und Palau. Die rechtsbürgerliche SVP mit ihren Anti-Ausländer-Parolen gewinnt derzeit stark an Zulauf. Dabei stammt ihr prominentestes Mitglied Christoph Blocher selbst aus einer Zuwandererfamilie. Sein Ururgroßvater kam 1833 aus Deutschland.

Die Touristen, die aus China gekommen waren, begannen zu schwatzen. Eine rüstige Rentnerin zischte: »Pschscht!«, und drückte gleich darauf ihren Daumen von unten gegen die oberen Schneidezähne.

Die Chinesen stellten ihre Gespräche ein, zumal es jetzt etwas zu gucken gab. Nämlich die Bilder in den vier Bogenfenstern unter der Hallenkuppel. Sie stellten die wichtigsten Wirtschaftszweige der Schweiz um 1900 dar: das Nordfenster Handel und Schifffahrt an den Ufern des Rheins bei Basel, das Ostfenster einen Webstuhl sinnbildlich für die Textilindustrie vor den Glarner Alpen und dem Zürichsee. Der Süden war pflügenden Bauern und damit der Landwirtschaft vorbehalten, im Hintergrund das Jungfrau-Massiv. Das Westfenster zeigte Zeiger, Zahnräder und das Jura – Sinnbild für die Uhren- und Metallindustrie.

»Es ist kein Zufall, dass diese Fenster zuoberst platziert wurden. Denn diese Fenster, die stehen symbolisch für das Volk. Das Volk hat in der Schweiz die höchste Macht.«

An dieser Stelle nickte unsere Führerin dem Reiseleiter der

chinesischen Gruppe zu, das durfte er gerne übersetzen. China nennt sich schließlich Volksrepublik.

»Die Schweizer Bevölkerung kann durch Volksentscheide direkt auf die politische Gestaltung Ihres Landes Einfluss nehmen.«

Da guckten die Chinesen.

»Und genau aus diesem Grund haben die Fenster – die symbolisch für das Schweizer Volk stehen – hier die höchste Position in der Kuppelhalle. Über den Sälen von Ständerat und Nationalrat. Den beiden Kammern unseres Parlaments.«

Wir gingen eine der breiten Treppen hinauf. Damit niemand zurückblieb, folgte uns ein bulliger Sicherheitsmann wie ein Hütehund der Schafherde.

Der Ständeratssaal mit seiner Holztäfelung und den halbrunden, leicht ansteigenden Pultreihen war eine Mischung aus altem Gerichtssaal und altem Klassenzimmer. Nur sehr viel höher.

»Im Ständerat sitzen die Vertreter der Kantone. Je einer für die Halbkantone Basel-Landschaft, Basel-Stadt, Nidwalden, Obwalden, Appenzell-Ausserrhoden und Appenzell-Innerrhoden. Für die übrigen Kantone sind es zwei Vertreter unabhängig von der Größe des Kantons. Also haben wir hier insgesamt sechsundvierzig Ständeräte. Davon im Moment nur zehn Frauen.«

Wir hatten auch zehn Frauen in der Gruppe, waren aber insgesamt nur achtundzwanzig.

»Das Frauenstimmrecht wurde in der Schweiz 1971 auf nationaler Ebene eingeführt. Kantonal war es viel schwieriger. Der Kanton Appenzell-Innerrhoden musste 1990 durch einen Bundesgerichtsentscheid dazu gezwungen werden, Frauen das Stimmrecht zu geben.«

Die Länder, die das allgemeine Frauenwahlrecht noch später als die Schweiz einführten, sind Kasachstan, Kuwait, der Oman und Bahrein. Deutschland bekam es 1918. China 1947.

Was die Rechte von Frauen betrifft, war die Schweiz in einem anderen Bereich ganz vorn dabei: Seit 1942 ist die Prostitution legal. Anders als in Deutschland, wo Sexarbeit erst 2001 legalisiert wurde. Einvernehmlicher, bezahlter Sex mit Männern oder Frauen war erlaubt, sofern der oder die Prostituierte das »sexuelle Mündigkeitsalter« erreicht hatte, also 16 Jahre alt war. Einzelne Städte und der Kanton Genf hoben durch Verwaltungstricks das Mindestalter auf 18 an, in dem sie zum Beispiel keine der notwendigen Bewilligungen an minderjährige Prostituierte ausstellten. Andere wie der Kanton St. Gallen verwiesen auf die Zuständigkeit des Bundes und blieben untätig. Doch internationale Vereinbarungen zum Schutz von Minderjährigen zwangen die Schweiz zum Handeln. Durch eine Änderung im Schweizerischen Strafgesetzbuch ist heute bezahlter Sex mit Minderjährigen in allen Kantonen verboten. Und zwar seit dem 1. Juli 2014.

Unsere Führerin lenkte unsere Blicke nach vorne. Dort standen unterhalb des Podiums für den Ständeratspräsidenten sechs Stühle. Drei links, drei rechts. »Diese Stühle sind für die sieben Mitglieder des Bundesrates vorgesehen.«

Ich war nie gut in Mathe. Dass hier etwas nicht stimmte, merkte ich trotzdem. Ob die Bundesräte vor jeder Sitzung »Reise nach Jerusalem« spielten? Und wer am Ende der Nationalhymne zu langsam war, musste stehen?

»Der Bundesrat ist gleichzeitig die Schweizer Regierung und Schweizer Staatsoberhaupt. Anders als zum Beispiel in Deutschland, wo der Bundespräsident das protokollarische Staatsoberhaupt darstellt und der Bundeskanzler mit seiner Regierung die Staatsgeschäfte führt. Alle sieben Bundesräte der Schweiz sind gleichberechtigt. Sie werden von der Vereinigten Bundesversammlung, also Ständerat und Nationalrat zusammen, für eine vierjährige Amtszeit gewählt.«

Eine alte Chinesin redete auf ihren Reiseleiter ein. Die Führerin begann lauter zu sprechen.

»Außerdem wählt die Bundesversammlung jedes Jahr neu den Präsidenten des Bundesrates. Er repräsentiert die Schweiz protokollarisch nach außen ohne besondere Weisungsbefugnis. Haben wir Schweizer in der Gruppe?«

Außer den Chinesen und mir meldeten sich alle.

»Wer ist in diesem Jahr Präsident des Bundesrates?«

Niemand meldete sich. Außer einem Chinesen. Dem Reiseleiter. Er nannte einen Namen, und die Führerin lobte ihn.

»Nach der Wahl des Bundesrates verteilen die Bundesrätinnen und Bundesräte untereinander die einzelnen Departemente. In der Schweiz gilt das Kollegialitätsprinzip. Das bedeutet, die vom Bundesrat in Mehrheitsentscheidung getroffenen Beschlüsse müssen vom verantwortlichen Departementsvorsteher auch dann umgesetzt werden, wenn dieser dagegen gestimmt hat.«

Die rüstige Rentnerin meldete sich: »Und warum stehen da nur sechs Stühle für die sieben Bundesräte?«

»Man wollte unbedingt die Symmetrie des Saals einhalten. Drei Stühle links, drei rechts. Das macht aber überhaupt nichts, denn bei Debatten muss nur der Bundesrat anwesend sein, der mit seinem Departement zuständig ist für das Thema der Diskussion. Zum Beispiel bei Fragen des Militärs der Bundesrat für Verteidigung. Und wenn einmal aus einem besonderen Anlass alle Bundesräte anwesend sein müssen, dann wird aus dem Nationalratssaal ein siebter Stuhl hierher herübergetragen.«

Die alte Chinesin intervenierte erneut beim Reiseleiter. Der ging zur Führerin nach vorne. Er lächelte. Sie lächelte. Er sprach. Sie lächelte nicht mehr. »Muss noch jemand zur Toilette?«

Begleitet vom Wachmann verließen die alte Chinesin und die rüstige Rentnerin den Saal und verpassten, wie uns die Führerin über die hundert Jahre alte Gardine vor dem sechs Meter hohen Fenster aufklärte und über das große Wandbild und darüber, dass jeder Ständerat in seiner Amtssprache reden darf, davon ausgehend, dass alle anderen Deutsch, Französisch und Italienisch verstehen.

Im Nationalratssaal nebenan waren wir wieder vollzählig. Er war ähnlich pompös und reich an Holz wie der Ständeratssaal, aber deutlich größer. Das Plenum im weiten Halbrund, hinten oben einige Logen, vorne ein breites Podium für das Nationalratspräsidium und davor das Rednerpult. Die Wand, auf die alle Abgeordneten schauen, schmückte ein riesiges Landschaftsbild.

»Hier, vor dieser wunderschönen Darstellung unseres Nationalheiligtums, der Rütli-Wiese am Urner See, sitzen zweihundert Nationalräte, davon im Moment sechzig Frauen. Die Nationalräte werden alle vier Jahre von uns, vom Volk, gewählt. Die Zahl der Nationalräte pro Kanton ist abhängig von der Größe des Kantons. Zürich, der einwohnermäßig größte Kanton der Schweiz, hat die meisten Nationalräte. Ein ganz kleiner Kanton wie Glarus hat nur einen einzigen Sitz hier im Saal. Denn je 37 500 Einwohner gibt es einen Nationalrat. Welche Partei wie viele Sitze bekommt, wird nach einem komplizierten Schlüssel festgelegt.«

Die Führerin nickte dem chinesischen Reiseleiter zu, das Nächste sollte er übersetzen.

»Wir haben bis heute in der Schweiz kein Berufsparlament, sondern ein sogenanntes Miliz-Parlament. Alle Parlamentarier treffen sich hier im Parlamentsgebäude mindestens viermal im Jahr zu Sessionen von je drei Wochen. Im Frühjahr, im Sommer, im Herbst und im Winter. Bezahlt werden unsere Volksvertreter nur für die Zeit ihrer Anwesenheit hier im Parlament. Das sind etwa hundertachtzig Tage im Jahr. Die restliche Zeit arbeiten unsere Parlamentarier in ihren normalen Berufen.« Nach einer kurzen Pause schob sie leise hinterher: »Also in der heutigen Zeit nur ein kleiner Teil von ihnen.«

Ein großer Teil von ihnen hat gar keine Zeit für den normalen Beruf, denn fast alle der zweihundert Nationalräte sitzen in sogenannten Interessenverbindungen. Manche in sechsundzwanzig gleichzeitig. Oft sind es Sozial-, Umweltverbände oder Sportvereine, wie das *Komitee für eine Schweiz ohne Masern* oder der *Spenglerfonds zur Fürsorge für alte landwirtschaftliche Dienstboten*, dessen Kernaufgabe lautet: »Freie Fürsorge für alte, evangelische, landwirtschaftliche Angestellte beiderlei Geschlechts und thurgauischer Abstammung, welche mindestens zwei Jahre beim gleichen Meister gedient haben und auch sonst der Unterstützung würdig sind.«

Davon sagte unsere Führerin nichts. Ihr war anderes wichtig: »Dieses System führt dazu, dass wir in der Schweiz das kostengünstigste Parlament von ganz Europa haben. Denn umgerechnet bezahlt jeder von uns für das Parlament im Jahr nur 12 Franken 35.«

Den Rest bezahlt die Schweizer Wirtschaft. Die Mehrheit der Nationalräte sitzt nämlich außer in Umwelt-, Sozial- und Sportverbänden in Verwaltungsräten. Bei Kantonalbanken und Elektrizitätswerken erscheint das nachvollziehbar, sind diese doch in öffentlicher Hand oder erfüllen öffentliche Aufgaben. Deshalb ist das Verwaltungsratssalär auch nicht so hoch und fließt über Steuern und Abgaben teilweise an den Kanton zurück. Das Sitzungsgeld dürfen die Nationalräte behalten. 1000 bis 2500 Franken. Pro Sitzungstag.

In privaten Wirtschaftunternehmen mit bis zu 1000 Angestellten erhalten Verwaltungsratsmitglieder im Durchschnitt 25 000 Franken pro Jahr, bei größeren Unternehmen können es auch mal 100 000 sein. Verwaltungsratspräsidenten bekommen mehr. Schweizer Parlamentarier sitzen in bis zu sechs Verwaltungsräten, gelegentlich als Präsident.

Die Verwaltungsräte mittelständischer Unternehmen und großer Aktiengesellschaften haben häufig nicht nur eine Aufsichtsfunktion, sondern erfüllen die Aufgabe einer Geschäftsleitung. Damit treffen Schweizer Parlamentarier in

Verwaltungsräten wirtschaftliche Entscheidungen, über deren gesetzlichen Rahmen sie unter Umständen abstimmen.

Ende 2013 berichtete *PackAktuell*, das »Fachmagazin für Verpackungstechnik und -design«, dass Nationalrat Lorenz Hess von der Bürgerlich-Demokratischen Partei (BDP) und Matthias Schneider, Leiter der Unternehmenskommunikation von *Coca-Cola Schweiz*, ab sofort der neu gegründeten *Informationsgruppe Erfrischungsgetränke* vorstünden. Am Tag der Bekanntgabe dieser Zusammenarbeit war im Nationalrat zum zweiten Mal eine Ergänzung zum Lebensmittelgesetz mit knapper Mehrheit abgelehnt worden, die an Kinder gerichtete Lebensmittelwerbung einschränken sollte, besonders für Süßgetränke. Womöglich würde das Gesetz bei der nächsten Abstimmung durchkommen. Um dies zu verhindern, engagiert sich die *IG Erfrischungsgetränke* gegen »überbordende Staatsinterventionen, die den Konsum lenken ... weil die Eigenverantwortung in Ernährungsfragen an erster Stelle steht«.

Vom Rednerpult vor dem großen Wandbild wies unsere Führerin in die Weite des Halbrundes: »Unsere Nationalräte haben hier, in diesem Raum, nur eine Aufgabe: Abzustimmen im Interesse des Volkes.«

»Es nimmt mich Wunder, ob eure Politiker nicht genauso korrupt sind«, warf Amara ein, als ich auf dem Weg vom Bundeshaus zum Marzilibad meiner Empörung über den bigotten Parlamentarismus der Schweiz Luft machte.

»Das kann schon sein, aber um Einfluss auf die Politik zu nehmen, gibt es bei uns den ehrlichen Beruf des Lobbyisten.«

»Ja, siehst du, und bei uns bekommst du zwei für eins!«

»Kommt hin. 1994 stimmte Christoph Blocher zweimal ab. Für sich und für seinen abwesenden Parteikollegen.«

»Woher weißt du?«

»Hat die Führerin erzählt. Also, sie sprach von einem ›sehr

bekannten Nationalrat aus Zürich‹, und ein Zuhörer rief: ›Blocher!‹«

»Und wie konnte der zweimal abstimmen? Hat er beide Arme gehoben oder sich schnell verkleidet?«

»Das war das erste Jahr, in dem elektronisch abgestimmt wurde. In dem Pult an jedem Platz wurden dort, wo früher das Tintenfässchen hineinkam, Knöpfe für die elektronische Abstimmung untergebracht. Grün für Ja, Rot Nein, Weiß Enthaltung und Blau für Anwesenheit.«

»Blau für Anwesenheit? *Blaumachen* bedeutet doch *nicht da sein* ...!«

»Du bist wundervoll!«

»Nicht wahr?«

»Jedenfalls gibt es seit Blochers Doppelabstimmung einen fünften Knopf. Den goldenen Blocher-Knopf.«

»Wirklich?«

»Gut, er heißt nicht offiziell so. Aber Blocher hatte damals seinen und den grünen Knopf seines Sitznachbarn gedrückt. Das kam heraus, weil es am Ende eine Ja-Stimme mehr gab als anwesende Abstimmungsberechtigte.«

»Dieser Depp. Er hätte vorher den blauen Knopf seines Nachbarn drücken müssen!«

»Um jede Manipulation auszuschließen, müssen die Nationalräte seitdem bei einer Abstimmung einen Abstimmungsknopf drücken und gleichzeitig den goldenen Blocher-Knopf. Damit sind beide Hände beschäftigt.«

»Und was ist mit den Füßen?«

»Hm, das würde vermutlich auffallen«, erwiderte ich. Und schrie gleich darauf: »O Gott!«

Amara erschrak. »Was is?«

»Ich bin an der Aare. Wieso behaupten eigentlich alle, die Berner seien langsam?«

Im Wasser raste ein Menschenkopf vorbei.

ACHTUNG! Das Schwimmen in der Aare ist gefährlich und nur für geübte Schwimmer! Es besteht keine Badeaufsicht!

Schild an der Aare, Bern

»Chasch guet schwimme? Chasch guet schwimme? Chasch guet schwimme?«, hämmerte Clemens' Frage in meinem Kopf, während ich den Aare-Uferweg in Badehose stromaufwärts marschierte. Meine Plastiktüte, Hose, Hemd und Kamera lagen in einem schmalen Schrank für fünf Franken Tagesmiete. Abgesehen von dieser freiwilligen Investition war der Besuch im *Berner Badi* kostenlos. Dergleichen kennt man als Deutscher gar nicht. Neben fußballfeldgroßen Liegewiesen, Umkleiden und Zugang zum Fluss bot das Marzilibad Duschen, Toiletten, gefliese Schwimm- und Sprungbecken, hölzerne Liegepodeste und einen FKK-Bereich für Frauen namens »Paradiesli«.

Vor oder hinter mir marschierten auf dem schmalen Teerweg parallel zum Fluss Menschen in Bademode, die der Duft von Sonnenöl umwölkte. Für meinen Bade-Body musste der Inhalt der Sonnenmilch-Probepackung aus der Apotheke reichen. Eine ganze Flasche einzupacken war aus Gewichtsgründen nicht in Frage gekommen. Meist spendeten ja auch die Uferbäume Schatten. In den schattenfeien Zonen ging ich sicherheitshalber ein paar Schritte schneller. Keinesfalls sollten mir Rucksackriemen auf Sonnenbrandschultern die Ferienreise verderben.

Vielen der Menschen um mich herum klebten die Haare nass am Kopf. Sie hatten den Fluss offensichtlich schon mal überlebt.

Der Elan, mit dem ich am Ufer entlangmarschierte, war nicht Ausdruck meiner Entschlusskraft, in die wilde Flut zu springen, sondern der Versuch, meiner Angst zu entkommen. Außerdem hoffte ich, die Aare würde stromaufwärts weniger wild fließen. Ich zählte die Sekunden, die ein Menschenkopf im Wasser von einem Baum zum zehn Schritte weiter stehenden benötigte. »Einundzwanzig, zweiund...«

Der aufgeheizte Asphalt brannte unter meinen nackten Füßen. Das »Tiefbauamt der Stadt Bern – Seit 1865 für Sie da« informierte mich mittels eines offiziellen Aufdrucks auf dem Gehweg: »17 700 Motorfahrzeuge fahren täglich über die Monbijoubrücke – ›Töffli‹ nicht mitgezählt«.

An einer Treppe hinab zum Fluss klammerte sich eine jung verheiratete Frau – ihr Ehering blitzte in der Sonne – ans Geländer, ihr Gatte, zwei Stufen tiefer, versuchte, sie ins Wasser zu ziehen. Dann riss ihm die Aare die Beine weg und trug ihn fort.

»3212 Tonnen ›Ghüder‹ wurden 2014 in den Abfallkübeln der Stadt Bern entsorgt«, teilte das Tiefbauamt mit. Vielleicht war »Ghüder« eine Bern-deutsche Bezeichnung für Leichen.

Der nächste Aufdruck kam in Höhe einer Wagenburg: »Homophobic Guys suck my dick!« Keine Mitteilung des Tiefbauamts, trotzdem sehr offiziell aussehend.

Eher inoffiziell wirkten die im Kreis aufgestellten alten Bauwagen. Zu Wohnzwecken umgenutzt, bunt und bisweilen von schuppigem Anstrich bedeckt, kündeten sie rechts des Uferweges von der Unangepasstheit ihrer Bewohner. Jene selbst waren nicht zu sehen. Nur ein müder Hund.

»Zahnseide kann im Kanalnetz grosse Schäden anrichten, wenn sie das WC hinuntergespült wird«, warnte das Tiefbauamt.

Links von mir wurde gerade ein Schlauchboot voller Kinder hinuntergespült.

Die regelmäßig zum Fluss führenden Treppenstufen reichten nicht weit ins Wasser. Wer sich von dort der Strömung überantwortete, den drohte sie gegen die Felsen am Flussrand zu schmettern, bedrohliche Schatten knapp unter der Wasseroberfläche.

Inzwischen war ich wohl einen Kilometer gelaufen. Hitze und Härte des Asphalts setzten meinen Füßen zu. In Höhe eines Wasserwerks stieß ich auf eine breite Treppe ohne Geländer, die gut zwei Meter in den Fluss hineinragte. Hier könnte ich meine geschundenen Füße kühlen.

Auf den Stufen standen eine Mutter und ein Junge von etwa zehn Jahren bis zu den Knien im Wasser. Steifbeinig stemmte er sich gegen die Strömung. Die Mutter redete auf ihn ein. »Schau, wie klar das Wasser aussieht.«

Er verschränkte die Arme. »Logisch. Es ist ja zu kalt und zu schnell. Da können gar keine Pflanzen oder Algen wachsen.«

Ohne Kleidung sind Menschen oft schwer wiederzuerkennen. Doch war ich mir sicher, da sträubte sich meine Zugbekanntschaft Konstantin gegen ein Bad in der Aare. Bei den letzten Worten seiner altklugen Erklärung brach seine Stimme, und er schluchzte: »Ich will nicht!«

Ich stand eine Stufe höher als er und staunte, wie er seine Position in der Strömung halten konnte. Sobald ich meine Füße bewegte, ja bloß mein Gewicht verlagerte, glaubte ich den Halt zu verlieren.

»Schau, der Mann geht auch schwimmen. Der hat keine Angst.«

Ich täuschte dergleichen vor. Hob den rechten Fuß, um eine Stufe tiefer ... da kippte ich und platsche rücklings in die eiskalten Fluten.

Ich schwamm um mein Leben. Kämpfte gegen den Druck, sah die Felsenschatten schon, zog die Füße ein, kam vorbei. Zwei letzte Schwimmzüge, dann erreichte ich die sichere Flussmitte.

Mutter und Sohn hatte ich weit hinter mir gelassen. Zu sehen waren nur noch seine Tränen.

Es gelang mir, eine stabile Lage einzunehmen. Senkrecht im Wasser steckend, trieb ich dahin. Es war herrlich!

Vor mir am Horizont thronte hoch über dem Aaretal das Bundeshaus. Links und rechts wechselten Bäume, Häuser und Brückenpfeiler einander ab. Kaum hatte ich hingeschaut, waren sie vorbei. Es fühlte sich an, als würde ich fliegen.

Ich drückte die Arme gegen die Strömung, schaffte eine Pirouette. Machte eine zweite. Drehte mich, bis mir schwindlig wurde.

Da kamen schon der Biergarten des Marzilibades und die ersten Ausstiege. Mauern, die im 45-Grad-Winkel in den Strom ragten. Knapp über der Wasserlinie waren Handläufe montiert zum Festhalten. Ich begann Richtung Ufer zu steuern, die ersten beiden Mauern verpasste ich, die nächste kam, ich machte mich lang, länger, überlang und hakte mich mit Zeige- und Mittelfinger der rechten Hand ans Geländer. Das Wasser türmte sich vor meiner Brust, klatschte in mein Gesicht. Ich zog mich millimeterweise Richtung Mauer, konnte die linke Hand festhaken, bekam am Grund eine Steinstufe unter die Füße – und erhob mich aus den Fluten. Wasser strömte meinen Körper hinab, während ich mir mit einer Hand das nasse Haar aus der Stirn strich. Ich machte mich sofort wieder den Uferweg hinauf. Für die zweite Runde.

»Mein kleiner grüner Rucksack hängt hinten am Rück-ken, hollahi, hollahi, hollarooo!« trällerte ich, während ich zwischen den Regalen des MIGROS-Supermarktes im Bahnhof umherschlenderte. Die MIGROS ist der größte Einzelhändler der Schweiz vor Coop. Beide sind – mit Unterschieden im Detail – genossenschaftlich organisiert, das heißt, eine von den Genossenschaftsmitgliedern gewählte Delegierten-Versammlung beeinflusst und überwacht die Geschäftsführung. Zum MIGROS-Genossenschaftsbund gehören außer den in zehn regionalen Genossenschaften organisierten Supermärkten auch Tankstellen-, Hotel-, Freizeitpark- und Baumarktketten, unzählige Produktionsbetriebe, der Discounter Denner, eine Bank, ein Museum – und eine Besonderheit: Gründer Gottlieb Duttweiler, der ab Mitte der 1920er Jahre Lebensmittel zunächst mit Lieferwagen an die Hausfrau brachte und nach dem Zweiten Weltkrieg die ersten Selbstbedienungsläden in der Schweiz einführte, hatte die »Volksgesundheit« im Blick. Daher verbieten die Genossenschaftsstatuten bis heute in den Supermärkten mit dem orangen M den Verkauf von Alkohol und Tabakwaren. Weshalb Amara lieber bei Coop einkauft. Ich kaufte einen Taboulé-Salat und zwei Bananen als Reiseproviant. Wann der nächste Zug nach Lausanne fuhr, wusste ich nicht. Wo ich heute schlafen würde, auch nicht.

Sollte es keine Verbindung mehr nach Lausanne geben, dem Ende des S, würde ich mir auf halber Strecke ein Quartier suchen und morgen weiter nach Lausanne fahren. Dann allerdings wäre ich Freitag sehr lange unterwegs, denn ich musste ja den unteren S-Bogen erst ganz zurück, bevor ich aufs c einschwenken durfte, an dessen oberem Ende meine nächste vorab gebuchte Übernachtung lag: ein Open-Air-Kino im Örtchen Trubschachen.

Trotzdem sorgte ich mich nicht. Der Druck, alles gleich zu finden und überall rechtzeitig zu sein, war Gelassenheit gewichen.

Ich hatte die Aare überlebt. Mich schreckte nichts mehr.

Der GoldenPass Panoramic, das sind hochmoderne Züge mit einmaligen Eigenschaften. Abgesehen von ihrem hohen Mass an Komfort, haben sie eine Besonderheit, die ins Auge springt: die Panoramafenster. ... Es ist ein bisschen so, als würde sich Ihr Zug, kaum dass Sie Platz genommen haben, auflösen.

Website des *GoldenPass Panoramic*

Bern 17:04 ab, Lausanne 20:39 an, Umsteigen in Spiez, Zweisimmen und Montreux. So lautete meine Verbindung.

Kaum hatte der Zug Bern verlassen, benahm sich die Landschaft wie ein Provinzmädchen, das von der großen Model-Karriere träumt. Sie warf sich in jede erdenkliche Pose, die man mit der Schweiz verbindet, ob man je da war oder nicht. Sattgrüne Wiesenhänge, schroffe Felswände, dunkle Tannen, grüne Wälder im Sonnenschein. Selbst die Ziegen fehlten nicht, wenngleich sie kein Peter, sondern ein Elektrozaun hütete. Breite, weit vorspringende Dächer drückten auf die Häuser, blumengeschmückte Holzbalkone setzten bunte Akzente.

Der Zug hielt in Thun. Ich konnte leider nicht vermeiden, darüber nachzudenken, ob die Einwohner Thunesier heißen, und schmunzelte vor mich hin.

Überhaupt, von der sandfarbenen Schirmmütze bis zu meinen rot besohlten Wanderschuhen war ich bester Dinge. Bisher hatte mein Reiseplan perfekt funktioniert. Und das Problem, wie ich den i-Punkt setzte, würde sich auch noch klären. Ganz bestimmt.

Heute war erst mal Zufall eingeplant. Charlotte hatte mir den an den Genfer See grenzenden Lausanner Stadtteil Ouchy ans Herz gelegt, was sich wie Uschi spricht, nur hinten betont. In Uschiii würde ich ein Hotel mit Seeblick nehmen.

In Spiez stieg ich in einen RegioExpress um, der zwar schon

den Titel *GoldenPass Panoramic* trug, aber keinesfalls golden war. Den berühmten goldenen Zug bestieg ich erst in Zweisimmen.

Was auf der Website des GoldenPass Panoramic groß angekündigt wurde, traf zu meiner Erleichterung nicht ein. Weder sprang mir das Panoramafenster ins Auge, noch löste sich der Zug auf.

Statt blind auf dem Gleis saß ich sehenden Auges in einem blauen Polstersessel gegenüber einer indischen Familie. Der dicke Schnauzbart und die voluminöse Sonnenbrille des Vaters büßten durch das T-Shirt, das über seinem dicken Bauch spannte, etwas von ihrer Coolness ein: Dort lachte die kulleräugige Zeichentrick-Heidi.

Mehr Würde strahlte die Mutter in ihrem Sari aus. Wenngleich das wallende Gewand im selben Blau wie der Sitz war, was ihrem Kopf etwas Schwebendes verlieh.

Auf den Sitzen neben, vor und hinter den Eltern knieten die Kinder: drei Töchter, zwei Söhne. Sie stützten die Hände auf den unteren Fensterrahmen und schauten ebenso gebannt wie Mama und Papa hinaus. Da wandte eines der Kinder den Kopf, entdeckte auf meiner Fensterseite spektakulärere Berge, und alle fünf wogten hinüber.

Es war nicht allein der Schauwert des Berner Oberlands, der die Familie faszinierte – es war sein Wiedererkennungswert.

Von Mitte der neunziger Jahre bis Anfang des neuen Jahrtausends wurden jährlich bis zu vierzig Bollywood-Filme in der Schweiz gedreht. Jene bunten und für Europäer überdreht wirkenden Streifen voller Dramatik, Tanz und Gesang, in denen ein Kuss als Tabubruch gilt und Sexszenen gar nicht vorkommen. Da mussten dann die aufregenden Alpenlandschaften für Höhepunkte sorgen.

Ende der Nullerjahre hatte das indische Publikum die Alpen satt, weshalb die Produzenten bei Zweitverwertungen ihrer Filme die Bergbilder herausschnitten. Seit kurzem drehen indische Filmcrews wieder öfter in der Schweiz.

Eines der Inder-Kinder (seine Geschwister wechselten gerade wieder auf die Elternseite zurück) kam aufgeregt vom Wagenende zurück, das auch das Zugende war.

Vorne hatte derweil eine blonde Schaffnerin begonnen, die Tickets zu kontrollieren. Fast jede Kontrolle begann sie mit der Frage: »English? Frongsäs? Deutsch?«

»Deutsch«, sagte ich und lupfte mein T-Shirt, um aus der Bauchtasche meine Fahrkarte zu ziehen.

Die Inder-Kinder redeten zu fünft auf die Eltern ein, die daraufhin ihren Sprösslingen nach hinten folgten.

»Wenn es Ihnen hier zu laut ist, gehen Sie gerne nach ganz vorne. Da gibt es ein weiteres Abteil mit VIP-Plätzen.«

»Aber ich bin gar kein VIP.«

»Ach, heute ist nicht so viel los. Gehen Sie ruhig vor, da können Sie direkt in der Spitze des Zuges sitzen.«

Wenn ich dort ganz vorne sitzen konnte und die Inder hier hinten ganz hinten saßen – fehlten dem Zug Lok und Lokführer!

Ich schulterte meinen Rucksack, bahnte mir den Weg durch fünf Wagen, zwei davon ausschließlich von Chinesen besetzt, und gelangte an die Zugspitze, in der sehr wohl viel los war. Die acht VIP-Plätze kosteten jeweils 15 Franken extra, worauf ein Schild an einer kleinen Flügelsperre hinwies. Heute schien das außer Kraft gesetzt. Oder die acht Inder dort hatten reserviert und die Schaffnerin den Überblick verloren.

Hinter den Spitzenplätzen nahm ein telefonzellengroßes Kabäuschen zwei Drittel der Zugbreite ein. Milchglasscheiben verwehrten den Blick hinein. Durch das frei bleibende Drittel gelangte man am Kabäuschen vorbei nach vorne. Vor diesem kurzen Gang gab es einen freien Einzelsitz, schon im Großraumabteil, aber nah genug an der Glasfront, so dass ich den Blick Richtung Fahrtrichtung genießen konnte.

Als wir in den ersten Tunnel sausten, zuckte ich instinktiv zurück. Dann schossen wir ins Helle, das Gleis schlängelte durch einen Wald, verschwand plötzlich links hinter einem Felsvorsprung, wir zirkelten um ihn herum und hatten die glänzenden Schienen wieder vor uns, bevor sie rechts um die Kurve bogen und wir hinterher. Manchmal sah ich die Schienen am Berghang unter uns oder über uns und fragte mich, wie wir dahin kommen sollten, da schoben wir uns schon in die nächste Serpentine und waren wenige Augenblicke später eine Etage tiefer. Oder höher. Es war wie Achterbahnfahren. Nur schweizerischer.

Über uns hingen graue Quellwolken, Sonnenfinger stießen dazwischen herab. In der Ferne ragten gezackte Gipfel auf. Jeder zweite sah aus wie das Matterhorn, ein leicht zur Seite geknicktes Dreieck.

Unterwegs hielten wir des Öfteren. Auch in Gstaad. Lieblingsort der High Society. Und Drehort vieler Bollywood-Movies. Kein Wunder, dass dort meine Inder von hinten ausstiegen. Leider nicht die vorne. Vorderindien blieb.

Wir fuhren weiter westwärts.

Dann, wie aus dem Nichts, tauchte der Genfer See auf. Eine flirrend graue Bühne, auf der die blutrote Sonne ihren dramatischen Untergang aufführte.

In Montreux, einem Haufen dichtgedrängter Häuser am Hang überm See, stieg ich ein letztes Mal um und löste das Rätsel um den fehlenden Lokführer.

Er saß auf einem erhöhten Drehstuhl in dem Kabäuschen, das oben in einer flachen Haube aus Glas mündete. In der steckte der Kopf des Lokführers.

Seit einigen Jahren wird Lausanne als »kriminellste Stadt der Schweiz« bezeichnet.

Neue Zürcher Zeitung

Mittwoch, 20:39 Uhr. Mein Fuß berührte Lausanner Bahnsteigboden, und das S war geschafft. Nach vier Reisetagen. Einmal quer durch die Schweiz. Von jetzt an würden alle anderen Buchstaben weniger Zeit in Anspruch nehmen. Selbst für das komplizierte h hatte ich nur zwei Tage veranschlagt, trotz der großen Schreibschriftschleife. Oder wie Amara gesagt hatte: »dem Schnüärlischriftmäschli«.

Voller Elan durchquerte ich den Bahnhof, bereit für ein abendliches Abenteuer. Und das in dieser Stadt.

Bis 2011 hinter Genf diejenige mit der höchsten Kriminalitätsrate der Schweiz, arbeitete sich Lausanne danach vom zweiten Platz an die Spitze vor. Beide Städte erklären ihren schlechten Ruf damit, dass die anderen Städte der Schweiz bei der Statistik schummeln. Oder die Delikte anders zusammenzählen. Jedenfalls kriminelle Trickser sind!

Ich wählte den Bahnhofsausgang zur belebteren Stadtseite, da ich dort eher Beherbergungsbetriebe vermutete.

Der graue Hotelkasten gegenüber dem Bahnhof bemühte sich nicht, Lausannes schlechten Ruf zu widerlegen. Gardinen flatterten aus dunklen Fensterhöhlen, als sei der Bau schon vor Jahren aufgegeben worden. Eine bunte Flaggenreihe auf dem Vordach versuchte vergeblich, die an Pjöngjang erinnernde Trostlosigkeit zu mildern. Nein, dort würde ich nicht nächtigen. Ich suchte Uschiii.

Im Licht der gerade aufflackernden Laternen ratterten Jugendliche von meist dunkler Hautfarbe mit Skateboards und Rollern über den Gehweg vor der Häuserzeile mit dem Hotel. Eine breite Treppe durchschnitt die Fassadenfront. Steil bergauf ging es in die höher gelegenen Stadtviertel. Geduldig wie ein Maultier nahm ich Stufe um Stufe. Oben angekommen, fiel mir ein, dass Seen selten oben liegen, und machte kehrt. Um dem Zufall auf die Sprünge zu helfen, studierte ich im Bahnhof die Stadtplantafel. Ouchy lag im Süden von Lausanne, etwa parallel zum Bahnhof. Ich legte den Kopf auf die Seite, um die nach Norden ausgerichtete Karte und meinen nach Süden ausgerichteten Standpunkt halbwegs übereinzubringen. Die Hauptstraße hinunter zum See befand sich auf der Karte links. Demnach musste ich in Wirklichkeit, sobald ich den Bahnhof auf der weniger belebten Seite verlassen hatte, nach rechts gehen, bis ich auf die Hauptstraße stieß, und dort rechts, nein, links abbiegen. Oder jemanden fragen. Jemanden, der mich verstand. Und möglichst niemand war, der Lausannes Führungsposition in der Kriminalitätsstatistik verteidigen wollte.

Für einen Moment war ich geneigt, mein Handy zu Hilfe zu nehmen und mein Google-Maps-Verbot zu missachten. Acht Prozent Restenergie des Akkus halfen mir, gesetzestreu zu bleiben. Im Notfall wollte ich die Polizei anrufen können. Nachdem ich ihre Nummer gegoogelt hatte.

Vom schwindenden Licht des Tages war in den zwischen hohen Mietshäusern eingezwängten Straßen kaum noch etwas zu sehen. Von Menschen auch nicht. Der Schein der Laternen verzerrte die Stuckfassaden zu unförmigen Schatten. Die Mauern strahlten die Hitze des Tages ab. Notfalls könnte ich auf einer Bank schlafen. (Würde ich natürlich nicht in dieser Metropole des Verbrechens!)

Nach einer Weile knickte meine Straße leicht ab und verkomplizierte so mein Vorhaben, geradeaus zu gehen. Außerdem hieß keine Straße so wie auf dem Stadtplan, den ich etwas unscharf abfotografiert hatte.

An der nächsten Straßenkreuzung zeigten viele blaue Schilder in viele Richtungen. Bergab ging es nach Ouchy. Heißa!

Ich lief schneller. Mein Rucksack stieß im Gegentakt meiner Schritte an meinen Rücken. Ich zurrte ihn fest, damit er wieder eins mit mir wurde. Wie der Höcker bei einem Kamel, nur dass mein Höcker nicht überlebenssicherndes Fett enthielt, sondern T-Shirts, Pullover, Unterwäsche, Kapuzenpulli, die guten Sachen und meinen Megaffel.

Plötzlich fröstelte ich. Im Gesicht. Auf den nackten Armen. Kühler Wind strich über meinen erhitzten Körper.

Von der großen Querstraße vor mir drangen Autolärm und Stimmengewirr herauf. Dahinter glänzte unendliches Schwarz, ein paar Lichtpunkte darin. Boote.

Der Genfer See!

Da leuchtete schon das erste Hotel. Dort ein weiteres. Und da war noch eines, eine schaurig-schöne Burg, direkt am Seeufer.

Welches sollte ich nehmen? Welches war gut oder schlecht, still oder laut, sauber oder versifft? Inzwischen zeigte mein Handy halb zehn und sechs Prozent Akku. Meine eigenen Energiereserven lagen deutlich darunter. Fünf Stunden geschlafen, um sieben aufgestanden, dreimal quer durch Bern gelaufen, zweimal der Aare-Strömung getrotzt, von den Besonderheiten des Schweizer Parlamentarismus überrollt. Und das alles bei 35 Grad Hitze. Mein Glaube an einen zufälligen Glückstreffer schlug um in die bange Erwartung eines Fehlgriffs.

Statt in irgendein Hotel ging ich ins gute alte Internet. Meinem Stammhotelportal entnahm ich, dass eine Nacht in dem Burghotel am Seeufer 450 Schweizer Franken kostete. Das erschien mir teuer. Das Hotel auf meiner Straßenseite links kostete 100 Franken weniger, das rechts hatte ganz schlechte Kritiken. Ich entschied mich für ein fünfhundert Meter landeinwärts gelegenes mit 97 Prozent positiver Bewertung. Ein Zimmer war noch frei. Ich buchte es gleich an der Straßenecke und tippte meine Kreditkartendaten ins Handy (vier Prozent Akku). Die Bestätigung ging umgehend per Mail ein.

Laut Foto war meine Unterkunft ein wunderhübsches Holzhaus im Chalet-Stil. Da das Haus unbeleuchtet auf einem zugewachsenen Grundstück stand, konnte ich dies nur unzureichend überprüfen. Ich drückte ein schmiedeeisernes Gartentor auf, folgte einem Weg aus Natursteinplatten und betrat den Windfang. Eine bewegungsmeldergesteuerte Lampe flammte auf. Die Tür ins Hotel selbst war verschlossen, der Empfangsbereich, den ich durch die Scheibe in der Tür erspähte, leer.

Neben der Tür hing eine Funkklingel für Spätanreisende.

Ich brachte einige Zeit mit Klingelknopfdrücken und Warten zu. Dann rief ich das Hotel an.

Im leeren Empfangsbereich schrillte mein Anruf.

Bis sich das Handy ausschaltete.

Der Form halber rief ich laut in die Stille: »Hallo ...?«

True Stories about groupie encounters from Cheech and Chong and other bedroom bombshells.

Pay-TV-Empfehlung des Angleterre & Residence Hotels

Voll die Verbrecher hier! 140 Franken sind flöten.«
»Was sind die?«
»Weg.«
»Selber schuld, Spatzeli. Wieso buchst du auch so komisch?«
»Ich wollte schlau sein.«
»Halt mal still!«
Ich hielt still.
»Was ist das Dunkle da?«
»Unterhosen im Perwoll-Bad.« Zu Waschzwecken führte ich in einem Fläschchen einige Milliliter Feinwaschmittel mit.
»Und das lange Grüne?«
»Ist eine gelbe Rose in einer weißen Vase.«
»Eine Rose im Badezimmer?«
»Es ist ein Luxushotel.«
Ich war zurück zum See gelaufen und in das Hotel gegenüber der Burg eingekehrt. Die Rezeptionsdame nahm keinerlei Anstoß an meinem verschwitzten Wandersmann-Anblick. Sie fragte auf Englisch, ob ich ein Zimmer mit Blick auf den See wünsche, und als sie den Preis sagte, fand ich Seeblick bei Nacht unnötig. Ich bekam ein Zimmer in einem Nebengebäude in zweiter Reihe, französischer Landhausstil, gleich hinterm Pool. Es war deutlich teurer als das Chalet, aber dafür konnte man es betreten.
»Und warum wäschst du?«

»Bei dem Wetter wechsle ich öfter als geplant die Klamotten.«

»Also gut, ich lass dich mal. Gut pfusi!«

»Nachti.«

Ich wusch noch ein paar T-Shirts und stellte mich unter die Klemmhebel-Kugelgelenk-Dusche. Vom Waschbecken langte ich eines der kleinen Fläschchen, die gute Hotels für ihre Gäste bereithalten. Das Shampoo war rosa und duftete auch so. Eingeschäumt sang ich mein grünes Rucksacklied.

Beim Abtrocknen stellte ich fest, dass ich meine Haare mit Perwoll gewaschen hatte. Jetzt waren sie ganz flauschig.

Ich setzte mich im Hotelbademantel auf den Toilettendeckel, derweil das Handy in der Rasierersteckdose aufgeladen wurde, und buchte eine Übernachtung für den nächsten Tag.

Im Zimmer versuchte ich, der Klimaanlage einen Kompromiss zwischen Kühlen und Windstille abzuringen, und warf mich dann aufs breite Bett. Statt für *Cheech und Chong und andere Betthäschen* aus dem umfangreichen Pay-TV-Angebot des Hotels entschied ich mich für eine Reportage über Hühnerbefreiungsaktivisten.

Da mein Zimmerpreis kein Frühstück beinhaltete, suchte ich mir am nächsten Tag kurz nach acht mein *Zmorge* in einem kleinen Supermarkt zusammen. In einer Kühltruhe wurden Eiswürfel in Beuteln angeboten, auf denen sehr groß »swiss quality« stand. Damit wusste der Kunde gleich, dass es sich um ein Schweizer Produkt reinsten Wassers handelte.

Auf einer Bank am See frühstückte ich ein gefülltes Croissant und Bananenmilch und beobachtete schnatternde Enten im Morgenlicht sowie Nannys, die Kinder und Hunde ausführten.

Ich schwamm drei Runden im Hotelpool – nicht der Fitness wegen, sondern weil er da war.

Dann handelte ich eine Zimmernutzung bis ein Uhr aus, damit meine Wäsche in Ruhe trocknen konnte, und fuhr in die Stadt.

Wäre ich am vorigen Abend schlauer gewesen, hätte ich vom Hauptbahnhof die U-Bahn nach Ouchy genommen, die wenige Schritte vom Hotel ober- und doch irgendwie unterirdisch, weil im Erdgeschoss eines Hauses, endete.

Obwohl die Schweiz eine Tunnelbaunation ist, gibt es nur eine U-Bahn im Land, nämlich die von Lausanne. Seit 2008 fährt die M2 von Ouchy über Hauptbahnhof und Uni nach Epalinges-Croisette in den Norden der Stadt. Die Strecke von Ouchy bis zur Station Flon im Stadtzentrum bediente ursprünglich eine Zahnradbahn, was aufgrund von bis zu zwölf Prozent Steigung sinnvoll war. Die M2 fährt stattdessen auf großen Gummirädern. Auf den insgesamt knapp sechs Kilometern bis zur Endstation überwindet die Lausanner Metro 336 Meter Höhe. Damit ist sie die steilste U-Bahn der Welt, die das Adhäsionsprinzip nutzt, also Vortrieb und Bremsen durch Reibung statt durch Ineinandergreifen von Zahnrädern und Zahnstange. Die M2 verkehrt fahrerlos und auf 600 Metern auch oberirdisch. Im Bahnhof Flon kreuzt sie die M1, die auf drei Stationen unterirdisch fährt, aber trotzdem keine U-, sondern eine Stadtbahn ist, weil sie mehrmals von Straßen gekreuzt wird. Bald bekommt die M2 ein Metro-Geschwisterchen: Lausanne plant den Bau der M3.

Dank des Hotel-Stadtplans und viel Glück fand ich die lange Holztreppe, die aus den Gassen der Innenstadt hinauf zur Kathedrale Notre-Dame führt. Weil ich gerade in Übung war, erklomm ich die 125 Stufen hinauf zum Turm. Dafür musste ich 7 Franken entrichten. Demnach sind pro Stufe 5,6 Rappen zu berappen.

Lausanne sah von oben so gemütlich aus wie Großmutters Wohnzimmer. Schön vollgestellt. Vom Erstbezug war fast alles erhalten. Das verschnörkelt Prächtige fiel zuerst auf, dann der Kontrast zum späteren Schlichten und zwischen alldem, wie

Lichter in der Nacht, Neues – stahlglasglatt oder wenigstens quaderkantig.

In Basel und Bern nahm ich es unterbewusst wahr, hier auf dem Turm der Lausanner Kathedrale drang es in mein Bewusstsein. Die Städte der Schweiz besitzen intakte, nicht wieder auf- oder nachgebaute Altstadtkerne, die einen Eindruck davon vermitteln, wie deutsche Innenstädte heute aussehen würden, wären sie nicht zerbombt worden. Anders als auf dem Land hat die Schweiz in der Stadt – die Schweizer mögen diese Vereinnahmung verzeihen – architektonisch sehr viel Ähnlichkeit mit Deutschland, sieht man von der überbordenden Neigung zu Fensterläden und von der italienischen Schweiz ab. Dort, wo moderne Zweckbauten die Schweizer Innenstädte hässlich aussehen lassen, waren es die Schweizer selbst, die die Altbausubstanz zerstörten. Wobei, im Zweiten Weltkrieg fielen dreimal einige Bomben auf Zürich, weil britische und US-Piloten es für Mannheim, München oder Pforzheim hielten. Bomben trafen auch Basel und Stein am Rhein, die meisten im April 1944 Schaffhausen im Wildschweinohr. Die US-Piloten glaubten sich über dem deutschen Tuttlingen. Hunderte Häuser wurden beschädigt. 40 Schaffhauser starben. Insgesamt kamen etwa 60 Schweizer durch Luftangriffe um. Da oft Rüstungsfabriken, die für Deutschland produzierten, oder Bahnstrecken, über die deutsche Kohletransporte rollten, getroffen wurden, gab es Zweifel, ob alles wetterbedingte »Versehen« waren. So oder so, die USA zahlten nach Kriegsende einige Millionen Entschädigung an die Schweiz.

Außer mir schauten vom Turm der Kathedrale gurrende Tauben und drei Chinesen mit lampenschirmähnlichen Sonnenhüten.

Auf weitere Vertreter Chinas traf ich – zurück in Ouchy – vor dem Olympischen Museum. In Lausanne haben der Internationale Sportgerichtshof und das Olympische Komitee (IOC) ihren Sitz. 1993 gesellte sich das Museum hinzu.

Der weiße Museumspalast thronte auf einem Hang am Ufer des Genfer Sees, eingebettet in eine aufwendig gestaltete Gartenanlage. Vor der Eingangsfront aus dunklem Glas waren Seitenstützen und Querlatte einer Hochsprunganlage aufgebaut. Mehrere Chinesinnen – jede schützte ein breitrandiger Lampenschirm und eine mondäne Sonnenbrille – versuchten, mit den Fingerspitzen ihrer ausgestreckten Arme im Sprung die Latte über sich zu berühren. Sie fotografierten einander reihum. Für eine gelungene Aufnahme musste jede Chinesin durchschnittlich zehnmal springen.

Die Dauerausstellung des Museums begann mit der Geschichte der Olympischen Spiele. In lebensgroßen Hologrammen erstanden die Athleten des alten Griechenlands wieder auf. Echte Olympische Fackeln – oder besser: Fackelträgersysteme – und Olympische Medaillen durften angefasst werden. Es waren Skianzüge ausgestellt und ein spezieller »Concentration Coat« der Schweizer Skimannschaft der Winterspiele 2002 in Salt Lake City, ein schweizflaggenroter, dick gefütterter Mantel mit einer über die Augen hängenden Kapuze, konzipiert von der oscarprämierten japanischen Kostümbildnerin Eiko Ishioka. Der Mantel sollte den Schweizer Athleten helfen, sich in eine Konzentrationsblase zu begeben. Doch der Mantel erzeugte allenfalls Schweißperlen, weshalb die Athleten schnell darauf verzichteten.

Ein Hauptweg leitete über die drei Ausstellungsebenen an allen Exponaten vorbei – wie in einem IKEA-Markt. Dadurch kamen sich die Besucherströme nicht in die Quere.

Auf Ebene zwei scherte ich aus und betrat durch eine Flügelsperre die Sonderausstellung »Medien und Olympia«. Darin übersah ich den Abzweig zum Ausgang, so dass ich nach zweimaligem Abbiegen wieder bei der Eingangsflügelsperre landete. Sie gab den Weg frei, wenn man sein Ticket auf den Scanner legte, an den ich jedoch trotz größerer sportlicher Anstrengungen von innen nicht herankam. Weil keiner guckte, kletterte ich über die Sperrflügel. Das hatte zur Folge, dass ich gegenläufig in den Besucherstrom der Dauerausstellung geriet und ständig von Chinesen gerammt wurde.

Durchs alte Griechenland kehrte ich in die Eingangshalle zurück, von der ich einen Aufzug in das Restaurant auf der obersten Etage nahm. Das war gar nicht teuer, wenn man den unbezahlbaren Blick auf den Genfer See einberechnete. Durch ein Treppenhaus schaffte ich es hinab. Lief durch eine Skianzug-Ausstellung, die ich noch nicht kannte, und gelangte – bei ZIEL beginnend – über eine als 100-Meter-Laufbahn gestaltete weitere Treppe auf Ebene zwei zur Flügelsperre der Sonderausstellung »Medien und Olympia«.

Ich fragte einen Museumswärter nach dem kürzesten Weg hinaus. Er brachte mich zu einem separaten Ausgang für »Handicapped People« – Menschen mit Behinderung.

Nach meinem Museumsbesuch checkte ich im Hotel aus, ließ mein Gepäck an der Rezeption und fuhr erneut mit der M2 in die City und mit zwei verschiedenen Bussen ins 10 000-Einwohner-Städtchen Lutry, einem weiteren Charlotte-Tipp. Lutrys Altstadt war ein Gewirr von Gassen, aus dem die Schwüle des Nachmittags keinen Ausweg fand. Die dreistöckigen Häuser waren gerade breit genug für drei Fenster samt aufgeklappten Läden und im Erdgeschoss für zwei und eine Tür. Weinstöcke rankten die Wände hinauf, ältere Damen saßen darunter, schwatzten oder lasen Zeitung. Außer mir gab es keine Touristen, und die meisten der kleinen Läden verkauften Waren, die dem Alltag dienten und nicht dem Andenken. Der stämmige Verkäufer einer Fleischerei sah aus, wie sein Geschäft auf Französisch hieß: *Boucherie*. In weißer Schürze und blaugestreiftem Hemd stand er, einen Arm in die Hüfte gestützt, hinter der Theke und erläuterte einem Kunden ernst das saftig rote Angebot seiner Auslage.

Außer der Altstadt besitzt Lutry ein Schloss und 24 viertausend Jahre alte Hinkelsteine. Zeugnisse der ersten Siedler am Genfer See. Mein Ziel war aber das Badi Lutrys. Hier planschte ich zwischen Schwimmreifenkindern, Aufpasseltern und vom Erwachsenwerden überrollten Teenagern im klaren Seewasser herum, den Blick sorgenvoll auf die Wolkentürme über dem fernen Frankreich-Ufer gerichtet. Bald grollte Donner, und erste Tropfen fielen.

Während der Busfahrt wurde daraus ein leichter Sommerregen.

Auf dem Weg vom Hotel zur U-Bahn ein starker Guss.

Auf der Zugfahrt von Lausanne nach Montreux ein peitschender Wolkenbruch, der den friedlichen Genfer See in ein tosendes Meer verwandelte.

Gstaad ist das letzte Paradies in einer verrückten Welt.

Julie Andrews, Darstellerin der Mary Poppins und Ehrenbürgerin der Gemeinde Saanen

550 Schweizer Franken kostet eine Landung auf dem Flugplatz Gstaad-Saanen mit einem Privatflugzeug mittlerer Größe, zum Beispiel einer Challenger oder Falcon 2000. Zusätzlich muss für 750 CHF die Feuerwehr bestellt werden. In der Wintersaison wird 50 Prozent Zuschlag für die Schneeräumung erhoben. Hubschrauber kosten die Hälfte.

Die Landebahn des Flugplatzes verläuft sehr idyllisch zwischen zwei tannenbestandenen Bergrücken. Hier landen ausschließlich Privatmaschinen.

In Gstaad haben einige der reichsten Menschen der Welt ein Domizil. Heute vor allem Wirtschaftsbosse, in und außer Dienst. Früher mehr Filmleute, wie Julie Andrews, die in den Fünfzigern den Reigen der Stars eröffnete und anlässlich ihrer Ernennung zur Ehrenbürgerin 2014 Gstaad die Skulptur einer sitzenden Ente schenkte. Oder Roman Polanski, der 2009 wegen des Vorwurfs der Vergewaltigung einer Dreizehnjährigen im Jahre 1977 zu Hausarrest verurteilt wurde, den er in Gstaad absaß. In seinem Chalet namens »Milky Way«.

Manche Privatleute landen geschäftlich auf dem Flugplatz Saanen, denn gleich daneben befindet sich tief im Alpenfelsen ein aus dem Zweiten Weltkrieg stammender Bunker, in dem seit 1996 die *SIAG Secure Infostore AG* das Datensicherungszentrum *Swiss Fort Knox II* betreibt. Durch Hunderte Meter Fels, Filteranlagen und fünf Sicherheitsschleusen vor atomaren, chemischen und biologischen Angriffen geschützt, im Notfall von Dieselgeneratoren für einen Monat lang stromversorgt und durch eiskaltes Felsquellwasser gekühlt, lagern dort Datenträger und Hochleistungscomputer, auf denen Banken, Wirtschaftsunternehmen und eben auch Privatleute sensible Daten gespeichert haben. Manche Kunden holen oder bringen diese höchstpersönlich mit dem Flugzeug ins *Swiss Fort Knox II*. Versand per Internet ist ihnen zu unsicher.

Swiss Fort Knox I, ein ähnlicher Bunker, befindet sich zehn Kilometer von *Swiss Fort Knox II* entfernt in Zweisimmen und im Besitz der Schweizer Armee.

Swiss Fort Knox III ist ein mobiles Sicherungssystem, das täglich seinen Standort ändert.

An diesem Abend befand es sich im Regio 2234 Golden Panoramic, an Gleis 1 im Bahnhof Gstaad. In vier separaten Sektoren lagerten Fahrkarte, Kreditkarte, Personalausweis und ein Teil der Reisekasse (Bauch), Handy und Mini-Tourenkarte (Oberschenkel), Kamera (Hüfte) sowie das Handgeld (Gesäß).

Vor dem Aussteigen führte ich wie immer den Sicherheitscheck durch. Meine rechte Hand patschte nacheinander auf alle vier Taschen. Viermal positiv. Abmarsch.

Nach der Beinahe-Übernachtungspleite in Lausanne, bei der ich mein Tagesbudget um das Doppelte überzog, war ich auf Nummer sicher gegangen und hatte am Vorabend nach Unterkünften auf der Hälfte der Strecke zwischen Lausanne und Trubschachen gesucht. Ausgerechnet im Nobel-Ferienort Gstaad fand ich eine der preiswertesten Unterkünfte der Reise.

Der Gstaader Bahnsteig und der Bahnhofsvorplatz gehen ineinander über, Reisebusse können auf einem *CAR* benannten Parkplatz wenige Meter neben dem Gleis halten.

Zwei Busse warteten dort. Die Erwarteten, etwa fünfzig Chinesen, ignorierten sie und rannten, von ihrem Anführer mit einem zugerollten Schirm angetrieben, zu den Toiletten im Bahnhofsgebäude.

Mich trieb seit dem letzten Umsteigen in Montreux ein anderes Bedürfnis um: Hunger.

Neben den Toilettentüren stand ein Snack-Automat. Das Angebot hinter dem Sichtfenster war nicht das übliche bunt verpackte Süßwareneinerlei. Das Angebot war im Wesentlichen – gelb.

Die erste Etage des Warenregals hinter der Scheibe war mit Gläsern verschiedenster Sorten Alpenblütenhonigs bestückt, Etage zwei bot Kräutersalze in Flaschen. Die restlichen drei Etagen waren voller Käse. Große und kleine Stücke, eingeschweißt oder als Würfel im Becher. Ich wählte Nummer 52, schob ein Fünf-Franken-Stück in den Geldschlitz und sah zu, wie ein 200-Gramm-Becher »Alpenkäsemöckli« samt Holzspießchen ins Ausgabefach plumpste.

Chalets strahlen mit ihren flachen, weit überstehenden Satteldächern und der verwitterten Holzverkleidung urigen Alpencharme aus.

In der Fußgängerzone von Gstaad reihte sich Chalet an Chalet. Das Ganze hatte den Charme einer spalierstehenden Holzhüttenarmee.

Im Erdgeschoss der Chalets boten hinter großen Schaufenstern Boutiquen die besten Stücke sämtlicher Nobeldesigner feil. Cafés und Restaurants buhlten mit großen Angebotstafeln um Gäste. Vielfach beinhalteten die Angebote Aperitif und Salat.

Die meisten der Damen, die mir begegneten, sahen sehr nach Salat aus, die sie begleitenden Herren nach Solarium.

Einige Paare schienen aus Vater und Tochter zu bestehen.

Traten die Damen in Gruppen ohne Herren auf, bevorzugten sie, anders als die knappbekleideten Tochterfrauen, sportive Blusen in Rosa oder Weiß und Capri-Hosen.

Außer mir schien niemand auf der Promenade von Gstaad ein bestimmtes Ziel zu haben. Info-Stelen feierten das hundertjährige Jubiläum des Tennisturniers »Swiss Open Gstaad«. In jedem Text stand eine endlose Aufzählung von Prominenten, die den Spielen beigewohnt hatten.

»Tschao, Tschooortscho!«, rief in Richtung einer der Restaurantterrassen ein guterhaltender Mittsechziger in Begleitung einer weißblonden Frau unbestimmbaren Alters.

»Juuurgen, amico miiio!! Letizia, Bella!« Ein lachender Italiener, vor dem Bauch eine grüne Schürze, kam aus dem Schatten einer Markise gelaufen. Er presste der weißblonden Letizia wechselweise seine Wangen ans Gesicht. Jürgen schüttelte er die Hand. Da sprangen von den Korbsofas in einer Ecke drei Damen auf. Schlank in der Gestalt, leicht vertrocknet im Gesicht. Sie stiegen über ihre kleinen buschigen Hunde und brachen in Jubel aus: »Ohhh! Jürgään, bongswar. Letizia! Komong sawa?«

Es wurde geküsst, geherzt und gekläfft und ein Champagnerglas umgestoßen. Giorgio brachte ein neues.

Als alle saßen, versiegte die Fröhlichkeit. Man schaute zu mir herüber. Dem Spanner mit dem Käsebecher. Ich spießte ein Möckli auf und trollte mich.

Wenn ich hier nicht auffallen wollte, musste ich mein Haar länger und nach hinten gekämmt tragen, den Rucksack auf meinen Schultern durch einen übergehängten pastellfarbenen Pullover ersetzen und die Wanderschuhe durch Wildlederslipper.

Am Ende der Fußgängerzone fuhr mich an einer Kreuzung beinahe ein Bentley neuesten Baujahrs um. Sein Fahrer, der mühsam am Lenkrad drehte, musste kurz nach der Gründung der Marke geboren worden sein. Ihm hing ein gelber Pullover über den Schultern. Ein schöner Kontrast zu seinem von Altersflecken übersäten kahlen Kopf.

Etwa ein Kilometer war es jetzt noch zu meinem Quartier.

Bei meinen langen Beinen sollte ich das in einer Viertelstunde geschafft haben.

Obwohl ich mich fast nicht verlief, brauchte ich eine Dreiviertelstunde. In der passierte ich elf Hundekottütchen-Spender und fünf Security-Patrouillen. Zwei in Uniform zu Fuß, die übrigen in polizeiähnlich lackierten Geländewagen.

»Sind Sie den ganzen Weg hierherauf gelaufen?«, empfing mich meine Zimmerwirtin fassungslos in akzentarmem Hochdeutsch. Ich tat so, als gehöre Bergaufschnaufen zu meinen täglichen Ritualen. Insgeheim schalt ich mich einen Naivling, weil ich vergessen hatte, dass in der Schweiz anderthalb Kilometer nicht zwangsläufig eine Strecke geradeaus bedeuten, sondern im schlimmsten Fall den Abstand zwischen Start und Ziel senkrecht nach oben.

Immerhin war ich nun zum ersten Mal, seit ich durch die Schweiz reiste, so etwas Ähnliches wie Berg gestiegen, meinen Rückmarsch aus dem Berner Aaretal hoch zur Bundesterrasse außer Acht gelassen. Damals trug ich nur mein Badegepäck.

Damals ... Es war vorgestern gewesen. Je höher die Zahl der Erlebnisse pro Zeiteinheit, desto länger fühlt sich wohl das Leben an.

Die Zimmerwirtin war kräftig, um die fünfzig und von der zupackenden Art, die Alpenkühen Respekt einflößt. Sie und ihr Mann bewohnten einen Bauernhof auf einem Plateau hoch über Gstaad. Im Souterrain des Haupthauses und im umgebauten Stall vermieteten sie Pensionszimmer.

»Wegen dem Internet, da kommt mein Mann nachher zu Ihnen, das geht gerad nicht!«

Mein Zimmer am Ende eines gefliesten Kellergangs war etwas kleiner als mein Badezimmer gegenüber, dank Holzwänden und Bettwäsche in warmem Orange war es dennoch ein Ort zum Wohlfühlen. Durch zwei Sprossenfenster konnte ich die Berge sehen und das Hotel Palace, eine Mischung aus Dornröschenschloss und Hochbunker, das auf einem Felsmassiv über dem Ort thronte. Ein Winterwochenende im Drei-Schlafzimmer-Penthouse gab's schon für 15 960 CHF. Pro Nacht.

Ich zahlte für mein Ein-Schlafzimmer-Zimmer, das noch höher über Gstaad lag, etwas weniger. Nämlich 80 CHF. Aber im Sommer sind die Alpen immer billiger.

Kaum hatte ich mich eingerichtet, klopfte es an der Tür.

»Grüezi wol, entschuldige vielmals die Störung.« Vor mir stand, leicht geduckt, ein Mann in kariertem Hemd. Er sprach halb im Flüsterton, als müsse er mir ein Geheimnis anvertrauen. »Ich wollte nur sagen, das Internet ischt wiidr okk-kee.« Er wechselte ständig zwischen Hochdeutsch und Dialekt.

Wir stellten einander vor, er hieß Beat. Ausgesprochen nicht *Biet*, sondern wie die männliche Form von Beate.

Er erkundigte sich, was ich in der Schweiz machte, woher ich kam, und wenige Minuten später mündete unsere Plauderei in seiner Flüsterfrage: »Hesch du morge scho was vor?«

Nanny auf den Bahamas gesucht!
Schweizer Familie sucht für 1 Jahr eine live-in-Nanny für unsere Jungs (4 & 6 Jahre), welche dort zur Schule gehen. Wir reisen ca. 3 Monate im Jahr.
Du kannst kochen, Auto fahren, bist eine aufgestellte Person u. über 25 Jahre alt? E-Mail us.

Aushang im Coop-Supermarkt in Gstaad

»Good Morning, can I have some of these white cookies?«
Ihr manikürter Zeigefingernagel klackte gegen die Scheibe der Kuchentheke. Die Verkäuferin füllte knisternd eine Papiertüte mit dem Gewünschten. »And two pieces of cherry cake.« Klack.

»Or give me three.« Klack. »He is a sweet tooth.«

Die Frau, die da für ein Schleckermäulchen Kirschkuchen kaufte, war Anfang dreißig, Typ reiche Tochter oder dritte Ehefrau. Sie verbreitete einen dezenten Parfümduft und schien dank ihrer atmungsaktiven Sportkleidung bei der morgendlichen Joggingrunde kaum ins Schwitzen geraten zu sein.

Die Verkäuferin reichte zwei Papierpakete über die Theke. »I'm sure he likes it very much. Fortyfive please.«

Die sportliche Kundin legte einen Fünfzigfrankenschein aufs Tellerchen.

Ich pustete in meine Tasse Weiße Schokolade. An dem Stehtisch nebenan tat eine gepflegte Mittfünfzigerin im selben Moment dasselbe. Dann schlürften wir synchron und bekamen beide Milchschaumbärtchen. Unsere Zungen schnellten heraus. Schleckten weg. Sie lachte los. »E bizzeli peinlich, odr?«

»Ach«, winkte ich ab, »Hauptsache, uns schmeckt's.«

»Ah, Sie kommen von Deutschland.«

Draußen vor dem Schaufenster klemmte die vermeintliche Joggerin den Kuchen auf den Gepäckträger eines Mountainbikes. Herwärts war sie sicher nur bergab gerollt. Ich war kurz nach neun mit meinem Rucksack ins Tal gelaufen. Während der Woche macht Beats Frau kein Frühstück. Weil sie schon um fünf zur Arbeit muss. Chalets putzen.

»Und Sie sind eine echte Gstaaderin?«, fragte ich.

»Ja, genau«, sagte die Frau am Nebentisch schmallippig.

»Das freut mich. Ich dachte schon, hier gibt's gar keine Einheimischen mehr.«

Ich übertrieb ein bisschen. Beat und seine Frau waren auch echte Gstaader. Mit ihm war ich um halb eins am Coop, wo er arbeitete, zu einem Ausflug verabredet.

Ich setzte nach: »In den Geschäften habe ich nur Kunden getroffen, die Englisch sprechen oder andere Fremdsprachen.«

»Sie haben mich auch in einer Fremdsprache angesprochen.«

»Wenn man es so sieht ...«

»Das ist so! Wir müssen in der Schule erst Hochdeutsch lernen. Das ist etwas ganz anderes als Dialekt.«

»Sie können gerne ...« Ich sagte mein Sprüchlein auf. Es wirkte wie eine Zauberformel. Sie war in Gstaad geboren und seit 56 Jahren hier zu Hause. »Verstehn Sie mich wirklich?«

»Ja, fast alles.« Ich hätte mir das »fast« sparen sollen.

Das Geschäft, in dem wir standen, bot ein abwechslungsreiches Sortiment. Vakuumiertes Frischfleisch und runde Käselaibe in Kühltheken. Regale mit Seetang in Tüten und getrockneten Pilzen. Auch zwei Gläser deutschen »Löwensenf« hatte ich entdeckt, zum Fünffachen des deutschen Preises. Die Theke vor uns beherbergte Kuchen und Pralinees. Und riesige Brotlaibe. Deshalb fragte ich: »Gibt es hier eigentlich irgendwo einen normalen Bäcker?«

»In der Promenade werden Sie keinen finden. Modeboutiquen und Galerien, die haben wir genug.«

»Und viele Banken.« Fünf große Filialen hatte ich in der Promenade gezählt. Jede pries die ultimative Geldanlage an.

Ein Herr mit dem obligatorischen Schulterpullover kam herein. An der Käsetheke begann er auf Französisch ein Fachgespräch über »Camangbääär«.

Meine Tischnachbarin trank den letzten Schluck. »Von Mitte Oktober bis Anfang Dezember machen die meisten Geschäfte zu. Im Frühjahr noch mal zwei Monate. Wenn wir normale Kleidung kaufen wollen, fahren wir nach Château-d'Oex. Selbst Saanen ...«, das Nachbardorf, »... ist für viele zu teuer.«

Die Verkäuferin von der Kuchentheke sah misstrauisch herüber. Meine neue Freundin rief ihr zu: »Ischt so, odr?«

Die Verkäuferin hob unsicher die Schultern.

»Woonsch du z Gstaad?«

Die Verkäuferin schüttelte den Kopf.

»Zu teuer!«, raunte mir meine Tischnachbarin zu. »Früher kannten wir hier alle Verkäufer, weil es die Inhaber waren, heute stehen in den meisten Geschäften Saisonkräfte. Und die Einheimischen sind Hausmeister oder Putzfrau in den Chalets der Reichen.« Sie sah auf ihre kleine goldene Armbanduhr. »Oh, ich muss los. Mein Mann wartet im Büro.« Sie strich ihr fliederfarbenes Poloshirt glatt. »Wissen Sie, wie Sie zum Bahnhof kommen?«

»Zum Bahnhof schon, aber nicht, wie zum Coop.«

»Wenn Sie mitkommen, zeig ich es Ihnen gerne. Das Büro meines Mannes liegt um die Ecke.«

Sie stellte ihre Tasse zurück auf die Theke. »A-dee!«

»Zu Fuß unterwegs?«, deutete sie draußen auf meinen Rucksack.

»Meist mit dem Zug. Heute fahre ich noch nach Trubschachen.«

»Aahh! Kambly!« Bevor ich fragen konnte, was sie meinte, fiel mir in einem Geschäft ein alter Mercedes auf. »Kann man hier Oldtimer kaufen?«

»Das ist nur Deko, damit es nicht so leer aussieht. Bis vor ein paar Monaten war das eine Luxusboutique. Der Laden geht noch drei Etagen in die Erde. Dieses Chalet und die zwei da hinten an der Eisbahn«, sie wies die Promenade hinab, »gehören alle der Engelhorn, der al– ...«

Den Rest des Satzes ging in Nuscheln unter. Es klang, als hätte sie »der alten Hexe« gesagt.

»... die stehen alle leer. Die Araber kommen nicht mehr wie früher, und die Russen fahren lieber nach Andermatt oder St. Moritz.«

»Wohnen hier keine reichen Russen?«

»Kaum. In Gstaad ist seit Jahrzehnten Chalet-Stil vorgeschrieben. Da lässt es sich schwer nach außen protzen. In Gstaad ist man eher diskret.«

Wir gingen an einem Chalet vorbei, über dessen ganze Breite stand: »Bach Immobilien«.

»Der macht das große Geschäft hier«, sagte die Gstaaderin. Es klang Bitternis darin.

Immobilien waren nicht das einzige Geschäftsfeld der Familie Bach. Wir passierten die Kleiderboutiquen *Bach Sign* und *Maison Lorenz Bach*.

An der Ecke eines Chalets stoppten wir. Vorne wurden auf alt gemachte Möbel verkauft, hinten residierte einer der anderen Immobilienmakler von Gstaad.

»Ich bin da. Der Coop ist hundert Meter weiter.«

Ich reichte ihr die Hand. »Alles Gute!«

»Schöne Reise! A-dee!«

Sie ging zu ihrem Mann. Ins Immobilienbüro.

Der Coop von Gstaad befand sich natürlich auch in einem Chalet. Oder vielmehr darunter. Im Erdgeschoss wurden nur Zeitungen verkauft, der Supermarkt breitete sich im Kellergeschoss über eine Fläche aus, die für drei Chalets gereicht hätte. Ich füllte meinen Wasser- und Müsliriegel-Vorrat auf und war kurz versucht, mich als Nanny auf den Bahamas zu bewerben. Wie im Aushang gefordert, war ich über 25 Jahre, konnte kochen und Auto fahren. Da ich aber nicht wusste, ob ich eine »aufgestellte Person« war, ließ ich davon ab.

Im ersten Stock aß ich im Coop-Selbstbedienungsrestaurant zu Mittag. Niemand trug dort einen pastellfarbenen Pullover um die Schultern.

Die Einheimischen interessieren sich mehr für mein Auto als für mich.

Roger Moore über Gstaader

In Beats kleinem Renault fuhren wir vom Coop zur Talstation einer Sesselliftbahn, die uns auf die Wispile bringen sollte, dem fast 2000 Meter hohen Hausberg von Gstaad. Vor Jahren, erzählte Beat, lag die Talstation tiefer im Tal. Der wärmer werdenden Winter wegen rückte die Liftanlage bei der Renovierung 1994 nach oben. Die erste Version war 1945 errichtet worden, als erste Sesselliftbahn der Schweiz.

Wir zahlten den ermäßigten Preis. Beat war Einheimischer.

»Aaah, diese Luft, odr?«, sagte er, kaum dass unser Liftsessel losgeschwebt war. Ich atmete tief ein. Schloss die Augen. Öffnete sie wieder. Beat hob Zeigefinger und Augenbrauen. »Schweiz!«

Ich nickte anerkennend.

»Dort am Wasserngrat kannst du suppr Ski fahren.«

»Fährst du dort oft?«

»Ach, i muss immr arbeiten!«

»Aber du machst doch bestimmt mal Urlaub.«

»Ja, sichr. Zwei Wochen im Jahr.«

»Und dann geht's ans Meer?«

»Oh nei! I bruuche d Bäärge.« Versonnen ließ er den Blick über die grünen Almen schweifen.

»Wohin fahrt ihr?«

»Österreich.«

Beat arbeitete beim Coop, seine Frau nach dem Putzen halbtags im Büro der Touristeninformation. Beide kümmerten sich um den Pensionsbetrieb. Für einen Urlaub in der Heimat reichte es nicht.

»Ich habe heute eine Einheimische getroffen, die ganz schön schimpfte über die Fremden. Ich erlebe zum ersten Mal, dass ich als Deutscher im Ausland nicht sehr beliebt bin.«

»Ach, i habe nichts gegen Deutsche. Das sind gute Arbeiter! Sehr fleißig, sehr akkurat.« Er sprach über uns wie wir über polnische Handwerker. »Die Zimmerleute, die die Chalets bauen: alles Deutsche.«

»Warum keine Schweizer?«

Seine Antwort ein stilles Lächeln.

»Was machen deine Kinder beruflich?«

»Der Jüngere isch bei der Kantonalbank, der Ältere bei dr UBS in Zürich.« UBS – eine der größten Banken der Welt.

Unser Lift schwebte in die Bergstation ein. Durch die sonnenbeschienene Hügellandschaft vor uns schlängelten sich zwei Wege. Einer geradeaus aufwärts, einer rechts leicht bergab. Beide Wege endeten vor einer Hütte.

»Der Eagle Ski Club dort obe isch nur für Mitglieder.«

Wir gingen zur unteren Hütte, dem *Berghaus*. Anders als im Eagle Ski Club mussten einen dort keine »Mitglieder auf Lebenszeit« für eine Club-Mitgliedschaft vorschlagen. Für den Eintritt genügte ein *Grüezi*, auch wurde keine Eintrittsgebühr in Höhe eines 3er-BMWs erhoben.

»Hat man eigentlich als Gstaader viel Kontakt zu den Promis?«, prostete ich Beat mit einer kalten Ovomaltine zu.

»Früher schon einmal.« Er blies in seinen Kräutertee. »Meine Söhne haben oft Tennis gespielt mit dem Sohn vom Róschee Mohr. I kenn ihn gut.« Während Beat vom Jahrzehnte zurückliegenden Eislaufen mit »den Reichen« und gemeinsamen Abenden in der Beiz schwärmte, grübelte ich, mit wessen Sohn Beats Kinder Tennis spielten. Bis mir einfiel, wer lange in Gstaad lebte: James-Bond-Darsteller Roger Moore.

Inzwischen lebt er in einem neuen Chalet in Crans Montana im Wallis.

»Hüt bliibe die Prominänte lieber under siich. Die wone nümm i de Hotel, die hei itze iri Privatchalets am Oberort.«

Wenn Beat emotional wurde, war er kaum zu verstehen. Anscheinend kamen die Promis anders als früher nicht mehr in die Gstaader Hotels, sondern bevorzugen ihre privaten Berghütten. Aber die stehen die meiste Zeit leer. Oder wie Beat sagte: »Die stöö die meischt Zit läär.«

Bei den verlassenen Häusern patrouilliere mehrmals am Tag Security, so Beat weiter. Die Einheimischen würden ihre Häuser nie abschließen, wenn sie weggingen. »Wier hei ja kener Outosamlig im Chäler.« Sie hätten keine Autosammlung im Keller.

»Da rächts«, Beat wies auf ein knallrotes Chalet, »het der Aga Khan puue, das geit no töif i Bäärg iiche. Itze wone da d Engelhorn.« Davon hatte ich nun fast nichts verstanden. Außer den Namen Engelhorn. Schon wieder.

Gemeint war Curt Glover Engelhorn. Er ist Jahrgang 1926, Deutscher und einer der weltweit rund tausendfünfhundert Vermögensmilliardäre. In der Pubertät trug er gerne die Strapse seiner Stiefmutter, mit Anfang dreißig, nach einer Ausbildung in den USA zum Chemie-Ingenieur, machte er die Pharmafirma *Boehringer Mannheim* (nicht zu verwechseln mit der Pharmafirma *Boehringer Ingelheim*) zu einem Weltkonzern und mit vielen Frauen Kinder. Boehringer Mannheim entwickelte Diabetes-Schnelltests und andere innovative medizinische Produkte. Die Boehringer-Beschäftigten verehrten den Firmenpatriarchen, die Familie nicht so. Mit einem Umzug auf die Bermudas schützte Curt sein Vermögen vor dem deutschen Finanzamt. 1995 wurde die Deutsche Heidemarie Haeglin Curts vierte Frau. Zu der Zeit war sie reicher als er, da sein Hauptkapital in Firmentrusts steckte. Sie heirateten auf Curts privater Bermuda-Insel »Five Star Island« und gleich noch einmal, damit europäische Freunde nicht so weit reisen mussten, auf Schloss Leopoldskron in Salzburg.

1997 wurde *Boehringer Mannheim* gegen Curts Willen von den drei anderen Familienzweigen und *Boehringer*-Mitgesellschaftern für über elf Milliarden Dollar an den Schweizer Pharma-Konzern *Hoffmann-La Roche* verkauft (den Erbauern des höchsten Hauses von Basel). Mit Curts 4,6 Milliarden-Dollar-Anteil aus dem *Boehringer*-Verkauf verwirklichte sich Heidi als Architektin, renovierte für Millionen ein Anwesen an der Côte d'Azur. 2006 erwarb das Paar über einen Firmentrust das Chalet »Souleiadou« in Gstaad. Hier herrschte weniger Trubel als in London oder Paris. Gute Ärzte und Universitätskliniken sind aber, anders als auf den Bermudas, nur eine gute Hubschrauberstunde entfernt. Heidi ging bald regelmäßig in der Gstaader Promenade auf Shoppingtour, kaufte jedoch keine Klamotten, sondern die Boutiquen. Anschließend richtete sie die Läden neu ein. Außerdem hübschte sie für viele Millionen das Chalet auf, das sie und ihr Mann bewohnten und das vormals dem Aga Khan gehört hatte. Curt ertrug geduldig Heidis Einrichtungswut. Beide gründeten eine Stiftung, spendeten 20 Millionen Euro für Mannheimer Museen, die jetzt zu Hälfte nach ihnen heißen.

Seit 2013 ermittelt das Finanzamt Augsburg gegen Curt Engelhorn wegen einer 450-Millionen-Euro-Schenkung an zwei seiner Töchter und fordert Steuernachzahlungen in Höhe von 145 Millionen Euro.

In Gstaad unterstützen die Engelhorns das Menuhin-Musik-Festival. Trotzdem: Die Einheimischen, die echten Schweizer, scheinen das Ehepaar Engelhorn nicht zu mögen. Insbesondere sie. Obwohl sie Heidi heißt.

Beat beruhigte sich langsam wieder und war leichter zu verstehen. »Du muescht unbedingt kommen, wenn in Gstaad Almabtrieb isch.«

»Ach, es gibt noch Bauern in Gstaad?«

»Jaaa! Wir haben so viele Kühe wie Einwohner.« Das musste Beat in den Heften des Tourismusbüros gelesen haben. Es klingt sehr romantisch, stimmt allerdings nur, wenn man Kühe und Einwohner des Amtes Saanen, also des Landkreises, zu dem Gstaad gehört, zugrunde legt. Gstaad selbst hat 900 Einwohner und etwas mehr Gästebetten. Dort schliefen in den sechziger und siebziger Jahren viele Prominente: Liz Taylor war bekannt dafür, ihren Gatten Richard Burton mit dem Abendessen zu bewerfen.

Beat strahlte mich an: »Unsere Kühe sind weltberühmt!« Und mit demselben Stolz, mit dem er vorhin »Schweiz!« ausgerufen hatte, sagte er jetzt: »Simmentaler Fleckvieh! Wir haben sogar ein Denkmal dafür in der Promenade: Rosie, das Chälbli. Ein Geschenk der Tochter von der Teiler-Liss.«

»Betreibt ihr auf eurem Hof Landwirtschaft?«

»Nein, das ischt alles Pension. Ich habe nur drei Bienenvölkr.«

»Und welcher deiner Söhne wird den Hof mal übernehmen?«

»Das ischt äbe ds Probleem! Diz Land ischt hüt Milioone wärt! Wèr en Hoof ubernimt, mues die andere uuszaale.«

Beat bebte. »Da verchouffsch lieber a die Fremde« – da verkaufe man lieber an Ausländer – »dini Chind hei jedes iri Milioon« – die Kinder bekämen jeder ihre Million – »u duu hesch gnue für e Senioorewonig« – und es bleibe genug für den Altersitz der Eltern.

»Geng mee Hiesigi göö vo hie wäg«, sagte Beat vorwurfsvoll, und ich verkniff mir die Bemerkung, dass seine Kinder ja auch von hier weggegangen waren.

Dabei kommen durchaus gerne Kinder nach Gstaad. Vor allem von Januar bis März, wenn Hunderte Schüler und Lehrer des Institut de Rosey, einem Nobelinternat, vom Genfer See ins Gstaader Winterdomizil ziehen. Gewohnt wird nach Geschlecht getrennt. Gelernt wird in schneeweißen Schuluniformen vormittags von Montag bis Samstag. Nachmittags steht – außer donnerstags, da ist ganztägig Schule – Sport und Spiel auf dem Programm. Die jährliche Schulgebühr von 81 900 Franken (ab der fünften Klasse 108 900 CHF) beinhaltet schon die Skipässe, so dass keine Extrakosten anfallen.

Auf dem Rückweg zum Sessellift blieb Beat plötzlich stehen und schaute zum Eagle-Clubhaus. »Da ischt er ja! Der Sohn vom Róschee!« Den Pfad von der Hütte kam federnden Schrittes ein sportlicher Sonnyboy herunter. Die dichten, braunen Haare nach hinten gekämmt, eine Sonnenbrille im Gesicht, ein rosafarbenes Polo-Shirt über dunklen Hosen. »Sein Vatr hat viel für die Renovation vom Sessellift gespendet.« Verständlich, sonst hätte er in den Eagle-Club, wo er seit den Siebzigern Mitglied ist, laufen müssen.

Die Mutter des Sohns vom Róschee ist Roger Moores dritte Exfrau. Der Sohn wäre beinahe der neue James Bond geworden, dann wurde Daniel Craig vorgezogen. Nun macht er in Gastronomie. Gründete in London eine Brasserie namens *Hush*, die in Gstaad eine Filiale dort hat, wo früher eine alteingesessene Bäckerei war, und lebt inzwischen überwiegend in Gstaad. Hin und wieder kann man im *Hush* von Roger Moore signierte Speisekarten gewinnen.

»Hoi!«, schrie Beat plötzlich hinauf. Wenn er wollte, konnte er ganz schön laut sein. Der Sohn vom Róschee sah auf uns herab. Falls er sein Tempo beibehielt und wir unseres, würden sich unsere Wege kreuzen und wir uns vielleicht sogar einen Liftsessel teilen. »Beat!«, rief der Sohn vom Róschee.

»Geit s guet?«, schrie Beat hinauf.

Róschees Sohn bestätigte, dass es ihm gutginge. Beat schrie, dass es ihm auch gutginge. Die Antwort von oben war kurz. Róschees Sohn war jetzt schon fast an der Liftstation. Er winkte und verschwand im Schatten des Stationsdaches.

Wir nahmen den Liftsessel hinter ihm. Während wir talwärts schwebten, knatterte uns ein Hubschrauber entgegen.

»Promi-Nachschub?«, lachte ich.

»Oh nei, die holen das Emd von der Wildi. Zweiter Schnitt.«

Ich musste gar nicht fragen, mein Gesichtsausdruck genügte. Beat erklärte. »Wildi sind Wildheuflächen am Berg, extrem steil. Die müssen unbedingt gemäht werden. Sonsch drückt der Herbstregen das Gras nieder, und im Winter rutscht der Schnee. Lawinen!«

»Und die Hubschrauber mähen das Gras?«

Beat sah mich an, als sei ich nicht bei Trost.

»Das wird alles per Hand gemäht. Mit der Sense. Ab dem zweiten Schnitt nennt man es Emd. Emd isch kürzer als Heu, aber voller gutr Kräutr. Beschtes Milchviehfuttr. Die Helis holen die Ernte in Netzen vom Berg. Das bezahlt der Kanton. Isch leider sehr laut. Heu aus Frankreich koschtet viel weniger. Abr sonsch verganden die Wildi.«

Ich guckte. Beat verstand. »Sonsch breiten sich Bäume und Farn aus. Und unsere traditionelle Landschaft geht verloren. Dann liebr e paar Tag Helikoptr.«

Eine Mischung aus Geistesblitz und Bienenstich durchfuhr mich. Mein Zucken brachte unseren Sessel ins Schaukeln.

»Was isch los?«

»Ach nichts.« Was sollte ich ihm von meinem i-Punkt erzählen? »Es ist wirklich schön hier«, schwärmte ich. »Da hört man geradezu die Alpenhörner.«

»Spielsch du ein Inschtrument?«

»Früher mal Gitarre. Du?«

»Jaaa! 's Schwyzer Örgeli.« Seine Hände deuteten eine kleine Ziehharmonika an. »I spiele in einem Ländler-Trio.«

»Jodelt ihr auch?«

»Ja, sichr!«

»Ich kann auch jodeln«, entfuhr es mir. Im selben Moment fiel mir meine Jodelsperre ein. Hören andere zu, versagt mir meist die Stimme. Meine Erleuchtung, wie ich den i-Punkt setzen konnte, hatte mich leichtsinnig gemacht.

Meine Ausreden ließ Beat nicht gelten. »Wir sind in der Natur! Lass es raus!«

Also jodelte ich ihm etwas vor. Und unserem Vordermann in den Rücken. Beat fuhr zusammen. Ich klang wie ein Esel im Stimmbruch. Aber das war mir egal. Denn ich jodelte nicht irgendwem in den Rücken. Sondern dem Sohn vom Róschee Mohr!

In der frischen Sonne strahlt das üppige Emmenthaler Grün der Bäume und des Bodens wundervoll.

Jeremias Gotthelf, *Volksausgabe seiner Werke im Urtext*, Band 3, 1898, S. 165

In einem historischen Zug, der im normalen Linienverkehr eingesetzt wurde, reiste ich weiter. Der Zug war das perfekte Abbild Gstaads. Seine Wagen, restauriert und zum Teil im alten Stil nachgebaut, zehrten vom Glanz vergangener Tage. In der Zweiten Klasse tummelten sich jene, die sich in diesem Glanz mal sonnen wollten, in der Ersten Klasse die, die es sich wirklich leisten konnten. Doppeltüren und Preise separierten beide Gruppen dieser Klassengesellschaft. Was sie verband: Sie waren Gäste. Für den reibungslosen Ablauf sorgten die, die immer da waren. Sie lebten von beiden Klassen und stellten das Personal. Wie in Gstaad.

Ich stieg fünfmal um: in Zweisimmen, in Spiez und in Thun – wo mich der Gedanke erheiterte, nach dem gleichnamigen Fisch zu fragen –, in Konolfingen und in Langnau. Je näher ich Trubschachen kam, desto kälter und nasser wurde es und desto mehr wuchs der Kontrast zu Gstaad.

Gleich schützenden Händen überwölbten die Dächer der Bauernhäuser die hölzernen Hauskörper, die verwittert, von blätterndem Anstrich bedeckt, seit hundert und mehr Jahren in den üppig grünen Emmentaler Wiesen standen. Ausgeweidete Autowracks im Schatten windschiefer Stallgebäude, eingestürzte Mauern, vergessene Landmaschinen auf brachliegenden Feldern nahmen der Gegend rund um das Flüsschen

Emme einiges der wundervollen Ausstrahlung, die Pfarrer und Lehrer Jeremias Gotthelf in seinem erstmals 1840 erschienen Text *Armennot* dem Emmental zuschrieb.

Auf den regennassen Straßen rauschten ältere japanische Geländewagen dahin, oft mit Pritsche. Die neueren waren keine BMW oder Porsche, sondern Modelle von Škoda und Kia.

Auf dem letzten Stück im Bus von Langnau nach Trubschachen hatte ich den Eindruck gewonnen, der Reichtum des Emmentals bestand mehrheitlich in der Natur.

Das Emmental klemmt zwischen Bern im Westen und Luzern im Osten. Trubschachen war berühmt für Kino und Kekse. Das Kino machte den Anfang. Eines von angeblich nur zwei ständigen Open-Air-Kinos in der Schweiz. Heute Abend stand ein österreichischer Film auf dem Programm. In der Hauptrolle der Kabarettist Josef Hader. Ich fand das lustig: Ein Deutscher guckt mit Schweizern einen Film aus Österreich.

An der Haltestelle am kleinen Bahnhof von Trubschachen hielt ich an der Türkante des Busses inne, beugte meinen Oberkörper hinaus. Regentropfen prasselten auf den Schirm meiner Mütze, als wollten sie Löcher hineinschlagen.

Der Busfahrer drehte sich zu mir um. Ob ich da stehen bleiben wolle? Eigentlich schon. Sagte ich aber nicht, sondern streckte den ersten Fuß in den Regen, setzte ihn auf den Boden. Patsch! Ich zog den zweiten nach. Zischend schlugen die Bustüren von hinten gegen den Rucksack und schubsten mich vorwärts.

Ach, wie ich mich freute auf den Filmabend im Open-Air-Kino!

Ob ihr renovierungsbedürftiges Aussehen Verfall war oder Patina, blieb bei den Bauernhäusern an der Hauptstraße von Trubschachen unklar. Leere Ladengeschäfte und schmutzige Fenster in den Stockwerken darüber vermittelten den Eindruck eines Geisterortes. Der stetig rauschende Durchgangsverkehr mochte die Flucht aus den Häusern beschleunigt haben.

Vom Laufen wurde mir warm. Zudem wurde deutlich, warum die weiße, dünne Jacke, die ich trug, Windjacke hieß und nicht Regenjacke. Bald wusste ich nicht mehr, ob die Feuchtigkeit auf meiner Haut vom Schweiß kam oder vom Regen.

Mein Rucksack war nur »wasserabweisend«; »wasserdicht« wäre schwerer gewesen. Ich fürchtete mich vor dem Auspacken.

Nach mehrmaligem Abbiegen zeigte ein Wegweiser meine Optionen an: Krümpel, Blabach, Hegen und Hüpfen. Und *hof3*. Da wollte ich hin. Einige durchpatschte Pfützen weiter schauten mich ein Filmprojektor und eine Kuh an. Beide echt. Der Filmprojektor ausrangiert. Man habe auf digitale Projektion umgestellt, verriet ein Schildchen.

Die Kuh war noch im Dienst, stand quer zum Hang ihrer Wiese und kaute. »Mmmuuuh«, machte ich. Es beeindruckte die Kuh nicht.

Ich ließ das Rindvieh im Regen stehen und nahm Kurs auf das große, alte Haus am Fuß des Wiesenhanges. Es war umringt von alten Apfelbäumen und verkrauteten Beeten, aus denen Sonnenblumen wuchsen und Ranken an Stäben.

Innen war das Haus nüchtern und modern. Seminar- und Sanitärräume unten, ein großer Saal und viele geschlossene Türen oben. Ich fragte nach der Chefin, im nächsten Moment rief man nach Regula.

Regula, ihr Mann Tom und eine Handvoll Mitstreiter betreiben seit 1997 in Trubschachen die Medienagentur *hof3* und das angeschlossene Kultur- und Konferenzzentrum. »Ganz bewusst hier im grünen Hinterhof der Zentralschweiz«, würde Tom später sagen.

Seine Frau, rotgefärbtes, halblanges Haar, nicht mehr jung, Typ Mutter der Kompanie, sagte: »Ich hatte Sie gewarnt.«

Wir standen vor einer grauen Metalltür, gleich neben dem

großen Saal. Sie legte die Hand auf die gelbe Klinke. Kellertüren werden mit solchen Klinken aufgehübscht.

»Sie wollten ja unbedingt kommen.«

Das stimmte. Dabei war ihre Antwort-Mail auf meine Buchungsanfrage eindeutig gewesen. »Eigentlich sind wir schon voll mit Übernachtungsgästen. Wir haben aber noch ein Personalzimmer frei, das ich Ihnen geben könnte.«

Ich dachte daraufhin, es sei interessant, mit dem Personal zu schlafen. Also bei. Im selben Zimmer.

Deshalb wollte ich das Pauschalangebot buchen (Film, Übernachtung, Abendessen und Frühstück), sofern das Personalzimmer »der Ausstattung in den üblichen Zimmern gleichkommt«. Meine umständliche Formulierung sorgte möglicherweise für ein Missverständnis, auf jeden Fall für Panik, denn sie schrieb: »Bei unseren Zimmern handelt es sich um Mehrbettzimmer ohne jeglichen Luxus, sehr einfach, ohne Toilette und Dusche. Vielleicht stellen Sie sich etwas Falsches vor, und wir möchten Sie nicht enttäuschen. Wir empfehlen Ihnen in diesem Fall, ein Zimmer im Gasthaus Hirschen zu buchen, ebenfalls im Dorf und ganz in der Nähe von *hof3*, gut zu Fuß erreichbar.«

Nun war ich erst recht gespannt gewesen: »Ich lasse es mutig drauf ankommen«, hatte ich geantwortet. »In der Hoffnung, dass es irgendwo in der Nähe eine Toilette gibt, schlafe ich gerne im Personalzimmer. Und lasse mich nicht enttäuschen, sondern überraschen.«

Darauf hatte sie nur geantwortet: »Diesen Mut schätzen wir.«

Die Tür mit der gelben Klinke schwang auf. »Also, das ist es: unser Personalzimmer.«

Sie hatte nicht zu viel versprochen. Die helle Holzwand geradeaus war noch die schönste. Durch drei kleine Fenster sah ich die Unterseite des überstehenden Daches. Die übrigen Wände waren weiß gestrichen, die Gasbetonsteine unter der

Farbe gut zu erkennen. Der Zimmerdecke hatte man ihre natürliche Gestalt gelassen: grauer, rauer Beton.

An jeder Längsseite stand, nein, lag ein Bett. Frisch und weiß bezogen das Kopfkissen, die Bettdecke und die Matratze. Auch die beiden Europaletten darunter, die das Bettgestell ersetzten, sahen frisch aus. Wie gerade vom LKW geladen.

Des Weiteren bestand die Zimmerausstattung aus einem Plastikklappstuhl, einer Wäschemangel, einem Bügelbrett samt Bügeleisen und einem Staubsauger.

»Ja, dann«, sagte ich, »mach ich's mir mal gemütlich.«

Als Erstes musste ich aus den nassen Sachen raus. Das Moosgrün meiner Hose hatte der Regen in Schwarzgrün verwandelt, obenherum waren zum Glück nur meine Schultern nass. Die übrige Feuchtigkeit meines T-Shirts hatte ich selbst erzeugt. Ich schwitzte. Nicht, weil es – Hurra! – im Zimmer mollig warm war, und auch nicht, weil ich so stramm marschiert war. Ich schwitzte aus einem anderen Grund, und der machte mir Angst. Ich hatte Gliederschmerzen, mein Hals tat weh, die Nase lief. Und vor mir lag noch *chweiz*. Denn obwohl ich heute die Hälfte des c gefahren war, musste ich es noch einmal komplett abreisen, um an sein unteres Ende zu gelangen.

Ich schaffte es, mich auszuziehen und in ein trockenes T-Shirt zu schlüpfen. Die Außentaschen rundum hatten die Sachen im Rucksack vor dem Regen behütet.

Schwer atmend und sterbenskrank saß ich auf der Bettkante. Draußen rauschte der Wind durch die Bäume. Kalter Wind. Regenwind. In drei Stunden begann das Open-Air-Event.

Das Essen wurde im Freien serviert. Ein halbes Dutzend schmale Tische standen im rechten Winkel zur Hauswand direkt unter meinen drei Zimmerfenstern. Das überstehende Dach sollte vor dem Regen schützen. Tat es auch. Sofern man keinen Platz ganz außen hatte. Wie ich.

An meinem Glas lehnte eine Menükarte mit meinem Namen. Außer meinem standen sieben weitere Namensschilder auf dem Tisch.

Ich war der erste Gast, die Platten auf dem Buffet drinnen bedeckte durchsichtige Folie. Warum mussten wir draußen in der Kälte sein und das Essen drinnen in der Wärme? Hinter mir brachte ein stämmiger Koch den Grill in Gang. Mit ihm würde ich ungern das Personalzimmer teilen. Er schnarchte bestimmt.

Die Kellnerin kam. Zierlich, dunkelblonder Pferdeschwanz und der Typ Frau, von der zukünftige Schwiegereltern sagen: »Das ist aber ein nettes Mädchen.« Würde sie mit mir im Personalzimmer nächtigen, hätte ich wenigstens jemanden, der mir kalte Umschläge machte, die Stirn abtupfte und versprach, dass alles wieder gut würde.

»Grüezi, gueten Aabe! ...« Mehr verstand ich nicht. Sie zeigte mir die Grenzen meiner Dialektkenntnisse auf.

Ich gab mich als Deutscher zu erkennen. Sie schluckte. Ihre Augen schnellten zum Koch hinter mir. Dann sprach sie leise weiter, als schäme sie sich für ihr Hochdeutsch. »Sie haben das Sürpris-Menü gewählt. Das heißt, Sie können sich so oft Sie wollen am Buffet bedienen. Wir haben heute Griechischen Abend. Wir bieten mediterrane Vorspeisen, Reis und Fleisch vom Grill: Lamm, Schwein, Rind und Poulet. Alles Bio! Von unserem Quellwasser aus der Karaffe können Sie sich kostenlos bedienen. Gleich bring ich Ihnen ein Cüpli. Isch des guuuet?«, beendete sie laut ihren Vortrag. Es war nicht ganz klar, ob sie den Ablauf des Abends meinte oder ihr Hochdeutsch.

»Ich dachte, heute ist Emmentaler Abend. Wir haben doch die zweite Woche.«

»Nein, wir haben die vierte Woche.«

Anhand des Datums wies ich ihr nach, dass wir in der zweiten Woche des Monats waren. In der wurde laut Website (die konnte ich ihr sogar zeigen) ein Emmentaler Abend veranstaltet.

Ihr Daumen und ihr Zeigefinger begannen die Unterlippe zu kneten. »Ich frag mal die Regula. Isch des guuuet?«

Ich nickte. Mist. Warum musste ich mich als rechthaberischer Deutscher aufführen? Warum hielten sie sich nicht einfach an ihren eigenen Plan?

Meine Nase war voller Schnupfen. Die Serviette hatte ich schon vollgeschnaubt. Ich zog die Nase hoch. Wartete, las die Namensschilder auf dem Tisch. Der Platz neben mir war für »Dani« reserviert.

Ich überlegte, mein Namensschild gegen eines auf einem trockeneren Platz auszutauschen. Nur hätte ich dann möglicherweise ein Pärchen getrennt. Und wenn ich mich umsetzte, würde ich die Kellnerin noch mehr verwirren.

Sie kam zurück, Regula im Schlepptau. Der war deutlich anzusehen, dass sie keine Zeit hatte für renitente Gäste. In knappen Worten klärte sie mich darüber auf, dass nicht die Wochen des Monats entscheidend seien, sondern die vier Veranstaltungswochen von *hof3*. Wir befänden uns in der letzten und vierten Woche.

Ich entschuldigte mich wortreich und erklärte meine Renitenz damit, dass ich mich sehr auf einen typischen Emmentaler Abend gefreut hätte, weil ich zum ersten Mal im Emmental sei und hier unbedingt den berühmten Käse ... Sie beruhigte mich, Fleisch und die meisten Zutaten kämen trotz des Buffetmottos aus der Region, woraufhin ich schelmisch den Zeigefinger schwenkte: »Kleiner Etikettenschwindel, was?!«

Regula drehte wortlos ab.

Leise fragte die Kellnerin: »Möchten Sie jetzt das Cüpli?«

»Ist das mit Alkohol?«

»Ja.«

»Geht das auch ohne?« Schnupfenbedingt näselte ich wie ein preußischer Offizier.

»Ich frag mal die Regula. Isch des guuuet?«

»Nein! Neinnein! Ersetzen Sie einfach den Alkohol durch Mineralwasser. Das reicht.«

Sie ging. Ich klaute die Serviette von »Dani« und leerte meine Nase.

Die Kellnerin brachte mir ein trichterförmiges Glas. In einer prickelnden Flüssigkeit schwammen schrumpelige Waldbeeren. Ich nahm einen Schluck. Mineralwasser mit in Alkohol eingelegten Früchten. Ich trinke keinen Alkohol. Aber ich esse ihn und sagte zur Kellnerin: »Des isch guuuet!«

Ihr Lachen sah sehr schön aus.

Wie eine zweite Haut umhüllte schwarzes Leder Danis Körper, betonte jede der vollen Rundungen. Der Regen war stärker geworden und ich nach innen gerutscht. Unters Dach. Zu Dani. An die Grenze der Schicklichkeit. Bei jeder Bewegung berührten wir uns. Wenn Dani lachte – und Dani lachte gern –, bebte und knarzte der Lederkörper.

Inzwischen waren alle Tische besetzt. An unserem herrschte die beste Stimmung. Danis Freunde, ebenfalls in Leder, rissen einen Witz nach dem anderen. Ich verstand wenig, aber das machte nichts, Dani forderte meine ganze Aufmerksamkeit. Dani war in meinem Alter und schien Single zu sein. Wenn Dani lachte, wehte Knoblauchgeruch herüber. Und Dani lachte gerne. Haare wuchsen in Danis Gesicht. Sehr viele. Dafür hatte er keine auf seinem Kopf.

Mit seinen Motorradfreunden war er vorhin knatternd vorgefahren. Der Abend in Trubschachen sollte der Auftakt zu einer Wochenendtour durchs Berner Oberland werden. »Ohne Frauen.« Das hatten die bärtigen Männer nicht mir, sondern der Kellnerin erzählt, die ihre Derbheit zu nehmen wusste.

Obwohl ich »En guete« wünschte und bei einigen Witzen mitlachte, wurde ich ignoriert. Vielleicht wegen meiner zwei Wollpullover und der roten Strickmütze (dass ich unter die gute Hose meine Schlafhose gezogen hatte, konnten sie ja nicht wissen) oder weil ich Deutscher war.

Ähnlich wir mir erging es einem sportlichen jungen Mann am nächsten Tisch. Seine blonde, korpulente und, wie es aussah, etwas ältere Freundin gehörten zu einer Pärchen-Gruppe. Jeder sprach mit jedem. Außer mit ihm. Seine Freundin streichelte ihn ab und zu von der Schulter bis zu seiner über den Hosenbund lugenden Pospalte. Manchmal richtete wenigstens sie einen Satz an ihn. Er antwortete in gebrochenem Schweizerdeutsch und lachte.

Als Einziger.

Vielleicht ignorierten ihn die anderen wegen seines Fußball-Shirts und der bunten Bermudas. Oder weil er Schwarzer war.

Oder – und das macht den ganzen moralischen Nachhall kaputt – der neue Freund von der korpulenten Blonden war einfach ein furchtbar nerviger Mensch.

Tom war ein unkonventioneller Mensch. Das sah man sofort an der Frisur: zum Pferdeschwanz gebundenes graues Haar. Unter kräftigen Augenbrauen funkelten dunkle Augen, um den Mund spielte ein ironisches Lächeln.

Der Chef von *hof3* saß in einem Holzverschlag, wo er die Kinokasse betreute.

»Ja, wir sind schon ziemliche Exoten da«, sagte er und meinte »hier« und seine Multi-Media-Agentur im grünen Hinterhof der Zentralschweiz. »Da hast du die Vorteile von wahnsinnig viel bezahlbarem Raum und bist gleichzeitig sehr rasch überall in der Schweiz. Seit der Schnellzug in Trubschachen hält«, er betonte den Ortsnamen auf dem a, »hat es da viele Leute, die nach Bern pendeln. Sind nur fünfunddreißig Minuten Fahrzeit. Umgekehrt kommen Menschen von außerhalb hierher zum Arbeiten. Außer Kambly haben wir eine große Seilfabrik.«

Ich lenkte das Gespräch auf das gebrochene Verhältnis der Schweizer zu ihrem Land. Einerseits lehnen sie die Fremden ab, andererseits machen alle Geschäfte mit ihnen. Einerseits wollen sie die Traditionen bewahren, andererseits verlassen sie Dörfer und Bauernhöfe.

»Ach, unsere Bauern, das sind ja vor allem hochsubventionierte Landschaftspfleger. Leider. Ja, und die Schweizer Intellektuellen, die hatten immer schon ein gebrochenes Verhältnis zur Schweiz – ein Dürrenmatt, ein Frisch. Oder Paul Nizon, der nur schimpft auf die Schweiz, das hat eine lange Tradition. Auf der anderen Seite gibt es den Stolz auf die demokratischen Errungenschaften. Diese Rücksichtnahme auf Minderheiten. Basisdemokratie ist schon was Tolles. Obwohl, die stimmen auch über jeden Käse ab.«

Er hatte *die* gesagt, nicht *wir*.

»Trotzdem. Dieses Streben nach Konsens, oder der Bundesrat, in dem nicht nach Parteipolitik, sondern im Interesse des Landes gehandelt wird, das sind schon coole Ansätze.«

Ein Ehepaar holte seine vorbestellten Karten ab. Der Ehemann sprach von »zwoi«, Tom überreichte »zwäi« Karten.

»Andererseits«, fuhr er fort, »hat es da diese Saturiertheit. Viele sind viel zu zufrieden. In Berlin, ja, da hat man noch Hunger nach Aufbruch und neuen Wegen. Viele junge Schweizer haben eine große Affinität zu Berlin.«

»Warum?«

»Wahrscheinlich weil wir keine Großstadt haben.« Er lachte.

»Und Zürich?«

»Das ist nicht die Schweiz.«

Eine halbe Stunde später schleppte ich mich, geschafft von der Plauderei, ins Zimmer, stellte den Handy-Wecker auf zehn und kroch in mein Europalettenbett. Kaum war ich eingeschlafen, klingelte der Wecker. Nein, das Telefon.

»Ein Hubschrauber, wirklich?!« Es war Amaras erste Reaktion auf meine Nachricht, dass ich für das Setzen des i-Punktes einen Hubschrauber mieten wollte.

»Kostet 37 Franken pro Flugminute«, näselte ich. »Plus Landegebühren.«

»Landegebühren? Ein Hubschrauber kann doch überall landen.«

»Kann schon. Darf nicht. Muss ein Flugplatz sein.«

»Das heißt, zehn Minuten Flug kosten 370 Stutz plus Lande-Tax. Wieso muss es überhaupt ein Hubschrauber sein?«

»Weil ich zwischen dem Ende des i und dem i-Punkt keine Verbindung zum Boden haben darf«, schniefte ich.

»Sagt wer?«

»Ich!«

»Spatzeli, Vorschlag: Du zahlst mir die Hälfte, und ich trag dich.«

»Ich überleg's mir.« Mein Kopf platzte gleich.

»Ich bin stark.«

»Ich weiß.«

»Wie war der Film?«

»Der fängt erst an, wenn es dunkel ist.« Ich hustete.

»Musst du den sehen?«

»Deswegen bin ich ja hier. Ein Deutscher guckt mit Schweizern einen österreichischen Film – lustig!«

»Findest du?«

»Lass mich.«

»Schlaf lieber. Du kannst nicht reisen, wenn du krank wirst.«

»Filmgucken steht aber in meinem Plan.«

»Musst du wissen. Tschüsi-Büsi!«

»Hm.«

Sie ließ mich nicht. Sie schickte Nachrichten.

»Kauf dir NeoCitran!«

»?«

»Gibt's in der Apotheke. Voll die Drogen, helfen aber.«

»Hier ist keine Apotheke.«

Ich putzte die Nase. Hustete. Das Handy piepte.

»Frag deine Vermieter, ob sie dir NeoCitran geben.«

»Ich muss jetzt zum Film.«

»FRAG SIE! LOS!!! UND DANN SCHLAF! GESUNDHEIT VOR FILM!«

Ich stellte das Handy aus.

Warum musste sie immer recht haben?

Kurz nach Mitternacht wachte ich auf. Basslastige Dialoge dröhnten durch die Nacht. Ich zog mir etwas über, schnappte die Digicam. Wenn ich Fotos von den letzten Minuten des Filmes schoss, konnte ich Amara vormachen, ich hätte ihn gesehen.

Draußen biss die Kälte in meine heiße Stirn. Im Licht der Eingangslampe sah ich meine Atemwölkchen. Mein Kreislauf sackte ab. Ich hielt mich am Türrahmen fest.

Weit hinten auf dem Gelände leuchtete die Leinwand im Dunkeln. Groß wie ein Heißluftballon erschien das Gesicht von Josef Hader. Durch seine schwarze Brille schaute er mich vorwurfsvoll an.

Ich schlug mich durch bis zum Seitenrand des freien Platzes zwischen Leinwand und Zuschauertribüne. Unter einem Zeltdach in roten Sitzreihen trotzte eine kleine Zuschauerschar der kalten Nacht. Die meisten in Decken und Partner gekuschelt. Auf den Gesichtern reflektierte das Leinwandlicht.

Ich schaltete den Blitz meiner Kamera aus, um niemanden zu stören. Der interne Lichtverstärker würde ausreichen. Ich fotografierte Zeltdach und Zuschauer. Und Josef Hader beim Unglücklichsein.

Eine Hand packte mich von hinten. »Was ist passiert?« Im Schatten der Tribüne war nicht zu erkennen, wer da sprach.

»Ich bin eingeschlafen.«

»Du hast Notsignale gegeben.«

»Nein, ich bin eingeschlafen.«

Bevor wir weiter aneinander vorbeireden konnten, winkte er ab und ging hinauf zum Technikpult.

Mein nächstes Foto klärte das Missverständnis. Um nachts den Autofokus einstellen zu können, schickt meine Kamera rotes Blinklicht in die Dunkelheit.

Ich machte, dass ich wegkam. Da der Lichtkreis der Lampe am Haus nicht hierher reichte und meine Pupillen noch ganz auf die helle Leinwand eingestellt waren, herrschte vor mir vollkommene Schwärze. Ich schob meine Füße vorsichtig über die Kieselsteine, einen Arm ausgestreckt knirschte ich wie ein Dieb durch die Nacht.

Es raschelte.

Ein Keulenschlag traf mich im Gesicht.

Meine Knie knickten ein. Mehr vor Schreck als vom Schlag.

Ich besaß eine Auslandskrankenversicherung, eine Auslandsunfallversicherung und eine ADAC-Plus-Mitgliedschaft.

Was davon mochte für Sonnenblumenattacken zuständig sein?

Ich war in eines der Beete geraten und von einer Sonnenblumenblüte niedergestreckt worden. Ich rappelte mich auf. Die Sonnenblume streifte mich ein zweites Mal. Ich machte einen Schritt. Es knackste.

Jetzt war die Sonnenblume tot.

Am besten, ich reiste vor Tagesanbruch ab.

Dieses süsse Erlebnispaket leistet mit seiner klaren Strategie, der mehrdimensionalen Innnovation, der vorbildlichen Vernetzung mehrerer Partner und der Vermittlung klarer Werte einen volkswirtschaftlichen Beitrag für die Region.

Urteil der Jury des wichtigsten Schweizer Tourismuspreises »Milestone« über die Trubschacher Keks-Erlebnistour.

Nach einer schlimmen Schnupfen-Schwitzen-Husten-Nacht stand ich kurz vor acht auf, duschte (Klemmhebel-Kugelgelenk!), frühstückte und wollte mich aus dem Staub machen. Tom erwischte mich. Nur sein Mund lachte bei der Frage: »Hast du denn schon bezahlt?«

Nein, mein Hustenschnupfenhalsschmerzkopf hatte es vergessen. Ich tat, als hätte ich es gerade vorgehabt.

Beim Verlassen des Geländes kam ich am Sonnenblumenbeet vorbei. Selbst aus der Nähe war nicht zu erkennen, dass eine der gelbköpfigen Riesen nicht mehr lebte. Ich hatte die Leiche aufrecht zwischen die anderen geklemmt.

Da fuhr ein Rauschen durch die Blätter der alten Apfelbäume, alle Pflanzen begannen im Wind zu wanken, und ich rannte los.

Hinter dem Bahnhof sieht Trubschachen nicht schöner aus als an der Hauptstraße, es riecht aber besser. Der süß-klebrige Geruch durchdrang sogar meinen Schnupfen.

An einer Industriehalle hüpfte ich zweimal hoch und erspähte durch die Fenster eine chromglänzende Fertigungsstraße, überwacht von Menschen mit Haarnetz und Mundschutz.

Von einem großen Parkplatz neben der Halle zogen fröhliche Familien, es war erst kurz nach zehn, zu einer Art Supermarkt am Ende der Halle. Ein Schild hieß alle willkommen in der »Kambly-Welt«.

In dem Supermarkt standen hinter Glastheken junge Frauen, die so attraktiv sein mussten, dass sie trotz der unvorteilhaften Bäckeruniformen und der schlapphütigen Bäckermützen ihre Würde behielten. Überaus dekorativ rührten die Damen in Schüsseln herum, was auf Fotos sehr schön aussah und viel leckerer als die Mundschutzmenschen an der Fertigungsstraße.

Ich verzichtete auf »Das Knusperhäuschen – Mit Licht und Ton durch die Kambly-Geschichte«, das »Kambly Cinema – Rohstoffe aus dem Emmental« und nahm auch nicht am »Schublädli-Quiz« teil. Alles Programmpunkte der »Kambly Erlebnis Tour«, die 2013 den dritten Preis in der Kategorie »Herausragendes Projekt« und einen schönen Urteilstext der »Milestone«-Jury gewann.

Ich setzte mich an einen großen Tisch und bestellte eine Caotina – Heiße Schokolade. In der *Luzerner Zeitung* las ich einen Artikel über das bäuerliche Sorgentelefon. Es hatte den Prix Agrisano gewonnen und zwang Bauern, ihre Sorgen gut einzuteilen, da es nur montags von 8:15 Uhr bis 12 Uhr und donnerstags von 18 bis 22 Uhr zu erreichen war.

Die Zahl der Schweizer Bauern sinkt von Jahr zu Jahr. Landwirtschaft in der Schweiz ist teuer. Fast drei Viertel der Landesfläche sind Berg- und Hügelgebiet, die Felder klein, die Löhne hoch und die Vorschriften streng. Die Gesamtanbaufläche verringert sich zusätzlich dadurch, dass Touristen schöne Almwiesen anschauen oder auf Skiern befahren sollen, statt von Kartoffeläckern belästigt zu werden, und dadurch, dass bestimmte Gebiete dem Lawinen- und Hochwasserschutz vorbehalten sind. Dennoch prangt auf vielen Gemüseverpackungen das Label *Schweizer Produkt*.

Der Trick: Man lässt in Gewächshäusern in Marokko und anderen Ländern Afrikas Millionen Tomaten-, Lauch- und Salatsetzlinge keimen und bringt, sobald die ersten Blättlein sprießen, die zarten Pflänzchen per Schiff, Flugzeug und Lastwagen in die Schweiz, um sie dort auf den knappen Böden zur Verkaufsreife heranwachsen zu lassen. Das spart Zeit und erlaubt bei konventionellem Anbau mehrere Ernten im Jahr. Solange »mindestens 80 Prozent des Zuwachses des Ernteguts (Frischgewicht)« in der Schweiz erfolgen, handelt es sich um ein »Schweizer Produkt«.

Einzig Rüebli, also Karotten, sind (meist) echte Schweizer. Das gilt insbesondere für Zuckerrüben. Die 6000 Zuckerrübenbauern der Schweiz könnten zu hundert Prozent den einheimischen Bedarf decken. Da die Schweiz jedoch eine zuckerintensive Lebensmittelindustrie hat, gehen große Mengen Schweizer Zucker ins Ausland. Vor allem in Form von Schokolade.

Oder Keksen.

Auch in der »Kambly-Welt« durfte der Besucher echte Schweizer Keime erwarten. In langen Regalreihen konnte jeder Kunde in Plexiglasboxen greifen und Probierkekse herausholen, die schon andere Kunden beim Probierkekse-Herausholen berührt hatten. Insgesamt 100 Sorten von Guetzlis – so hießen hier Kekse – konnte man anfassen.

Den Keksgroßpackungen nach zu urteilen, die die Menschen in Körben schleppten, drohte der Schweiz bald ein Keksverzehrverbot. Außer natürlich, es verhinderte dies ein Nationalrat aus der *Interessengruppe Süssgebäck*.

Ich verließ Trubschachen in einem »Kambly-Zug« genannten RegioExpress. In Konolfingen stieg ich um in Richtung Thun, wo ich zum Mittag ein Sandwich verzehre. Weiter würde es nicht per Bahn gehen, sondern per *Blüemlisalp*.

Für die Zeit bis zur Abfahrt nahm ich Option zwei eines alten Sprichwortes. Statt nach dem Essen *zu ruh'n*, entschied ich mich für *tausend Schritte Thun*.

Eins, zwei, drei ... Auf dem Platz gegenüber dem Bahnhof waren zu Ehren von 100 Jahren »Schweizer Pfadfinder« drei kleine Tarnfleckenzelte aufgestellt. *Sechsundfünfzig, siebenund...* Zu dritt hockten drei Jungen in khakifarbener Einheitskleidung um eine Eisenschale, in der Feuer brannte, in das sie Kartoffeln an Stöcken hielten. *... neunundneunzig, hundert.* Die ersten hundert Schritte. Daumen strecken. *Eins, zwei...*

An einem der schönen alten Häuser kletterte an einem Seil ein Weihnachtsmann mit einem goldenen Rucksack zu einem Fenster hinauf. Erst der zweite Blick entlarvte ihn als Puppe *... neunundneuzig, zweihundert.* Zeigefinger strecken. *Eins, zwei ...* Ich kam an einen Fluss, der so wild floss, dass es sich nur um die Aare handeln konnte, *... neunundneuzig, sechshundert.* Daumen einklappen. *Eins, zwei ...* Ich überquerte die Aare auf einem überdachten Wehr aus Holz, neben dem Angler auf Fische warteten. *... neunundneuzig, achthundert.* Mittelfinger einklappen. *Eins, zwei ...* Ich lief durch die Zeitmesslichtschranke für den bevorstehenden Stadtlauf und brachte die Eichung durcheinander, passierte eine Männergruppe, in der alle ein dunkelblaues T-Shirt trugen, auf dem in Stars-Wars-Design unter zwei Eheringen stand: »Das Wars – mit der Freiheit«.

Neunundneuzig, Tausend. Kleiner Finger. Fertig.

Meine tausend Schritte endeten in der Aarefeldstraße an einem blauen Toilettenhäuschen der Firma MobiToil.

Die Stadt schien jeden nach seiner Fasson selig werden zu lassen. Oder wie es Cicero formulierte: »Lasst jedermann das Thun, was er am besten versteht.«

Verliebt in die Schweiz – Weil man hier wunderbar von der Bildfläche verschwinden kann.

Werbung der Schweizerischen Bundesbahnen

Die Blüemlisalp ist schön. Das gilt für das 3500 Meter hohe Bergmassiv, das diesen Namen trägt, wie für das danach benannte Dampfschiff. Es fährt vom Thuner See in einen Stichkanal und hält wie auf einem Wassergleis direkt neben dem Bahnhof Thun.

Die *Blüemlisalp* (das Dampfschiff) sollte mich nach Spiez bringen, bei dessen Aussprache unbedingt das e beachtet werden muss: Spiäz.

Ich hätte mir kein besseres Verkehrsmittel aussuchen können. Zum einen, weil der 1906 in Dienst gestellte Raddampfer stolz als einer von nur zweien seiner Art im Kanton Bern gepriesen wurde (ein bei genauerer Betrachtung recht überschaubares Alleinstellungsmerkmal). Zum anderen trägt das Schiff den Namen jenes Bergmassivs in den Berner Alpen, unter dem die »Führungslage K20« liegt, der Bunker für die Schweizer Regierung.

Anfang der achtziger Jahre begannen die Ausschachtarbeiten. Weil die Sozialdemokraten gegen den Bunkerbau zu protestieren drohten, wurde er ihnen als Schutzanlage für die Bevölkerung im Falle eines GAUs in einem der zahlreichen Schweizer Atomkraftwerke schmackhaft gemacht. Anfang der Neunziger beschloss das Parlament den Ausbau zum Regierungsbunker. 1999 war er fertig. Für 259 Millionen Franken Baukosten entstand eine hochhaushohe Regierungszentrale im ausgehöhlten Felsgestein mit Funkanlage und Fernsehstudio sowie Schlaf-, Konferenz- und Büroräumen für Bundesrat, Generalsekretäre, Bürokräfte und angeblich vierzig ausgewählte Mitglieder aus National- und Ständerat. Wer genau, weiß man nicht. Ein halbes Jahr sollen alle im Bunker autark überleben können. Das Schweizer Anlagenschutzgesetz verbietet die öffentliche Bekanntgabe von Details, wie zum Beispiel, dass vom Haupteingang des Bunkers in der Nähe des Dorfes Kandersteg eine fahrerlose Pneubahn, ähnlich der M2 in Lausanne, mehrere Minuten lang durch den Berg fährt, um die Gäste zu den Schutzräumen zu bringen, oder dass Notausgänge im Lötschbergtunnel und auf der Alp über dem Gasterntal enden. Auch die Bunker-Koordinaten 46° 28′ 33″ nördlicher Breite, 7° 39′ 54″ östlicher Länge sollten ungenannt bleiben.

Ich war heute in Spiez mit dem Besitzer eines anderen Bunkers verabredet. Bunker zu besitzen ist in der Schweiz nichts Außergewöhnliches. Fast alle Wohn-, Geschäfts- oder Krankenhäuser, Schulen und Hotels verfügen über einen Schutzraum. In Amaras Haus stehen darin die Waschmaschinen der Mieter. So könnten im Falle eines Krieges alle eine weiße Weste behalten.

Insgesamt gibt es rund 300 000 Schutzräume im Land, die insgesamt mehr Plätze bieten, als die Schweiz Einwohner hat. Eine Folge des Schweizer Zivilschutzgesetzes aus dem Jahr 1963, das einen flächendeckenden Neu- und Ausbau von robusten, einfachen und kostengünstigen Schutzräumen in Gang setzte, um der Schweizer Bevölkerung die Möglichkeit zu bieten, im Fall eines Atomkrieges unterirdisch zu überleben. Wer keinen Schutzraum in seinem Haus haben wollte, musste eine Gebühr bezahlen, und die Gemeinde war verpflichtet, einen Platz in einem öffentlichen Schutzraum zu schaffen.

Der Bunkerbesitzer, den ich gleich traf, besaß einen weitverzweigten Bunker aus dem Zweiten Weltkrieg in Vollausstattung.

Ich sollte vielleicht Amara anrufen, damit wenigstens sie wusste, wo ich zuletzt gewesen war, dachte ich, da lenkte mich die beeindruckende Schiffsmaschine der *Blüemlisalp* ab, deren auf und ab stampfenden, die Antriebswellen drehenden, hochglanzpolierten Kolben man durch eine Öffnung im Mitteldeck bei der Arbeit zuschauen konnte.

Drei Pferde und ein Apfelbaum. Und ein Stall, der in Bethlehem eine gute Figur gemacht hätte. Oberhalb des Thuner Sees, wo die Eigenheimsiedlungen der Gemeinden Spiez und Krattingen aneinanderstießen, herrschte Friede auf Erden.

Unter der Erde herrschte der Mann, der gegenüber von Pferden und Apfelbaum unter dem Dach eines bretterverschalten Häuschens Schutz vor dem Regen suchte. Seine Jacke und Hose aus schwarzem, derbem Stoff waren reich an Taschen und zu weit für seinen schmalen Körper. Hohlwangig sog er an einer Zigarette, die er in der gekrümmten Hand verbarg. Die andere streckte er mir entgegen: »Hallo, ich bin der Dänu.«

Also waren wir per du.

Der Dänu sprach ein krachendes Hochdeutsch, bei dem die Vokale tief aus der Kehle kamen und jede Betonung auf der ersten Silbe lag.

Er strich die Zigarette an der Sohle seiner Schnürstiefel aus, schob die Holztür, an der er bis eben gelehnt hatte, zur Seite und öffnete ein Türgitter.

»Da kannst du deinen Rucksack lassen.«

In dem kleinen Vorraum hinter der Gittertür stellte ich den Rucksack an ein mannshohes, panzergrünes Raketengeschoss. Dick wie ein Regenrohr, oben spitz und am Ende mit vier Flügelchen versehen. Ein Aufdruck wies die Rakete als Modell aus.

Der Dänu warf die Gittertür hinter uns zu und schloss ab. Mir fiel ein, dass ich Amara anrufen wollte, um zu sagen, wo ich war.

In der linken Seitenwand des Vorraumes klaffte ein Loch. Alles, was dort herauspurzelte, fiel parallel vor eine Panzerstahltür.

»Der Handgranatenauswurf«, erklärte der Dänu. »Da kann man von drinnen jeden plattmachen, der reinwill.«

Die Entscheidung, ob ich nach dieser Information da noch reinwollte, nahm mir der Dänu ab, indem er mir die schrankdicke Stahltür aufhielt.

»Aufpassen!«, warnte er mich vor einer schulterbreiten, quadratischen Öffnung im Betonboden hinter der Stahltür.

»Dort müssen wir vier Meter hinuntersteigen.« Er zwängte sich an mir vorbei. Seine Leiterschritte hallten metallisch und sehr schaurig. Trotzdem stieg ich ihm nach.

Wenigstens eine Nachricht hätte ich Amara schicken sollen.

In dem engen Raum unter dem Leiterschacht nahm eine Schweizer Flagge eine ganze Wand ein. In die Wand gegenüber war eine weitere Stahltür eingelassen.

»Die Wände sind einen Meter dick. Im Geschützbunker zwei Meter. Die Decke vier Meter. Alles armierter Stahlbeton.«

Ich schaute erst gar nicht nach, ob mein Handy Empfang hatte.

»Das Artilleriewerk Krattingen, in dem wir uns hier befinden, ist Teil der Festung Oberland und entstand 1941/42 im Zuge vom Schweizer Reduit, das im Wesentlichen Oberleutnant Gonard plante und nicht, wie viele glauben, General Guisan!«

Einfach zu nicken hielt ich für das Beste.

»Die Anlage umfasst drei oberirdische, verbunkerte Geschützstände, die durch unterirdische Stollen verbunden sind. Die Geschützstände und alle Zugänge in die Bunkeranlage sind als Scheunen getarnt und von außen nicht als militärische Anlage zu erkennen.«

Was bedeutete: Selbst wenn man die Funkzelle ermittelt hatte, in die mein Handy zuletzt eingeloggt war, würde man mich nicht finden.

Über einem Guckloch in der Stahltür gegenüber klebte das laminierte Foto einer steinernen Figur, der zwei Hände den Mund zuhielten. Darunter weiß auf schwarz die Mahnung: »Geheimhaltung – Schweigen!«

Der Dänu drückte zwei Arretierhebel zur Seite und die Tür auf. Dahinter begann ein endloser, weißgetünchter Gang. Höchstens einen Meter breit. An einer Seite Gewehrhalter. Ohne Gewehre.

»Die ganze Anlage habe ich 2004 leer gekauft.« Seine Stimme, unsere Schritte und mein Schnupfen echoten im Gang. »Die Einrichtung, die Waffen, das habe alles ich hier heruntergebracht. Das war viel Arbeit. Dazu muss man schon ein bisschen verrückt sein.«

Der Gang mündete in ein totes Ende. Wir bogen scharf ab.

Die Breite des nächsten Ganges halbierte eine lange Reihe gestapelter Munitionskisten.

»Eines möchte ich ganz klar hervorheben«, der Dänu fuhr herum: »Ich bin kein Nazi!« Sein Zeigefinger schnellte wie bei einem Lehrer nach oben. »Kein Nazi!«

»Hmh«, nickte ich.

»Ich bin Bünkeler!« Der Dänu lief weiter.

Noch ehe ich *Bünkeler* als *Bunkerliebhaber* dechiffrieren konnte, verlor ich die Balance und wäre ungebremst auf den Betonboden aufgeschlagen, hätte ich mich nicht im letzten Moment an einem rollbaren Garderobengestell festgehalten, an dem ein Dutzend Uniformjacken hing. »Großdeutschland« war auf mehreren Ärmeln zu lesen. Der Aufnäher über der rechten Brusttasche hatte die Form des Reichsadlers, in seinen Krallen das Hakenkreuz.

Seit der Römerzeit hat die Lage der Schweiz einen Haken. Sie liegt im Weg. Wer Europa durchquerte, musste früher oder später durch das heutige Gebiet der Schweiz. Dieser Umstand brachte den Bewohnern 1500 Jahre lang ständig wechselnde Fremdherrschaft ein.

Erste Passwege über die Alpen entstanden etwa ab 1000 vor unserer Zeitrechnung durch keltische Volksstämme, für Geschäfte zwischen den Tälern oder gar mit dem fernen Griechenland. Ab 194 v. u. Z. stießen die Römer vom südlichen Tessin aus (Vorderbeine des Wildschweins) Richtung Norden vor und vertrieben den keltischen Stamm der Helvetier im Mittelland zwischen Jura und Alpen – dem auch heute am dichtesten besiedelten, weil weitgehend flachen und fruchtbaren Teil der Schweiz auf dem Wildschweinrücken.

Das römische Vordringen veranlasste die Helvetier, ins Rhônetal im Hinterbein auszuwandern und die dort siedelnden Gallier zu unterwerfen oder zu vertreiben. Die Gallier, die ja in Wirklichkeit keinen Zaubertrank besaßen, riefen den römischen Prokonsul von Gallien zur Hilfe: Julius Cäsar. Der stellte 58 v. u. Z. mit sechs Legionen die alte Ordnung wieder her. Die Römer bauten das Wegenetz durch die Alpen aus, der Handel blühte auf, und Helvetien wurde nach und nach Teil des Römischen Reiches. Als das ab 300 unserer Zeit schrumpfte, wurde Helvetien befestigtes Bollwerk zum Norden. Von dort aus überrannten 401 die Goten die entlang des Rheins errichteten Mauern und Kastelle. Die Römer wichen zurück nach Italien.

Nach den Goten kamen aus den angrenzenden Herrschergebieten Alemannen, Burgunder, Franken und Karolinger und schließlich die Habsburger. Jahrhundertelang wurde das Gebiet der heutigen Schweiz in wechselnden Ausmaßen aufgeteilt. Dabei ging es nie um die Schweiz als solche. Da gab es ja nichts. Keine Bodenschätze, keine kriegswichtigen Küsten, nur unwegsames Gelände voller Schnee und furchtbar rauflustiger Bergbewohner. Aber als Transitgebiet war die Schweiz wichtig, da am Schnittpunkt zwischen Frankreich, Deutschland, Italien und Österreich gelegen. Ländern, die zu großen Reichen gehörten. Über die Schweiz war es oft der kürzeste Weg. Darauf waren die Herrscher angewiesen. Mal unterwarfen sie ganz Landstriche, mal verbündeten sie sich mit den lokalen Machthabern. Bis die Schweizer Ende des 13. Jahrhunderts aufbegehrten.

Bei Hitlers wahnsinnigem Versuch, die Welt neu zu ordnen, lag die Schweiz mal wieder mittendrin.

Ich stellte jetzt die alte Ordnung wieder her und hängte die »Großdeutschland«-Uniformjacke akkurat auf.

»Alles Replikationen aus USA«, versicherte eilig der Dänu. Mein Wissen über Wehrmachtsuniformen ist überschaubar, gleichwohl erkannte ich, dass der dünne, kittelähnliche Stoff und die ungleichmäßigen Nähte den Ansprüchen keiner Armee der Welt standgehalten hätten. Diese Jacken taugten höchstens für Nazi-Fasching.

»Das war doch ein Bunker der Schweizer Armee, oder?«, fragte ich, den Blick auf den Boden gerichtet, um nicht wieder von einer hervorstehenden Kistenecke zu Fall gebracht zu werden.

»Mir ist es wichtig, alles originalgetreu darzustellen.«

»Ich versteh schon. Aber hier drin saß die Schweizer Armee?«

»Ja, aber wegen euch! Und ich möchte beide Seiten zeigen.«

Das klang plausibel. Irgendwie.

Wir bogen wieder in einen Gang ab. Auf einer Seite stapelten sich bis zur Deckenwölbung in ganzer Länge Umzugskartons.

»Das muss ich alles noch auspacken. Aber die Zeit ... Die Zeit ist das größte Problem beim Menschen.«

Mein größtes Problem war, dass ich hier alleine niemals wieder herausfinden würde.

Wir kamen in einen langgestreckten Raum mit Parkettfußboden. In der Mitte standen längs hintereinander zwei schmale schultafelgrüne Tische, beiderseits fanden gerade so die Sitzbänke Platz. Von der Decke baumelten Petroleumlampen. Munitionspackungen stapelten sich auf einem Wandbord. »Der Mannschaftsraum. Die Anlage war maximal mit vierzig Wehrmännern belegt, die im Vier-Schichten-Betrieb arbeiteten.«

Gegenüber den Tischen standen mehrere Doppelstockbetten und ein Sturmgewehr. Von Plexiglasscheiben geschützt.

»Dass Waffen und Munition in einem Raum sind, wäre heute nicht mehr vorstellbar. Damals, das waren andere Zeiten.« Versonnen glitt sein Blick über Uniformen und Petroleumlampen. Und die Plexiglasscheiben.

»Die hab ich angebracht, weil die Besucher immer alles antatschen wollen. Oder sogar ...«, er senkte die Stimme, »... klauen. Man kann sich nicht vorstellen, was es für fanatische Sammler gibt.«

Ich verlieh meiner Entrüstung darüber Ausdruck mit einem energischen »Tss!« und fragte dann: »Was bedeuten die Nummern?«

Auf Scheiben, Betten und Tischen waren akkurat Aufkleber angebracht. Passbildgroße Zahlensticker, wie sie gutsortierte Schreibwarenläden verkaufen.

»Das sind die Nummern der Exponate. Darüber kannst du im Museumsführer nachlesen oder im Audio-Guide hören. Die muss ich erst noch erstellen lassen. Aber die Zeit ... Die Zeit begrenzt unsere Möglichkeiten.«

Mir war inzwischen jegliches Zeitgefühl verlorengegangen. Ob eine Stunde schon um war? Ob es in der Welt oben noch regnete?

»Weißt du Bescheid über das Reduit?«, riss mich der Dänu aus meinen Gedanken.

»Das war so ein Verteidigungsplan, oder?«

»Es war nicht einfach ein Verteidigungsplan, es war genial! Als ihr 1940 Frankreich erobert hattet, war die Schweiz von Nazis umzingelt: Deutschland, Österreich, Italien und Frankreich. Überall Nazis. Wir mussten uns etwas einfallen lassen, um unsere Frauen und Kinder zu verteidigen!«

Was die Schweiz im Ersten und Zweiten Weltkrieg vor allem verteidigen musste, war ihre Neutralität.

Das klingt sehr edel und friedfertig. Jahrhundertelang war die Schweiz aber das genaue Gegenteil davon. Lange bevor sie Uhren und Schokolade in alle Welt exportierte, hatte sie einen anderen Exportschlager: Soldaten!

In den Alpentälern der Urschweiz um 1300 gehörten Überfälle, Fehden und Viehraub zur Tagesordnung. Gewalt waren die Schweizer gewohnt. Die Almwirtschaft konnte nicht alle Männer beschäftigen, es bildete sich der »Reislauf« heraus. Arme unverheiratete Bauernsöhne gingen auf Reisen, in dem sie sich den durch die Schweiz ziehenden Heeren als Söldner anschlossen.

Den Vertrieb des Exportschlagers Soldat nahmen schon früh einige wenige Familien, überwiegend aus dem Kanton Schwyz, in die Hand. Die Soldaten aus Schwyz machten sich seit dem 13. Jahrhundert europaweit einen Namen. Zum einen als Söldner und zum anderen in den Befreiungskämpfen gegen die Habsburger, in denen der Kanton Schwyz als einer der drei Urkantone, aus denen die Schweiz hervorging, eine führende Rolle spielte. In Deutschland wurde bald ehrfurchtsvoll von den Kämpfern aus »Swiz« oder auch der »Sweiz« gesprochen und geschrieben. Der Name übertrug sich, zum Leidwesen der anderen Kantone, auf alle Eidgenossen, und schließlich setzte sich »Schweiz« als Sammelbegriff durch.

Die familiär geführten Söldnerunternehmen machten mit den Bauernsöhnen Verträge, regelten die Bezahlung und boten die Männer europaweit an. Schweizer Ratsherren, Vögte und Ortsvorsteher ließen sich gut dafür bezahlen, dass sie Anwerbungen in ihrem Einflussgebiet gestatteten.

Gern wurden Bauernsöhne mit billigem Wein betrunken gemacht, dann steckte man ihnen Sold in die Taschen und behauptete, wenn sie aufwachten, sie hätten einen Söldnervertrag unterschrieben. Weshalb man bald anfing, vor dem »Engagierwein« auf der Hut zu sein.

Der Bedarf an Schweizer Söldnern war in manchen Jahren so hoch, dass auf Schweizer Feldern die Bauern fehlten.

Was die Schweizer auszeichnete, war ihre Asterix-Taktik. Bis ins Spätmittelalter dominierten schwer gepanzerte Reiter – die Ritter – die Heere Europas. Fußvolk agierte eher aus Defensivpositionen, indem es das Gelände für Hinterhalte nutzte. Auch die Bogenschützen in ihren Reihen agierten aus der Distanz. Später kamen als wirkungsmächtige Fernwaffe Kanonen hinzu. Hauptangriffswaffe blieben aber die Panzerreiter, gelegentlich unterstützt von sogenannten Spießern, Fußsoldaten mit Lanzen.

Spezialität eines Schweizer Angriffs war der »Gewalthaufen«: bis zu fünfzig Mann tiefgestaffeltes Fußvolk, das den schwerfälligen gepanzerten Reitern entgegenstürmte und sie einfach überrannte. So wie Asterix und seine Gallierfreunde die Römer.

Die ersten Reihen des Gewalthaufens bestanden aus Männern mit bis zu fünf Meter langen Spießen, die sie den Reitern entgegenstemmten. Dahinter kamen Kämpfer mit Hellebarden, langstieligen Streitäxten mit Speerspitze. Die Armbrust mochten die Schweizer weniger. Sie war im Nahkampf nicht zu gebrauchen. Auch schützende, aber einengende Lederharnische fanden die Schweizer eher hinderlich.

Mal stürmten sie in Keilform, mal in breiter Formation. Sie waren flexibel, schnell und beweglich. Anders als die Panzerreiter.

Immer mehr Herrscher verstärkten daher ihre Heere mit Schweizer Söldnern, wegen ihrer Kampfeslust auch »Kriegsgurgeln« genannt. Das führte dazu, dass in den Kriegen Europas häufig Schweizer gegeneinander kämpften.

Attraktiv war der Kriegsdienst für die Söldner ohne Zweifel. Sofern sie überlebten. Außer dem Sold erhielten sie nach einem Sieg das Recht zu plündern, also den Besiegten auszurauben.

Viele vormals arme Schweizer kehrten reich aus dem Krieg zurück. Was die zu Hause gebliebenen anspornte, sich anwerben zu lassen. In Frankreich erhielten Schweizer zudem besondere Bürgerrechte, wenn sie sich niederließen.

Allerdings hatten Schweizer Söldner eine Unart: Sobald Schlacht und Plünderung zu Ende waren, gingen sie einfach nach Hause. Das erschwerte die ordentliche Führung einer Armee immens, zumal die anderen Soldaten sich davon anstecken ließen. Preußen verzichtete schließlich auf Schweizer in seinen Reihen. Für die war der Dienst bei den Preußen ohnehin unattraktiv geworden, seit Preußen Plünderungen verbot. In der Schweiz selbst wandelte sich die Stimmung ebenfalls. Der Protestantismus brandmarkte das Söldnertum als »Fleischhandel«, weshalb protestantische Gemeinden ihn fortan ablehnten. In katholischen Gemeinden durften sich Söldner bis Mitte des 19. Jahrhunderts anwerben lassen.

Mit Gründung des bis heute bestehenden Bundesstaates »Schweizerische Eidgenossenschaft« im Jahre 1848 endete die große Zeit des Söldnertums. Überbleibsel aus dieser Zeit ist die Schweizer Garde im Vatikan, der erstmals 1505 ein Kontingent Schweizer Söldner anforderte. Da seit 1848 keine Schweizer Söldner mehr für andere Staaten tätig sein dürfen, wurde die Schweizer Garde zu einer Wachpolizei heruntergestuft, was ihren Aufgaben ja auch eher entspricht.

Neben all den individuellen Vorteilen, die das Schweizer Wirtschaftsgut Soldat zur Folge hatte, kam ein gesamtstaatlicher Vorteil hinzu: das sogenannte »Schweizer Glück«. Ab dem 16. Jahrhundert wurden die Kantone nie mehr ernsthaft von europäischen Mächten angegriffen. Damit bei den Eidgenossen kein Eigenbedarf an Soldaten entstand. Denn die brauchten die Mächtigen Europas ja für ihre Kriege untereinander. Damit ist die Unabhängigkeit der Schweiz nicht nur Ergebnis seiner wehrhaften Bürger, sondern mindestens ebenso sehr Resultat europapolitischer Interessen.

Als Diener aller Herren erlangte die Schweiz eine Vorstufe ihrer späteren Neutralität.

An der war letztlich Napoleon schuld.

Und die Oma von Zar Alexander I.

Der Einmarsch Napoleons 1798 in die Schweiz bedeutete das Ende der Alten Eidgenossenschaft. Diesem lockeren Verbund hatten sich seit Ende des 13. Jahrhunderts, als sich Schwyz, Uri und Unterwalden zum »Ewigen Bund« zusammenschlossen, nach und nach weitere Kantone hinzugesellt. Am Ende waren es dreizehn, die nach dem Schwabenkrieg 1499 und schließlich in Folge des Westfälischen Friedens 1648 ihre Unabhängigkeit vom Heiligen Römischen Reich Deutscher Nation erlangten.

Napoleon forcierte die Gründung einer zentralistisch organisierten Helvetischen Republik, nahm den Kantonen der Alten Eidgenossenschaft ihre Eigenständigkeit und teilte sie in Präfekturen auf. Neue Kantone entstanden.

1802 zogen sich die Franzosen zurück und die Schweizer gegeneinander in den kurzen, aber heftigen Steckli-Krieg. Getauft nach den Stecken – den Knüppeln – der Bauern, die kaum andere Waffen besaßen. Sie kämpften gegen die Zentralregierung und für die frühere Selbständigkeit der Kantone. Die Regierungstruppen der Helvetischen Republik gerieten in Not. Napoleon drängte sich als Vermittler auf. 1803 kam es zu einer neuen Verfassung, der Mediationsakte. Nun bestand die Schweiz aus 19 Kantonen. Statt eines nationalen Parlaments und einer Zentralregierung trat die »Tagsatzung« zusammen, eine nichtständige Konferenz der Kantone.

Im Sommer 1814 ging Napoleon im belgischen Waterloo gegen die Großmächte England, Preußen, Österreich und Russland unter. Die Siegermächte trafen sich gleich darauf in Wien zum berühmten Wiener Kongress, um Europa neu zu ordnen. Vorsitzender der Siegermächte-Koalition war der russische Zar Alexander I. Dessen Oma, Katharina die Große, war ein großer

Anhänger der Aufklärung gewesen, verehrte Rousseau und hatte für ihren Enkel Alexander einen französischen Freigeist als Hauslehrer gesucht. Da die Franzosen aber zu der Zeit Feinde Russlands waren, hatte Alexander den freisinnigen Schweizer Frédéric-César de La Harpe an die Seite bekommen, der, nachdem Alexander herangewachsen war, dessen Privatsekretär wurde und ihn, so führende Historiker, in politischen Fragen beriet.

Als Napoleon im März 1815 überraschend aus seiner Verbannung auf der Insel Elba nach Frankreich zurückkehrte, wurde eine Pufferzone zwischen Frankreich und Österreich umso dringlicher.

Aus der Schweiz nahmen am Wiener Kongress außer Vertretern der Eidgenössischen Tagsatzung, die für die 19 Kantone sprachen, weitere Städte- und Kantonssprecher teil. Das ergab ein Bild höchster Zerstrittenheit und staatlicher Instabilität. Ein Machtwort von außen wurde nötig.

Zar Alexander I. setzte in Übereinstimmung mit De la Harpe eine Schweiz mit jetzt 22 Kantonen durch, die, statt das Zünglein an der Waage zu werden, sich in Zukunft einfach aus allem raushalten sollte. Was die Schweizer Eidgenossen zunächst gar nicht so gut fanden. Zumal sie verpflichtet wurden, ihre immerwährende Neutralität unter allen Umständen zu verteidigen. Gar nicht so einfach für ein kleines Land in dieser geographischen Lage. Deshalb überlegten kluge Köpfe ab Mitte des 19. Jahrhunderts nach der Gründung des bis heute bestehenden Bundesstaates, wie die Schweiz mit Hilfe ihrer Topographie Frauen, Kinder und Neutralität verteidigen kann. Die Idee des Reduit entstand: einem von Bergen umschlossenen, leicht zu verteidigenden Rückzugsraum, in den sich Bevölkerung und Streitkräfte notfalls retten können. Die Zugänge zu diesem Reduit sollten Festungsanlagen sichern. Die erste Festung wurde 1886 am Gotthardpass errichtet: das Fort Hospiz. Weitere folgten, unter anderem an Furka-, Grimsel- und Oberalppass.

Basel: BIZ und Bahnhof.

Basel: Der Briefkastenbesitzer links unten ist ein Braver.

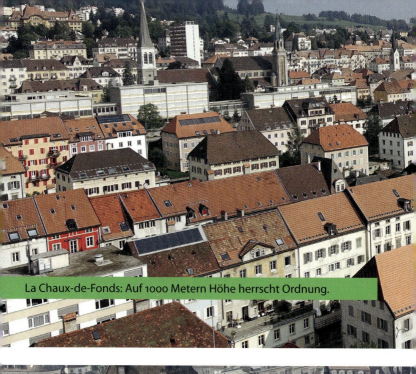

La Chaux-de-Fonds: Auf 1000 Metern Höhe herrscht Ordnung.

Lausanne: Am Genfer See geht's drunter und drüber.

Lausanne: Olympisches Museum. Mit Spring-Chinesin.

Eiswürfel reinsten Wassers. Swissness geht Schweizern über alles.

Gstaad: Käseautomat. In der Spiegelung der Scheibe: Rolls-Royce.

Gstaad: Skulptur von Rosie – ein Simmentaler Kälbchen. Gestiftet von der Tochter der Teiler-Liss.

Schweiz: Eldorado für Eisenbahnliebhaber.

Spiez/Krattingen: Pferde, Stall und Apfelbaum. Alles Tarnung.

Spiez/Krattingen: Bunker. Hier lässt es sich gemütlich übernachten.

Spiez/Krattingen: Die Munitionskisten stehen einen Gang weiter.

Bei Olten: Romantische Waldhütte. Sollte man denken.

Trügerische Romantik. Ein Werk von Willy Eggenberger.

Planalp: Wasser fassen. Die Rothorn-Bahn gibt's seit 123 Jahren. Den alten Mann seit 95.

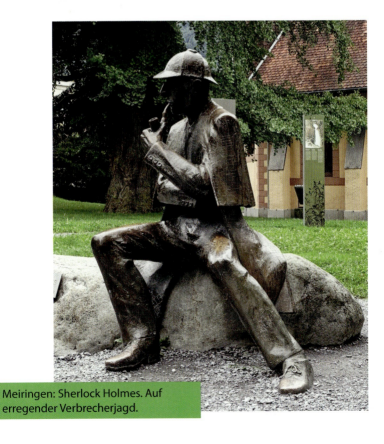

Meiringen: Sherlock Holmes. Auf erregender Verbrecherjagd.

Pilatus: Bergstation. Chinesischer Tourist in aussichtsloser Lage.

Pilatus: Das Zahnrad-Prinzip für die Pilatus-Bahn entwickelte ein Herr Locher.

Pilatus: Zahnradbahn. Steilere Anstiege fährt keine.

Unterwegs: Landesverteidigung in Bürgerhand.

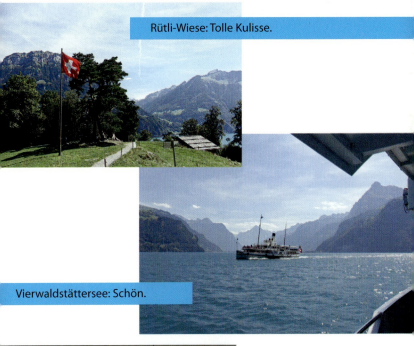

Rütli-Wiese: Tolle Kulisse.

Vierwaldstättersee: Schön.

Unterwegs: Viele Schweizer Gemeinden sind stolz darauf, mehr Kühe als Einwohner zu besitzen.

Rothenthurm: Ziegenschau. Ins Bild gehüpft: Gämsfarbige Gebirgsziege.

Rothenthurm: Schweizer.

Rothenthurm: Links Euter, rechts nicht.

Rothenthurm: Kein Esel. Ein Toggenburger Ziegenbock!

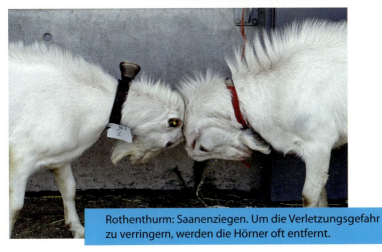

Rothenthurm: Saanenziegen. Um die Verletzungsgefahr zu verringern, werden die Hörner oft entfernt.

Einsiedeln: Schwingen. Das sind nicht Herkules und Hänfling.

Einsiedeln: Kirche und Teil des Gästewohntrakts. Rechts, unterm Dach, hinterm 4. Fenster vom Turm aus: die Gästetoilette.

Einsiedeln: Blick aus dem Zimmer. Engelstor im Mondschein.

Schöllenenschlucht und Teufelsbrücke: Hier tricksten die Schweizer den Teufel mit einem Ziegenbock aus.

Walensee: Hinten die Absprungberge. Vorne die Rettungsinsel.

Landwasser-Viadukt: Viele Brücken und Tunnel der Schweiz waren oder sind mit Sprengstoff präpariert.

Gab's in jedem Schweizer Bad.

Zu Beginn des Ersten Weltkriegs kamen befestigte Sperrlinien hinzu.

»Nach dem Ersten Weltkrieg dachten sie, durch die Gründung des Völkerbundes hätten sich Kriege erledigt.« Der Dänu schüttelte den Kopf über diesen naiven Gedanken.

Zusammen mit der Unterzeichnung des Versailler Vertrags 1919 war der Völkerbund gegründet worden und erhielt ein Jahr später seinen Hauptsitz im schweizerischen Genf.

»Aber der Mensch, der Mensch liebt den Frieden nicht. Am Krieg kann er viel mehr verdienen. Ich weiß, wovon ich rede. Ich arbeite in einer Waffenfabrik. Was meinst du, wie unsere Auftragslage in den letzten fünf Jahren gestiegen ist? Wir exportieren in die ganze Welt!«

Das hatte die Schweiz ja immer schon gern gemacht. Nachdem sie keine Soldaten mehr exportieren konnte, verlegte sie sich auf Waffenexporte. Im Zweiten Weltkrieg war die 20-mm-Oerlikon-Kanone aus dem schweizerischen Oerlikon als Flugabwehrgeschütz bei Deutschen, Briten, Amerikanern gleichermaßen beliebt. Die Schweiz hatte alle drei damit versorgt. Bis heute gehört die Schweiz zu den großen Waffenexporteuren und beliefert weltweit über siebzig Staaten jeglicher politischer Couleur. Man ist ja neutral.

Dänus Gesichtsausdruck wurde düster: »Es kommen wieder schlimme Zeiten auf uns zu. Und die Schweiz wird wieder nicht vorbereitet sein. Damals, da führte die Friedensgläubigkeit der Schweizer Regierung dazu, dass der Militärhaushalt zusammengestrichen wurde. Ausrüstung und Ausbildung, alles war mangelhaft. Es hätte unseren Untergang bedeuten können.«

Das Problem der fehlenden Verteidigungsfähigkeit wurde der Schweizer Regierung Mitte der Dreißigerjahre bewusst. Für die Modernisierung der alten und den Bau neuer Festungsanlagen fehlte neben Geld zunächst das Wissen um den Stand der aktuellen Kriegstechnik. Also wurde 1935 das BBB gegründet, das *Büro für Befestigungsbauten*. Das forschte und testete, was welches Material wie kaputtmacht.

Kurz vor Ausbruch des Zweiten Weltkriegs glaubte man, modernen Ansprüchen genügende Verteidigungsanlagen bauen zu können, und legte los. Es entstand ein System gestaffelter Verteidigungsringe, das mit zahlenmäßig überschaubar großen Grenztruppen begann und mit dem stark befestigten Reduit-Ring im Inneren der Schweiz abschloss.

Schaut man sich das Reduit auf der Karte an, ergibt sich die Form einer schräg in der Schweiz liegenden Wurst in einem Größenverhältnis wie Daumen (Reduit) zu Handfläche (Schweiz).

Die bestens getarnten Festungsanlagen bekamen außer moderner Kommunikations- und Wehrtechnik Wolldecken mit dem Schweizer Kreuz, die für ein anheimelndes Ambiente sorgten.

Akkurat gefaltet, lagen solche Decken am Fußende jedes Doppelstockbettes hinter den Plexiglasscheiben.

Wir kletterten eine Eisenleiter hinauf. Oben beanspruchten Dutzende Metallkanister und mächtige Aggregate fast die gesamte Raumfläche. »Dieselmotoren der *Motorenwerke Mannheim*! Mit *Bosch*-Generatoren. Deutsche Wertarbeit«, sagte der Dänu stolz.

»Ach, die Technik habt ihr vom Feind gekauft?«, fragte ich eine Spur zu spöttisch für jemanden, der in einem Land geboren wurde, in dem sich die Stasi Spionagetechnik aus dem Westen besorgt hatte.

»Ja, das ist so. Allerdings kam die erst nach dem Krieg.«

Jetzt war ich vollends durcheinander. Im Gegensatz zu den Benzinkanistern, die peinlich genau auf Kante ausgerichtet waren.

Der Dänu klärte mich auf. »Ende der sechziger Jahre wurde der Bunker komplett desarmiert, weil er zu exponiert lag. In der leeren Anlage wurde ab 1970 eine nicht permanente Übermittlungsanlage untergebracht, die Verbindungen zu Schweizer Militärattachés im Ausland hielt. Für die Vermittlung und den Botschaftenfunk musste man unabhängig vom Ortsnetz sein. Dafür bauten sie die Dieselaggregate ein. Mit ziemlicher Sicherheit gab es außerdem eine verbunkerte permanente Funkanlage und Leitungen zum Armeehauptquartier in der Innerschweiz und im Bödeli.«

Ich traute mich nicht zu fragen, was das Bödeli ist.

Wir verließen die Energiezentrale des Bunkers.

Unsere Schritte hallten durch einen weiteren Gang. Unsere Schatten waren schwarze Monster an den weißen Wänden. Wir betraten eine Kammer. Darin vier engstehende Doppelstockbetten. An allen Fußenden Wolldecken mit dem Schweizer Kreuz. Neben der Tür zum Stollengang war auf Schulterhöhe eine ampelähnliche Doppelleuchte montiert. Die gleiche hatte ich in der unteren Bunkerebene neben jeder Gangöffnung gesehen.

»Das ist eine Lichtanlage der P26.« Dänus Stimme bekam einen verschwörerischen Unterton. »Weißt du darüber Bescheid?«

»Bestimmt weniger als du …«, flüsterte ich zurück.

Von der Existenz der Schweizer Geheimarmee P26 wussten bis 1990 auch die Schweizer nichts.

Genauso wie die West- und Ostdeutschen nicht über ihre sogenannten Stay-Behind-Kommandos informiert waren: zu Widerstandskämpfern ausgebildete Zivilisten, die nach einer Niederlage der regulären Armee und einer feindlichen Besetzung aktiv werden sollten.

Die Existenz der P26 kam im Zuge der Fichen-Affäre ans Licht. Bei der stellte sich heraus, dass die Schweizer Polizeibehörden auf Bundes- wie auf Kantonalsebene seit 1900 ein Geheimarchiv führten. Auf Karteikarten, französisch *fiche*, wurden Informationen über vermeintlich staatsfeindliche Bürger und Organisationen gesammelt. Etwa 700 000 Einzelpersonen waren erfasst. Unter anderem Charlottes Vater. Während der Aufarbeitung dieses die Eidgenossenschaft tief erschütternden Skandals stießen die Untersucher auf dubiose Ausgaben: das Budget für die P26.

In einem James-Bond-Film hätte es unglaubwürdig gewirkt: Guerillas im Heidi-Land. Andererseits ist James Bond Halbschweizer. Sein Erfinder Ian Flemming dichtete ihm eine Mutter aus Genf an: Monique. Nicht weil er ahnte, zu welchen geheimen Operationen die Eidgenossen in der Lage sind, sondern weil er mal eine Monique aus dem Kanton Waadt liebte.

Geheime Widerstandsgruppen existieren seit 1940 in der Schweiz. Diese wurden immer mal wieder umstrukturiert. Das »Projekt 26« – zum Namen inspirierten die mittlerweile 26 Schweizer Kantone – entstand Ende der siebziger Jahre mit Zustimmung des Parlaments im Rahmen einer Reorganisation der Geheimdienste. Allerdings kannten Stände- und Nationalräte keine Details der Rekrutierung oder gar die Rekrutierten. Das galt erst recht für die Schweizer Bevölkerung. Rekrutiert wurden zunächst vertrauenswürdige Exführungskräfte der Armee, später rekrutieren diese wiederum Männer und Frauen, denen sie vertrauten. Die Ausbildung erfolgte in geheimen Anlagen wie dem ehemaligen Artilleriewerk Krattingen.

»Für die Kommunikationstechnik der regulären Schweizer Armee war diese Bunkeranlage zu klein geworden«, fuhr der Dänu fort, »sie zog um in eine neue Anlage. Spätestens ab 1977, vielleicht schon ein Jahr eher, war hier bis 1989 ein Ausbildungsstandort der P26. Ihre Mitglieder waren in Zellen organisiert und kannten sich nur innerhalb dieser Zellen, damit sie die anderen bei einer Gefangennahme nicht verraten konnten. Wenn sie zur Ausbildung hierherkamen, wurde jeder in einem anderen Raum untergebracht.«

Der Dänu deutete auf die obere Lampe. »Wenn die Lampe auf Rot stand, durftest du den Raum nicht verlassen, weil dann ein Kamerad im Gang war. Grün bedeutete: Gang frei. Begrüßt wurden die P26er vom Generalstabchef per Videobotschaft. Und auch ihre Übungsaufgaben erhielten sie über Video.«

Mich fröstelte. Obwohl es weder kalt noch feucht war. Vielleicht bekam ich Fieber. Oder es war nichts Körperliches. Hatte unseren Schritten und Worten bisher ein Echo geantwortet, wurde der Schall jetzt von der Enge der Einrichtung geschluckt. In der Stille zwischen Betten und Betonwänden drang das Summen der Ventilatoren wieder ins Bewusstsein. Hoch über uns saugten sie die gute Luft des Berner Oberlandes an. Ein Geräusch, das beruhigte. Oder wahnsinnig machte.

»Wenn du als P26-Mitglied zu einer Übung einberufen wurdest, musstest du dir für die Firma und deine Familie eine PG einfallen lassen. Eine Plausibelgeschichte. Denn nicht mal deine Frau oder deine Kinder durften wissen, dass du zum Funker ausgebildet wurdest, zum Sprengen von Brücken oder dem Eleminieren von feindlichen Führungspersonen.«

Geübt wurde im angrenzenden Gang. »Das war der Schießkanal der P26. Fünfundzwanzig Meter lang.« Ein weißer Betonschlund mit einer Zielscheibe am hinteren Ende. »Hier treffe ich mich manchmal zum Schießen mit Kollegen.«

Kollegen bedeutet in der Schweiz *Freunde*. Mich schüttelte es. Ich wurde wohl wirklich krank.

»Der Komplex trug den Tarnnamen *Alpengarten*. Wahrscheinlich, weil oben der Blick über See und Alpen so schön ist.«

Viel hatten die P26er nicht davon. »Am Bahnhof Thun sind sie in einen VW-Bus mit verdunkelten Scheiben gestiegen. Dann wurden sie direkt in eine Garage neben dem Pferdestall gefahren. Erst wenn das Tor geschlossen war, durften sie aussteigen«, sagte der Dänu. »Es gibt noch weitere Ausbildungsstätten. Zum Beispiel in Gstaad.«

Ich stellte mir vor, wie im Gstaader Gestein P26er schießen übten, und über ihnen, da feierten Róschee Mohr und Teiler-Liss.

Wie effektiv die Geheimarmee P26 im Falle einer Besetzung der Schweiz tatsächlich gewesen wäre, ist umstritten. Wie viele Mitglieder sie genau hatte, unklar. Denn viele Akten darüber unterliegen noch der Geheimhaltung. Genau wie die Aufzeichnungen über die P27.

»Hier kann ich mir auch mal was warm machen.« Der Dänu wies auf die Mikrowelle neben der Stereoanlage. »An einer kompletten Küche baue ich gerade.«

Es herrschte Partykelleratmosphäre. Eine ganze Wandlänge nahm die Hausbar ein. Cognac-, Jägermeister- und Wodkaflaschen funkelten im Neonlicht. Der Teppich hatte ein Zebramuster.

Der Dänu knipste das Licht in einem Verschlag an. »Das ist mein Büro.« Ein Stuhl und zwei rechtwinklig zueinander an der Wand angebrachte Bretter als Schreibtisch – mehr ging nicht hinein. Das Sonnenblumenkissen auf dem Stuhl passte prima zu den gelbgestrichenen Brettern, auf denen Laptop, 3-in-1-Drucker, Laminiergerät und Schreibtischlampe standen.

»So ein Bunker«, sagte ich, »verursacht bestimmt eine ganze Menge Papierkram.«

»Ja, das kannst du dir gar nicht vorstellen.« Er knipste das Licht wieder aus. Wir passierten halbfertige Duschen, ein einsames Pissoir und ein Waschbecken, schweizerisch *Lavabo*. Über den verchromten Wasserhähnen ein rotes Schildchen: »Lavabo darf bei verseuchtem Ortsnetz nicht benützt werden.«

Auf dem Bord über dem Waschbecken: *Elmex*-Zahnpasta, fünf *Wilkinson*-Einwegrasierer, zwei Zahnbüsten, ein Nivea-Deoroller, eine Haarbürste, eine Dose *Gilette*-Rasierschaum. Und Raumspray.

»Manchmal schaffe ich es tagelang nicht nach oben. Es ist so viel zu tun. Seit Wochen will ich meine Geschützlafette aufbauen.«

Wir bogen ab. »Hier jetzt bitte nicht fotografieren!« Ein Satz, den ich aus Nordkorea kannte. Der Dänu stoppte, tippte einen Code in ein Zahlenfeld an der Wand und schloss eine Gittertür auf.

»Ja. Das ist ja einiges.« Mehr fiel mir nicht ein. Solche Räume kannte ich aus den Nachrichten. Hatte sofort die Bilder von aufgereihtem metallisch glänzendem Kriegsgerät vor Augen.

Aber das hier war kein Bild, das war echt. Direkt vor mir.

Gleich Stalagmiten in einer Tropfsteinhöhle ragten Granatköpfe, Panzerfäuste und Geschossspitzen vor uns auf. Das Kanonenrohr einer grauen gepanzerten Haubitze zielte auf mich. Über der Panzerung baumelten – wie antipazifistische Winterschals – Patronengurte. Am Boden aufgebockte Maschinengewehre bedrohten sich gegenseitig. An der rückseitigen Wand hingen waagerecht übereinander, als seien es Bootspaddel, ein Dutzend lange Gewehre mit braunen Schulterkolben aus Holz. Die Wand links von uns schätzte ich auf drei Meter. Über ihre gesamte Länge reihten sich Sturmgewehre, Maschinenpistolen und einfache Gewehre mit spitzen Bajonetten aneinander.

»Und das ... hast du ...«, stammelte ich, »wie soll ich sagen ... im Laufe der Jahre nach und nach aus aller Welt ... gesammelt?«

»Das meiste habe ich eigentlich in der Schweiz gekauft oder aus Waffensammlungen erstanden.«

»Und bist du ... sozusagen ... vernetzt? ... Mit anderen Waffen... ähm ... wie soll ich sagen ...«

Der Zeigefinger schoss in die Höhe. »Ich bin kein Waffennarr! Wirklich. Kein Waffennarr! Nicht wie meine Kollegen, die sagen: Geil, Waffen! Geil, Schießen! Geil, geil, geil!«

Ich zuckte zurück.

»Was mich interessiert, ist die Technik«, betonte der Dänu, schloss die Gittertür und stellte den Alarm wieder scharf.

»Aber eins sag ich dir. Du kennst die Bilder von den Stränden in Griechenland. Wie die Heuschrecken fallen die Flüchtlinge über Europa her. Und wenn sie ein Land leer gefressen haben, ziehen sie weiter. Europa wird untergehen.«

»Du bist ja gut ausgestattet.« Ich meinte es als Scherz.

»Ja«, sagte der Dänu, »mich erledigt man nicht so schnell. Ich war Scharfschütze.« Er kletterte eine Stahlleiter hinauf.

»Ich weiß, manche halten mich für verrückt«, rief er von oben. Ich hastete die Leiter hoch, so schnell ich konnte. »Aber in solchen Bunkeranlagen haben unsere Großväter und Väter viele Wochen verbracht. Im Dienst für die Schweiz. Zur Verteidigung unserer Heimat. Und jede Nacht haben sie gehofft, dass sie bald zurückkönnen zu ihren Familien. Das dürfen wir doch nicht vergessen.«

Er öffnete eine kleine quadratische Stahltür.

Auf allen vieren krochen wir durch die Luke und waren auf einmal im Stall hinter den Pferden. Draußen regnete es. Der Apfelbaum glänzte nass. Es herrschte immer noch Frieden.

Welcher <u>Mann</u> mäht mir meine steile Böschung mit meinem Fadenmäher? Alle sechs Wochen ca. 2½–3 Stunden. Gehalt nach Absprache.

Aushang in der Bushaltestelle *Krattingen, Dorf*

Außer Atem erreichte ich die Bushaltestelle. Der nächste NFB 61 kam in 57 Minuten. Im Schutz des Haltestellenholzhäuschens wechselte ich in ein trockenes T-Shirt, das teure aus Merinowolle, das so atmungsaktiv sein sollte. Meine Nase war vollkommen atmungspassiv. Ich schnappte durch den Mund nach Luft. Beim Scharade-Spielen hätten alle sofort gerufen: »Karpfen!«

Ich streifte im Regen durch die umliegenden Straßen. Alle Cafés und Restaurants waren geschlossen – alle beide. Ich kehrte ins Häuschen zurück, hängte meine Windjacke zum Trocknen über den Rucksack. Und begann die Aushänge zu lesen.

Die »Feldenkrais-Werkstatt« in der Scheidgasse in Aeschi hieß zu »Bewusstsein durch Bewegung« willkommen: »Unter mündlicher Anleitung werden wir oft durch erstaunliche Bewegungsabläufe geführt.« Ich fand das bereits schriftlich sehr erstaunlich.

Das »Heimat- und Rebbau Museum Spiez« lud ein zur Sonderausstellung »Altes neu definiert – Ausbildung für die Landwirtschaft-Festung-Häuser-Kunst«.

Die »Liga Leben und Gesundheit« warnte vor »Gefühlen hinter der Mattscheibe« und bot »Wege aus der Depression« an, die Gärtnerei »Bad Heustrich« passend dazu ein »Vielseitiges Sommerflor für Blumenkistli, Rabatten und Friedhof«.

Außer den Zetteln war ein Kistchen an die Wand gepinnt mit

der verwirrenden Aufschrift »Reisnägel«. Da ich keine anderen Verpflichtungen hatte, begann ich die zettelfreien Reißnägel, schweizerisch »Reissnägel«, aus der Wand zu knibbeln und sie in das Kistchen zu legen, dabei inständig hoffend, dass nicht die Frau auftauchte, die einen Mann für ihren Fadenmäher suchte, und mich zwang, Hand an ihrer steilen Böschung anzulegen.

Am Bahnhof Spiez kaufte ich, wie von Amara befohlen, in der Apotheke eine Packung *NeoCitran* und beim Discounter *Denner* mein zNacht: Emmentaler, Weggli und Kinderschokolade. Den Verkäuferinnen schmetterte ich ein verschnupftes »Grüezi wol« entgegen, wie ich es in Gstaad gelernt hatte. Mit ganz weit hinten am Gaumen gebildetem L. Beide Damen antworteten: »Grüssech«. Mit ganz weit hinten im Rachen gebildeten -ch, vor dem ein Mischlaut aus a, i und e tönte, für den die Internationale Lautschrift IPA, die alle Sprachen der Welt abbilden kann, wahrscheinlich gar kein Zeichen kennt.

Der Bus der Linie 1 brachte mich an den äußersten Rand von Spiez. Die Haltestelle oberhalb des Sees umgaben Einfamilienhäuser, Scheunen, Ställe und abschüssige Wiesen. Ich musste durch die Wiesen.

Weil sie sehr freundlich meckerten, verweilte ich trotz Regen und Kälte einige Minuten bei drei gefleckten Ziegen am Wiesenhang und zupfte ihnen Grashalme. Dann wurde ich von einem Toyota-Corolla-Fahrer gefragt, ob ich eine Frau mit Hund gesehen hätte. Hatte ich nicht, überlegte aber, ob ich ihn im Gegenzug nach einer Frau mit Engeln fragen sollte. Er war aber schon weitergefahren, und ich verlief mich noch ein bisschen. Was nicht schön war mit Gliederschmerzen.

Vor einem Kuhstall machte ich kehrt, bog in den einzig noch nicht gegangenen Weg ein. Er endete vor einem Gartentor. Das Schild daran zeigte mir, dass ich richtig war.

Vergiss nicht, dass deine Seele Flügel hat.

Schild am Gartentor in Spiez

Ja, hallo, wer bist *du* denn?« Das sage ich immer, wenn ein fremder Hund auf mich zustürzt. Oder zwei. An der Vordertür hatte niemand auf mein Klopfen reagiert. Jetzt stand ich hinter dem zweistöckigen Haus aus verwittertem, schartigem Holz inmitten eines verwilderten Gartens voller Blumen, Bambus und barbusigen, geflügelten Frauenstatuen und hielt zwei grauen Doggen, die über dem Zaun eines abgetrennten Gartenteils hingen, meine Hand zum Schnuppern hin, in die ich heute schon mehrmals hineingeniest hatte. Empört machten die Doggen »HAU-HAU-HAU!«. Eine neben meinem linken, eine neben meinem rechten Ohr.

Da flog über mir das Fenster auf. Eine Frau meines Alters strahlte mich an. Sie verströmte die Aura eines Indianermädchens und rief in rollendem Niederbayerisch: »Grüß Gott! Gehst gerad zur Vordertür, ich mach dir auf.«

Die Vordertür aus schwarzem Holz war zweigeteilt, wie Türen in Pferdeställen oder Campingwagen. Im Dämmerlicht klimperten Glasperlenvorhänge, mannshohe Buddha-Figuren warfen lange Schatten, an alten Schränken raschelten Kräuterbündel.

»Aua!« Mein Kopf war gegen einen Deckenbalken gedonnert.

»Ja, im 13. Jahrhundert waren's kleiner, gell?«, lachte Fanny, die vermutlich Stefanie hieß und meist erfolglos versuchte, ihr

Niederbayrisch im Zaum zu halten. Eine Lampe, die irgendwo in der Tiefe des Raumes brannte, strahlte sie von hinten an. Ihr schmaler Körper zeichnete sich als Silhouette ab, dort wo das Licht durch den cremeweißen Stoff ihrer Tunikabluse und der weiten Hose fiel, umkränzte sie ein leuchtender Schein. Ihr schwarzes, schimmerndes Haar floss über ihre linke Brustseite bis zum Ledergürtel. »Mir ham gerad ka Licht hier vorn. Ich hab dem Vermieter schon Bescheid gesagt.« Es war also gar nicht ihr eigenes Haus.

Eine schwarze Katze strich um ihre Beine und mauzte mich an.

»Ja, hallo, wer bist *du* denn?«, sagte ich, obwohl sie kein Hund war.

»Des is die Kalea.«

Ich machte einen Schritt auf die Kalea zu und die Kalea einen Satz auf den nächsten Schrank. Fanny lachte.

Wenn ich meinen Kopf zwischen die Deckenbalken steckte, auf denen der Boden der ersten Etage auflag, konnte ich gerade stehen. Die Balken rochen muffig.

Das Erdgeschoss würde ich mit den Katzen teilen, weshalb eines der kleinen Sprossenfenster nur angelehnt werden durfte. Feuchtkalte Regenluft wehte durch den Spalt. Ein schneeweißer, flauschiger Kater, »der Franz«, kauerte sprungbereit auf dem Schrank gegenüber von Kalea. Beide folgten jeder meiner Bewegungen mit ihren großen runden Augen. Eine weiße Katze, »Shona, die Mutigere«, kam aus dem Dunkeln und rieb sich an meiner Hose. Die bot ihren Haaren gern ein neues Zuhause.

»Ich hab ja in deinem Profil gelesen«, ich duckte mich unter einem Deckenbalken hindurch, »du arbeitest mit Engeln.«

»Ach, jetzt hast die ganzen Haare an der Hose. Magst a Fusselrolle haben?«

»Das klopfe ich gleich draußen ab. Was genau machst du beruflich?«

»Du, sei mir net bös, i bin a bissl unruhig grad. Die Jatila hat a ganz schwierige Schwangerschaft. Da kann's jeden Moment losgehen.«

»Ich find schon alles. Fahr du ruhig in die Klinik.«

»Sie kriegt's ja oben.«

Unwillkürlich zog ich den Kopf ein.

»Sie war Anfang des Jahres zusammen mit ihrer Kollegin schwanger, die ist dann dran gestorben, und die Jatila hat a Totgeburt gehabt. Dass sie jetzt scho wieder schwanger ist, haben wir erst gar net gemerkt. Gell Franz, bist a Fleißiger!«

Franz auf dem Schrank leckte eitel seine Pfoten.

»Ich zeig dir eben das Wichtigste, ja?«, sagte Fanny und hielt mir den Glasperlenvorhang auf.

Das Bad war neu und in edler Mosaikoptik gefliest. Kleine Blütenschälchen auf Lavabo und Wanne verbreiteten Duft, kuschlige Handtücher Wohlfühlambiente. Überall steckten handgeschriebene Zettel, die mahnten, auf das Seelenheil zu achten. Alles im Haus sollte Wärme und Geborgenheit vermitteln. Mir jagte es Schauer über den Rücken.

»Das Zimmer is a bissl wie a Höhle«, erklärte Fanny. »I tu mich da manchmal drin zurückziehen.« Es war eine feuchtkalte Kammer, in der ich nur tief gebückt stehen konnte. Eine papierene Stehlampe beleuchtete trübe mein Bett, das rundum bis auf Armlänge von den dunklen Holzwänden bedrängt wurde. In einer Ecke hockte ein steinernes Engelskind mit bis zur Decke reichenden Flügeln. Es umschlang traurig seine Knie.

»Hier kommt die Welt zu dir nach Hause«, meinte Fanny.

»Ach, von mir aus kann die Welt heute draußen bleiben.« Vor dem Sprossenfenster rauschte der Regen. Ich schnaubte in aus dem Bad entwendetes Toilettenpapier.

»Du, magst an Tee haben?«

»Gerne.«

Fanny brachte mir Kräutertee. Ich schüttete einen Beutel *NeoCitran* hinein. Fanny unterdrückte einen Schreckensschrei.

Wenige Minuten später kroch ich zitternd unter die klamme Bettdecke. Irgendwann hörten die Schauer vor dem Fenster und auf meinem Körper auf. Ich fiel durch einen viereckigen Schacht, konnte nicht mehr aufrecht stehen und stolperte über eine Munitionskiste. Das Kind auf dem alten Schrank ließ seine Knie los, breitete seine Flügel aus und sprang schreiend auf mich herab.

Ich fuhr auf. Mir war heiß, alles an mir klebte feucht. Vor der Tür mauzte eine Katze. Ich tastete mich, von Katzen und Buddhas beobachtet, durch meine Wohnhöhle ins Bad. Nahm eine Dusche (Klemmhebel-Kugelgelenk). Aß trockenen Käse und Kinderschokolade. Und bedeckte das traurige Engelskind mit dem gestreiften Badehandtuch meiner Urgroßmutter.

»Dann hab ich gesagt, ich hab diese und diese Vorstellung und des und des Budget – ich bin da, bitte finde mich. Und dann hat mich dieses Haus gefunden.« Fanny lachte ihr perlendes Lachen. Draußen war es noch eher Nacht als Tag.

Wir saßen an dem runden Tisch zwischen Buddha-Diele und offener Küche. Fanny, Kalea, Shona und der Franz schauten mir beim Frühstücken zu. Jatila, oben in der Wohnung, war noch nicht niedergekommen. Eben hatte Fanny erzählt, wie es sie aus Niederbayern in die Schweiz verschlagen hatte. »Wegen a Partnerschaft.« Keine Beziehung, keine große Liebe – eine Partnerschaft. Die endete. Fanny zog mit dem Haus zusammen.

»Wenn man erst mal weiß, was man will«, mein Blick kreiste über dem üppigen, wenngleich vegetarischen Frühstück, »und bereit dafür ist, passiert es auch«, dozierte ich. Ich wollte langsam das Gespräch auf ihre Arbeit lenken.

»Ja, i brauch a Haus zum Wohnen, für die Tiere und für die Arbeit.« Das war das Stichwort.

»Du hast ja viele Tiere hier.« Gleich auf die Arbeit zu kommen wäre zu früh.

»Tja, die Leut wissen, dass ich Platz hab. Und dann heißt es: Hier gibt's noch a Kätzchen in Not, und wir hätten noch a Häschen abzugeben, und dann land't immer alles hier, gell Shona?« Sie hob das weiße Schnurrtier hoch. »Angefangen hat's mit einem Labrador aus einer Notstation in Griechenland. Und als der starb, kamen die Doggen.«

»Gibt's da nie Probleme mit deinen Gästen?« Ich bestrich eine Scheibe Vollkorn-Baguette mit Kräuterquark.

»Ach, die wissen ja, wenn's auf mein Profil schauen, dass i mit Tieren leb. Die Hunde kann ich einsperren, und wer keine Katzen mag, den lassen wir nicht her, gell Shona?« Shona schwieg. »Normalerweise sind die Gäste unkompliziert. Nur Chinesen sind a bisserl anders.« Sie lachte.

»Inwiefern?« Ich pikte meine Gabel in ein Stück Melone.

»Die sind von der Mentalität sehr besitznehmend. Möchten überall dabei sein und alles ganz genau wissen. Am besten sollt ich deren Tagesaufenthalte organisieren und ihnen zehn Sandwichbrote machen. Net unsympathisch, aber anders.«

»Du bist ja auch ein bisschen anders.«

Ich lachte. Sie lachte.

»Fanny, dein Tee hat übrigens wunderbar geholfen. Ich fühl mich fast schon wieder gesund.« Die Gliederschmerzen waren verschwunden, die Nase abgeschwollen und das Halsweh weg.

»Magst no einen? Ich hol heißes Wasser.« Sie ging in die Küche, ich schüttete schnell einen Beutel *NeoCitran* in die Tasse und drapierte das Tee-Ei mit der losen Kräutermischung darüber. Fanny goss auf. »Ui, des sprudelt aber!«

»Was für Kurse finden hier eigentlich statt?«, lenkte ich ab vom Sprudelcitran.

Vor meiner Schlafkammer befand sich ein Zimmer, das mir als »Meditationsraum« vorgestellt worden war. Ein dicker Teppich und unzählige Kissen luden zu bodennahem Aufenthalt ein. Vernünftig stehen konnte man ohnehin nicht.

Das Davonschweben des Geistes unterstützten allerlei esoterische Literatur und Kristalle, Klangschalen und Kuhhörner. Für die Stimmung sorgte eine weihnachtliche Lichterkette.

»Also morgen ist zum Beispiel ein Engel-Energie-Abend.«

Wir schauten uns an. Ich wusste, dass ich nicht lachen durfte, und sie fürchtete, dass ich es tun würde. Ich nahm schnell einen Schluck Neokräutercitran und verbrannte mir den Mund. Besser am Tee als durch eine falsche Bemerkung.

Die Tasse vor den Lippen fragte ich: »Was ... machst du da so?«

»In dem Fall gar nichts. Ich vermiete den Raum regelmäßig. Vielen gefällt das Ambiente hier. Und ich dacht mir, von meiner Arbeit kann ich gut leben, aber das Haus muss sich selber finanzieren, und so biet ich es für Seminare an.«

Sie war schwerer zu knacken als ein Schweizer Banktresor.

»Was könnte ich denn bei dir für Kurse buchen?«, lockte ich mit der Aussicht auf ein Geschäft.

»Ich mach Meditationsrunden nach dem keltischen Jahreskreis, Ayurveda-Medizin, Massagephilosophie, buddhistische Psychologie und so.«

»Was sagt der Bauer nebenan dazu?«

»Ach, die Schweizer sind sehr tolerant, solange du ihre Kreise net störst. Wenn du's tust ... gut, dann endet die Toleranz schnell. Aber vom Bauer die Frau macht Astrologie. Von daher ist ihnen das Metier net fremd. Als eines seiner Kälbchen am Sterben war, haben sie mich angerufen und gesagt: ›Kannst du bitte kommen? Der Mutterkuh geht's schlecht.‹ I mach ja auch Tierkommunikation.«

»Das heißt?«

»I schau halt, was das Thema ist. Ob's wirklich drum geht, dass es stirbt. Oder ob es irgendwas braucht. Es war so, dass die Mama und das Kälbchen Erbärmnis gerufen haben.« Sie sagte wirklich *Erbärmnis*. »Die wollten noch einmal zusammen sein. Das haben wir dann möglich gemacht. Und dann hab ich dem Kälbchen seinen Weg via Energiearbeit geebnet. Es geht ja letztlich immer darum: Welcher Weg ist vorgeschrieben, und wie gehst du diesen Weg leichter?«

Ein Stück Melone ging seinen vorgeschriebenen Weg. Von der Gabel in den Mund und von dort in meinen Magen. Ich erleichterte ihm den Weg, indem ich sorgfältig kaute.

Dann erzählte ich von meiner Freundin Amara, der Heilerin, (und verschwieg, dass sie eigentlich noch keine Berufsbezeichnung gefunden hat). »Sie muss sich immer wieder rechtfertigen für das, was sie tut.«

Fanny nickte. »Für mich war das von Kindheit an meine Normalität, dieses Kommunizieren mit allem, was es gibt. Egal, ob Natur oder Tiere.«

Amara war als Kind fast wie jedes andere.

»Und dann kam das Erwachsenwerden und das Ende der Schule. Dann trifft die Männchen-Welt auf die Weibchen-Welt, und dann bist du plötzlich in diesem Leben und musst dich erst mal sortieren und schauen, wo geht's eigentlich hin?«

Als Amara erwachsen wurde, veränderte sich auf einmal die Welt um sie herum. Wurde lauter, bunter, unübersichtlicher.

»Meine Bekanntenkreise waren immer sehr extrem. Drogenabhängige, Asoziale, die unter der Brücke schliefen, Behinderte, schwule oder lesbische Pärchen. Da hat es keine Rolle gespielt, wie anders ich bin.«

Für Amara spielte es eine Rolle. Immer weniger funktionierte in ihrem Leben wie vorher. Alles war auf einmal für sie gleichwertig wichtig. Sie war unruhig, kaum konzentrationsfähig, leicht reizbar. Sie kam immer weniger mit ihren Mitmenschen zurecht und die nicht mehr mit ihr.

»I find's immer spannend, den Menschen zu begegnen, die von anderen geächtet werden.«

Psychologen diagnostizierten bei Amara einen IQ von 156 – hochbegabt – und Erwachsenen-ADS. Aufmerksamkeits-Defizit-Syndrom. Nach einigen chaotischen Jahren lernte sie besser damit umzugehen und machte schließlich aus ihrer Hypersensibilität einen Beruf.

»Solche Leute sind viel spannender«, sagte Fanny nachdrücklich, »als irgendwelche in Konventionen gepressten Menschen, die dir ins Gesicht lächeln und insgeheim denken: O Mann, ist die schräg.«

Ich fand das auch viel spannender, lächelte ihr ins Gesicht und dachte insgeheim: Ohne Menschen wie Fanny und Amara wäre die Welt ein Reihenhaus.

»Du bist dir sicher?«

Wir standen hinterm Haus. Sie auf der Innenseite des Zauns. Ich außen.

»Auf meine Verantwortung.«

Fanny ging die paar Stufen hoch zur hinteren Haustür. Öffnete sie. Nepomuk und Antara, die kalbshohen, grauen Doggen, jagten die Treppe hinab. Sie wuchteten ihre Vorderpfoten auf den Zaun. »HAU-HAU-HAU ...«

»Ja, hallo, wer bist du denn ...?«

Ihre Neugier siegte über ihre Wachhundverpflichtungen. Außerdem kannten sie mich ja schon von gestern. Nepomuk inspizierte mein rechtes Ohr, Antara hechtete zurück ins Haus. Und kam wieder mit einem roten Kissen im Maul. »Ihr Lieblingskissen. Des is a Vertrauensbeweis.« Fanny öffnete die Zauntür. Ich ging hinein. Nepomuk drehte sich freudig im Kreis. Sein Hinterteil warf mich beinahe um. Ich überschüttete ihn mit Koseworten, er streckte den Kopf und schlabberte mir über den Hals.

»Ui, pass auf!«, warnte Fanny. Ich winkte ab, längst hingerissen. Antara umtänzelte mich, stupste mir das speicheltriefende Kissen in die Hüfte. Ich nahm es ihr aus dem Maul und bedankte mich dafür, indem ich ausgiebig ihren langen grauen Doggenrücken kraulte.

»Und jetzt habe ich einen großen grauen Pfotenabdruck auf meinen guten schwarzen Schuhen«, berichtete ich Amara. Meine Trekkingschuhe waren noch nass vom gestrigen Regen, ich trug sie zeitungsausgestopft im Rucksack.

»Aber du bist da weg?«

»Wo weg?«

»Von der Spinnerin.«

»Sagte die Frau, die behauptet, sie kann Wind machen.«

»Das kann ich auch.«

»Wieso bist du eigentlich schon wach?«

»Ich war im Ausgang. Gerad nach Hause gekommen.«

Es war kurz nach acht. Amara hatte demnach eine Clubnacht hinter sich. Ich wartete auf den Bus zum Bahnhof Spiez. »Heute geht's ins h. Bis zur Spitze der Schleife.«

»Was ... äh ... wie bitte?« Ihr Tick, sich an dieser Stelle immer zu korrigieren, musste Folge einer Kindheit sein mit der ständigen Ermahnung »Das heißt: *Wie bitte!*«

»Meine Route verläuft doch in Schnüärli-Schrift, und da hat das h ein Mäschli«, benutzte ich Vokabeln, die sie mir beigebracht hatte. »Heute fahre ich bis an den obersten Punkt der h-Schleife und treffe um drei in Olten die Charlotte.«

»Wer ist das?«

»Hab ich dir erzählt. Eine Schweizer Filmemacherin, die ich auf der Berlinale kennengelernt habe.«

»Schick mir ein Bild von ihr!«

»Wozu?«

»Spatzeli, ich habe mir den Bunkertypen angeguckt.« Sie sprach nicht weiter, sie wollte, dass ich frage.

»Ja ...?«

»Der ist einfach nur in seinen Bunker verknallt! Aber es hätte auch anders sein können! Deshalb zeig mir vorher die Leute.«

Ich atmete ein und aus. Schwieg.

»Du weißt, dass ich in solchen Dingen richtig liege.«

Zumindest in meinem Fall glaubte ich das gerne. Sie war vor fünf Jahren zufällig (oder, wie sie meint, vom Universum bestimmt) auf mein Profilbild bei Facebook gestoßen. In einer knappen Nachricht setzte sie mich darüber in Kenntnis, dass ich ein außergewöhnliches Wesen hätte, das sie gerne kennenlernen würde. Damals beantwortete ich solche Mails noch.

»Geh nie wieder zu solchen Menschen, ohne mich vorher zu konsultieren. Hast du gehört?«

> Genießen Sie die schöne Aussicht auf Eiger, Mönch und Jungfrau und bis zu 690 weiteren Gipfeln. Dazu der grünschimmernde Brienzersee. Ein wahrer Traum!
>
> Empfehlung in der Luftseilbahnstation Rothorn

Die Schweiz gilt allgemein als Land der Berge. Mindestens ebenso sehr ist sie ein Land der Seen.

Wasser sammelt sich am tiefsten Punkt einer Landschaft. Das kann auch in 2000 Meter Höhe sein, was nichts daran ändert, dass ein See nie schief ist. Ähnlich eben gestaltet sich meist das Ufer drum herum, und wenn der See direkt an eine Felswand stößt, bleibt die Regel bestehen, dass *unten* dort ist, wo sich das Wasser sammelt, und Berge *oben* sind.

Menschen und die von ihnen erfundenen Verkehrsmittel bevorzugen für die Fortbewegung immer *unten*, weil sie viel Energie aufwenden müssen, um nach *oben* zu kommen. Erst beim Bau der Verkehrswege, dann bei deren Benutzung.

Aus all diesen Gründen verlaufen sehr viele Straßen und Bahnstrecken in der Schweiz an Seeufern entlang, und die Reisenden können, sofern sie keine abgestumpften Pendler sind, geisterhafte Nebelschwaden und schaurig schwere Wolken über silbernen Wasserflächen bestaunen oder glitzernde Wellen im Sonnenlicht.

Von Spiez nach Interlaken Ost erfreute ich mich am Nebel über dem Thuner See und von Interlaken Ost bis Brienz an den Wolken über dem Brienzer See. Oft auch an Tunneln. Noch mehr erfreuten sich daran meine chinesischen Mitreisenden, die jede Tunnelwand fotografierten.

Die Chinesen in ihren modischen Klamotten mit den großen Markenlogos sahen eigentlich nicht aus wie Spione, und das TNT, das in den Wänden steckte, wenn es überhaupt noch da steckte, wäre ohnehin nicht zu sehen gewesen. Während des Kalten Krieges präparierte die Schweizer Armee gut zweitausend Brücken und Tunnel in der Schweiz mit Sprengstoff, der diese bei Gefahr eines feindlichen Eindringens, zum Beispiel durch Panzer des Warschauer Paktes, zum Einsturz gebracht hätte. Eine Tradition, der die Schweiz noch 2006 treu blieb. Beim Bau einer neuen Autobahnbrücke nach Deutschland, in der Nähe von Rheinfelden, wurden in den Beton der Brücke Sprengstoffkapseln eingegossen.

Dabei war man längst darüber ins Grübeln geraten, ob diese Methode der Verteidigung noch zeitgemäß ist. Spätestens seit der Brandkatastrophe 2001 im Gotthardtunnel, als zwei LKW zusammenstießen, Feuer fingen und infolge von Rauchentwicklung und über tausend Grad heißen Flammen elf Menschen starben, stellte sich die Frage, was passiert wäre, wenn die drei Tonnen Trinitrotoluol, kurz TNT, die in dem fast 17 Kilometer langen Tunnel deponiert waren, hochgegangen wären. Zwar lagerten Zünder und Sprengkörper getrennt und zum Teil zwölf Meter tief im Felsen, und die Schweizer Armee schloss kategorisch die Gefahr einer Explosion aus, aber bei der Wiederherstellung des Tunnels entfernten Spezialfirmen dann doch lieber die Ka-Wumm-Ware. Für immer. Im Oktober 2014 wurde die letzte Rheinbrücke nach Deutschland von Sprengstoff befreit. Heißt es.

In Brienz stiegen die Chinesen wider Erwarten nicht aus. Dafür versuchte das ein alter Mann. Er stand ratlos in seinen wuchtigen Bergschuhen auf der letzten Trittstufe des Eisenbahnwagens und wusste nicht, wie er den Höhenunterschied zwischen Stufe und Bahnsteig überwinden sollte. Seinen Gehstock auf die nächsthöhere Stufe gestützt, drehte er den Rücken zum Bahnsteig, tauchte einen Fuß in die Tiefe, zog ihn zurück und probierte es mit dem anderen, der ebenso wenig den Boden erreichte. Während ich überlegte, ob mein Eingreifen ihn entmündigen würde, eilte der Schaffner herbei und half beim Hinabsteigen.

Hinaufzusteigen auf die vielen Berge kam den Menschen in den Alpen lange Zeit nicht in den Sinn. Da war ja nichts. Und Aussicht macht nicht satt.

Solange die Täler genug Wasser, Anbau- und Weideflächen boten, bestand für die Bevölkerung kein Grund, Zeit und Energie fürs Bergsteigen zu verschwenden. Ganz davon abgesehen, dass die gewaltigen Gesteinsformationen den Menschen Angst machten.

Deshalb trugen die Berge und Gipfel der Alpen lange Zeit gar keine Bezeichnungen. Sie standen einfach da und begrenzten den Lebensraum der Menschen im Tal. Wie Zimmerwände – denen geben wir ja auch keine Namen.

Wo in vorrömischer Zeit das Vieh auf höhergelegene Bergwiesen getrieben wurde, bekamen allerdings diese zur besseren Orientierung und zur Regelung von Nutzungs- und Besitzverhältnissen Namen. Um im größeren Maßstab den Überblick zu behalten, wurden zusätzlich einige markante Berggipfel benannt, meist nach den Bergweiden. Zudem waren an Handels- und Transitwegen eindeutige Orientierungspunkte nötig. Da diese Namen aber niemand aufschrieb, gerieten viele wieder in Vergessenheit.

Die zweite Benennungswelle der Schweizer Berge begann im Mittelalter. Der Handel weitete sich aus, die Bevölkerungszahl stieg, in den Tälern wurde es eng, und die Alpenbewohner trieben nicht nur ihr Vieh im Sommer auf die Almen, sondern zogen bald selbst in höhere Lagen. Die im Zuge dessen entstehenden Namen blieben erhalten, weil sie aufgeschrieben oder in Karten eingetragen wurden.

Auch einige exotische Bezeichnungen hatten Schweizer Berge und Pässe zwischenzeitlich wohl getragen. Schließlich mussten sich die Ungarn orientieren, als sie 926 in der Ostschweiz einfielen und St. Gallen, an der Wildschweinstirn, in Schutt und Asche legten. Etwa zur selben Zeit bestürmten die Araber das Wallis in den Hinterbeinen und das heutige Graubünden in der Wildschweinschnauze.

Bis heute kommen die Araber in Scharen, diesmal der schönen Berge wegen, an denen es bei ihnen daheim eher mangelt. Weshalb ihnen auch kleine Dampflokomotiven wie die der Rothornbahn fremd sind, die mit eifrigem »Tschugge-tagge-tschugge-tagge-tschugge-tagge« kleine rote Wagen vor sich herschieben.

Immer wieder drehte der Junge drei Bänke vor mir den Kopf nach hinten, um nachzuschauen, ob das fauchende Stampfmaschinchen am Ende unseres Wagens explodierte. Er saß mit seinen Eltern, der Vater in Poloshirt und Stoffhose, die Mutter bis auf einen Augenschlitz voll verschleiert, ganz vorn. An der Kasse hatte der Vater erzählt, sie kämen aus Bahrein.

Die roten Wagen des Zuges waren eher Loren mit gelben, quer zur Fahrtrichtung montierten Plastikbänken, deren Eiseskälte mich nötigte, das zusammengefaltete Badehandtuch meiner Urgroßmutter unters Gesäß zu schieben. Jeden Wagen überwölbte ein gläsernes Dach, in dem sich einzelne Segmente für frische Luft und freien Blick nach oben schieben ließen. Der Nieselregen kam dadurch auch besser herein.

Ich saß auf der vorletzten Bank, hinter mir der alte Mann, der vorhin voller Mühe aus dem Zug gestiegen war. Bis zur Abfahrt hatte er alle zwei Minuten sein Handy herausgeholt, dessen Zeit mit seiner Armbanduhr verglichen und beide mit der auf seiner Fahrkarte aufgedruckten Abfahrtszeit. Weil er schlecht sah, beäugte er alle drei durch ein Vergrößerungsglas.

Ziel unserer Fahrt für 54 Franken war das 2350 Meter hohe Brienzer Rothorn. Auf der 7,6 Kilometer langen Strecke muss die Rothornbahn allerdings nur 1678 Höhenmeter überwinden, da die Talstation Brienz selbst schon 566 Meter über dem

Meeresspiegel liegt. Die Strecke hat Steigungen von 25 Prozent, und wo es weniger sind, ist es noch immer so steil, dass sich die Lok-Konstrukteure im 19. Jahrhundert etwas einfallen lassen mussten, damit ihre Loks auf den Berg kamen. Denn haben die Räder nicht mehr genug Haftung auf den Schienen, drehen sie bergauf durch, und bergab rutschen sie.

Deshalb wurde die Zahnradbahn erfunden, in verschiedenen Varianten. Bei der Rothornbahn verläuft in der Mitte des Gleises eine Zahnstange, in deren Aussparungen das unter der Lok montierte Zahnrad greift. Auf diese Weise grabbelt sie sich langsam nach oben. Zahnradbahnen bewältigen Steigungen von bis zu 48 Prozent. Mehr als die Hälfte eines rechten Winkels. Die Steigung verursacht ein weiteres Problem: Bei Dampfloks konventioneller Bauart läge der Kesselzylinder hinten tiefer als vorne, das Wasser wäre nicht mehr gleichmäßig verteilt, die Erzeugung stetigen Dampfdrucks gefährdet. Also setzten die Ingenieure auf das Fahrgestell einen Aufbau, der hinten höher ist als vorne. Solange die Lokfront bergauf zeigt, liegt der Zylinder annähernd gerade auf der schiefen Strecke.

Wir tschuggelten schon eine halbe Stunde in Joggingtempo den Berg hinauf, waren erst durch Laubwald gefahren, dann durch einige Tunnel und ratterten nun durch einen Tannenforst. Je höher wir kamen, desto dunstiger wurde es. Ob es Nebelschwaden waren oder Wolken, war schlecht zu entscheiden. Physikalisch sind sie dasselbe: dichte Ansammlungen kleiner Wassertropfen.

Meine Vorfreude ließ ich mir davon nicht vermiesen. Das Rothorn bietet den Ausblick auf das berühmteste Gipfeltrio der Schweiz: Eiger, Mönch und Jungfrau. Meine Hoffnungen ruhten auf der Tatsache, dass sich das Wetter im Gebirge schnell ändert.

Mehr und mehr verschwanden die Tannen im Nebel. Die Kühe, die am Schienenstrang weideten und die ich mit ausgestrecktem Arm hätte berühren können, wurden fast verschluckt. Je nachdem, wie herum sie grasten, ragten Kopf oder Hinterteil aus dem weißen Dunst.

»Kein guetes Wettr, odr?«, sprach ich den alten Mann hinter mir an, aus Höflichkeit in etwas, das nach einem Schweizer Dialekt klingen sollte. Er goutierte meine Fremdsprachenkenntnisse mit: »Hä?«

Auf Hochdeutsch wiederholte ich meine Frage. Er zuckte die Schultern: »Alpewätter.« Ihm machte die feuchte Kälte nichts aus.

Ich zog beide Pullover und die Windjacke über und bedeckte die Beine mit meinem Kapuzenshirt. Die arabische Mutter hielt den Jungen mit beiden Armen umschlungen, ihr Mann in seinem Poloshirt sich selbst.

Wir erreichten die Planalp auf 1341 Metern. *Alp* (oder *Alb*) bedeutete im Alemannischen »Berg« und später »Bergweide«. Die Bezeichnung »Alpen« leitet sich davon ab. Die Alm ist eine Lautverschleifung von Alb/Alp.

Der Zug kam zischend zum Stehen. Der alte Mann versuchte eines der Dachsegmente nach oben zu schieben. Ich half ihm. Er kramte einen Fotoapparat aus seinem Rucksack und lehnte sich über die hüfthohe Wagenwand. Damit er erkennen konnte, was er fotografierte – nämlich den Lokführer, der den Arm eines Wasserkrans über den Dampfkessel der Lok schwenkte –, klappte der alte Mann an seiner Kamera eine Lupe hoch.

Auf der Planalp müssen die Loks neues Wasser fassen. Seit der Eröffnung der Strecke 1892 wurden alle durchnummeriert. Unsere trug eine goldene 16 auf ihrer moosgrünen Flanke, obwohl bisher erst fünfzehn Loks im Einsatz waren. Die 13 wurde aus Aberglauben ausgelassen. Ab Nummer 12 stammen die Dampfloks aus den neunziger Jahren und sind nicht mehr kohle-, sondern ölbefeuert, das spart den Heizer.

Der alte Mann sank zurück auf seine Bank. Gemeinsam zogen wir das Dachsegment herunter.

»Fahren Sie oft hier hoch?« Ich musste gegen die Lok anbrüllen, die wieder loszufauchen begann.

»S isch s eerscht Maal.«

»Meines auch!«

Menschen wie wir leiteten die dritte Phase der Bergbenennung ein: Touristen. Wenngleich der alte Mann als Einheimischer nur halb zählte. Denn es waren natürlich nicht Einheimische, die aus reinem Vergnügen stunden- oder gar tagelang durch die Berge zogen. Die ersten Schweiz-Touristen kamen Ende des 18. Jahrhunderts aus England. Junge Adlige, die es schick fanden, durch Festlandeuropa zu reisen. Goethe tat dasselbe und weckte mit den Erzählungen über seine Schweiz-Reisen in Deutschland die Lust auf die eidgenössische Landschaft.

Die Folge: neue Bergnamen und die weite Verbreitung der schon vorhandenen. Der Brite Edward Whymper bestieg im Sommer 1865 als Erster das Matterhorn. Der »Alpinismus« genannte Bergsteigersport blühte auf.

Thomas Cook, ein britischer Abstinenzler und Reiseveranstalter, der Reisen deshalb veranstaltete, weil er britische Arbeiter vom Wochenendbesäufnis abhalten wollte, hatte bereits 1863 die erste Pauschalreise in die Schweiz arrangiert. Nicht zuletzt empfahlen europäische Ärzte das heilende Klima der wilden Bergwelt.

Die Schweizer standen dem Treiben der Fremden, die Dinge taten, die den wenigsten in den Sinn gekommen wären, einerseits skeptisch gegenüber, andererseits erkannten sie bald, dass sie an den Fremden verdienen konnten. Die acht abenteuerlustigen englischen Männer und Frauen, die mit Thomas Cook durch die Schweiz reisten, wurden aufs Heftigste von bettelnden Schweizern bedrängt. Die Schweizer waren arm damals. Eine Teilnehmerin der Cook-Reise vertraute ihrem Tagebuch an, das Gebiet der Schweiz sei das »erbärmlichste und betrübendste im nördlichen Europa«.

Davon war heute nichts zu sehen. Gar nichts. Nur weißer Dunst. Aus dem tauchte der Eingang einer Höhle auf: die in den Fels gehauene Rothorn-Station. Sie liegt auf 2245 Metern Höhe, etwa hundert Meter unterhalb des Gipfels.

Auch wenn sie oft denselben Namen tragen, wird zwischen Berg und Gipfel unterschieden. Ein Berg reicht von der Talsohle bis zur höchsten Alp, der Gipfel ist die höchste Erhebung darüber. Es sei denn, diese höchste Erhebung ragt mindestens hundert Meter (oder auch dreihundert, Alpinisten streiten da gerne) über die Hauptbergmasse hinaus, dann gilt der Gipfel wiederum als Berg. Je nach Ausformung kann ein Berg mehrere Gipfel besitzen, die dann in Haupt-, Neben- und Vorgipfel unterschieden werden.

Die Familie aus Bahrein stieg aus und erkundigte sich beim Lokführer, wann es wieder zurückginge. Der Lokführer empfahl ihnen, die Wartezeit im Panoramarestaurant zu verbringen.

Der alte Mann und ich huckten unsere Rucksäcke auf. Ich meinen aus ultraleichter Kunstfaser, er seinen aus derben grünem Baumwollstoff.

»Hätten wir uns besser einen anderen Tag ausgesucht, was?«

Er schwieg. Ich half ihm aus dem Zug. Er bedankte sich, setzte den Gehstock neben seine Füße, blickte zu mir auf: »Ich ha hüt Geburtstaag!«

Ich brauchte einen Moment, bis ich mich auf das Naheliegende besann: »Herzlichen Glückwunsch!«

Warm und weich umschloss seine Hand meine.

»Darf ich fragen, wie alt Sie werden?«

»Füfenüünzg.«

»Fünfundneuzig?! Wow! Was machen Sie Schönes hier oben?«

Er legte den Kopf in den Nacken und hob – die Finger halb gekrümmt – eine imaginäre Flasche an die Lippen.

Ich hätte ihn fragen können, warum er nicht mit Freunden feierte oder seiner Familie und wem er seine Fotos zeigen wird. Ich hätte ihm Gesellschaft leisten können.

Ich ließ ihn seinen Geburtstag feiern, wie er ihn geplant hatte, und glaube, dass es richtig war.

Hunde müssen die Tickets für die Brienzer Bahn separat lösen.

Aushang in der Luftseilbahnstation Brienzer Rothorn

Mein Kopf verfehlte um Zentimeter die Türklinke der Unisextoilette. Beim Versuch, mir meine Schlafhose unter die Trekkinghose zu ziehen, ohne dabei den klebrigen Fußboden mit meinen Sockenfüßen zu berühren, war ich polternd umgefallen. Misstrauisch beäugte mich die verhüllte Mutter aus Bahrein, als ich, endlich wärmer angezogen, den WC-Container der Rothorn-Station verließ. Neben ihr hüpfte der Sohn mit zusammengekniffenen Beinen. Sein Vater bot unterdessen dem Lokführer größere Geldbeträge für eine frühere Rückfahrt vom Nebelberg. Schweizer Regeln setzen Araber gerne mal außer Kraft. Weihnachten 2015 brach sich der frühere Emir von Katar beim Urlaub in Marokko das Bein. Da man bei derlei Unfällen sofort ins nächste Krankenhaus muss, ließ sich der Emir von Marrakesch nach Zürich fliegen, wo sein Airbus trotz Nachtflugverbot um 00:30 Uhr landen durfte, begleitet von zwei weiteren Regierungsmaschinen.

Den Lokführer der Rothorn-Bahn konnte Geld nicht locken. Für ihn zählte allein der Fahrplan.

Ein Thermometer zeigte sechs Grad an. Recht frisch für August. Auf einem breiten Schild studierte ich sorgfältig all die Namen der Berge, die ich wegen Nebels nicht sah, und stapfte am Restaurant vorbei zur Bergstation der Luftseilbahn, die auf der anderen Seite des Rothorns hinab nach Sörenberg fuhr.

Die paar Meter bis zum Gipfelkreuz sparte ich mir. Ärgerlicherweise. Denn der Seilbahnführer berichtete mir, seinem einzigen Fahrgast, dass eben eine Herde Steinböcke ums Gipfelkreuz geklettert sei. Selbst für ihn, der seit zwanzig Jahren die busgroße Pendelbahnkabine hoch- und runterfährt, ein besonderes Erlebnis.

In der Talstation ließ ich mir von einem Kaffeeautomaten eine heiße Suppe zubereiten. Mit zwei Schlucken verbrannte ich mir meine Zunge und schmeckte danach zum Glück nichts mehr.

Während der Stunde, die ich auf den 241er PostAuto-Bus nach Schüpfheim wartete, löste niemand ein Ticket für die Brienzer Luftseilbahn. Nicht mal ein Hund.

Das Wappen von Schüpfheim zeigt drei weiße Flügel auf rotem Grund. Kein Mensch weiß, warum. Im Gemeindeporträt fabuliert man daher hemmungslos von »seinem Rot als Farbe der Liebe und seinen weissen Flügeln als Symbol von reiner Lebensqualität«.

Am grauen Schüpfheimer Bahnhof war davon wenig zu sehen. Ich stieg in den Zug nach Wolhusen, wo es ein Tropenhaus gibt, das von einem ehemaligen Gefängnislehrer betrieben wird und für das mir die Zeit fehlte. Im Bahnhofskiosk von Wolhusen schmetterte ich der Verkäuferin ein zünftiges »Grüssech« entgegen, wie ich es in Spiez gelernt hatte. Sie antwortete mit einem kurzen »Grüezi«. Anscheinend hatte ich schon wieder eine Dialektgrenze überschritten.

Ich kaufte ein Sandwich und die *Zentralschweiz am Sonntag*.

Im 64er Bus der RottalAutoBus AG nach Ruswil erfuhr ich unter der Überschrift »Chinesen sorgen in Ebikon für Unmut«, dass chinesische Touristen überall hinspucken und chinesische Gastarbeiter, statt sich an die Waschpläne zu halten, die Waschmaschine nutzen, »wann immer es ihnen passt!«.

Danach verbrachte ich einige Zeit an der Haltestelle Ruswil, Rottalcenter. Die Front des gegenüberliegenden Centers bestand aus mehreren Giebeldreiecken. Darunter reihten sich von links nach rechts: »Die Post«, das »Brillen-Paradies Renggli«, die »Bäckerei-Konditorei Erni«, die Kantonalbank und der Coop. Menschen sah ich keine.

Ruswils Sonntagsruhe täuschte. Kriege nahmen hier ihren Anfang. Kriege voller Blut, Schweiz und Tränen! Wie der Zwiebelkrieg 1513, als Tausende wütende Bauern von Ruswil aus gegen Luzern zogen und die vor den Stadtmauern gelegenen Gemüsegärten verwüsteten. Oder der Käferkrieg 1799. Da flogen viele Maikäfer durch die Schweiz, was dem Krieg seinen Namen gab, und es erhoben sich die Ruswiler Bauern gegen die ein Jahr zuvor, nach Einmarsch der Franzosen, gegründete Helvetische Republik. Erfolglos. Der Ruswiler Aufstand wurde niedergeschlagen, der oberste Ruswiler Rädelsführer hingerichtet.

Bis heute hat in Ruswil, der Gemeinde mit den meisten Bauern der Schweiz, der Kampfgeist der Vorväter überlebt. Der größte Arbeitgeber in Ruswil heißt *Krieger AG*. Die gibt laut Website mit ihrer »StallVision3000 Antworten auf viele Fragen beim Investieren«. Und zwar in Sachen »Kuhkomfort«. Denn »eine zufriedene Kuh gibt mehr und lieber Milch«.

Bis der Bus 62 der RottalAutobus AG Richtung Sursee kam, vertrieb ich mir die Zeit mit »Muuuh«-machen. Mein schönstes Muh speicherte ich als Nachrichten-Klingelton auf meinem Handy.

Diesem Anflug von Spott über die Schweiz folgte gleich darauf die Strafe.

**Wer bei Olten nur »Bahnhof« versteht,
steigt lieber aus.**

Hausprospekt des Astoria-Hotels in Olten

Sehr vereinfacht lassen sich die vier großen Sprachräume des Schweizerdeutschen den Himmelsrichtungen zuordnen. Allerdings leicht verdreht, denn: Einfach ist nichts in der Schweiz.

Es wird unterschieden in Nordwest-, Südwest-, Nordost- und Südostschweizerdeutsch, wobei das Bündner Walserdeutsch zwar geographisch im Südosten beheimatet ist, linguistisch jedoch zum Südwestschweizerdeutschen gehört, weil es auf das Walliserdeutsch im Hinterbein des Wildschweins zurückgeht, das außer Wallisern niemand versteht. Sagen zumindest alle Nichtwalliser. Ich hätte das gerne überprüft. Doch leider führte mich meine Reiseroute nicht ins Wallis, was schon deshalb bedauerlich war, weil dort Kampfkühe gezüchtet werden, die bei von Tausenden Menschen besuchten und von Kampfkuhzuchtverbandsvorsitzenden beaufsichtigten Wettkämpfen versuchen, sich Stirn an Stirn gegenseitig aus dem Kampfkreis zu schieben. Ein Spektakel wilder Bedächtigkeit, das alljährlich im Mai stattfindet.

Meine heutige Tagesetappe endete in einer guten halben Stunde. Ich musste bloß noch in Sursee in den Zug nach Olten umsteigen, wo mich Charlotte am Bahnhof erwartete. Jenem Bahnhof, der nach Zürich HB der Bahnhof mit den meisten Zughalten der Schweiz ist. Allerdings wohnen in Zürich über 400 000 Menschen und in Olten gerade mal 16 000.

Aus allen vier Schweizer Sprachraumrichtungen fahren Züge nach und über Olten, jeweils im Halb- und Ein-Stunden-Takt. Diese günstige Erreichbarkeit hat dafür gesorgt, dass erstens sämtliche Personenwagen der Schweizerischen Bundesbahnen in Olten gewartet werden und zweitens Olten, speziell das Bahnhofsbuffet, zu einem beliebten Treffpunkt von Privat- und Geschäftsleuten wurde, weshalb Allwelts-Schweizerdeutsch, das keinem Dialektraum mehr eindeutig zugeordnet werden kann, gerne verunglimpft wird als »Bahnhofbuffet-Olten-Dialekt«.

Inzwischen hat der Begriff eine Wandlung zum Positiven erfahren, zumindest bei Linguisten und Werbesprechern, die unter »Bahnhofbuffet-Olten-Dialekt« ein allseits verständliches Schweizerdeutsch verstehen, das nur wenige hassen. Denn die einzelnen Sprachräume sind einander in herzlicher Abneigung zugetan, was überregionale Fernseh- und Radiowerbung erschwert. Zürchern eine Wurst auf Baseldeutsch anzupreisen kurbelt nicht unbedingt den Absatz an. Hinzu kommt, dass sich innerhalb jedes Sprachraumes Dialektvarianten herausgebildet haben, die sich teilweise von Dorf zu Dorf unterscheiden.

»Scheiße!« wird in allen Sprachräumen verstanden, wenngleich selten positiv aufgenommen – das war den Mienen meiner Mitreisenden deutlich anzusehen. Meine Entgleisung unterlief mir unmittelbar nach Abfahrt des Zuges aus Sursee. Kurz spielte ich mit dem Gedanken, die Notbremse zu ziehen. Vielleicht entgleiste dann auch der Zug, und ich konnte aussteigen.

Ich war am Bahnhof Sursee aus dem Bus gehechtet, hatte in der Lautsprecherdurchsage etwas von »Olten« gehört und war voller Freude, dass ich einen Zug eher als geplant erwischte, in den abfahrbereiten Regionalexpress gesprungen, an dem »Basel–Olten–Luzern« stand.

»Scheiße!«, rief ich, als ich im Zug das Fahrtziel »Luzern«

las. Ich schlug wütend mit der Faust gegen meinen Beckenknochen. Das tat weh. Viel mehr schmerzte, dass ich nach einer Woche und 39-mal fehlerfreiem Umsteigen ausgerechnet die Stadt, in der sich alle trafen, verfehlte.

Bis Luzern hielt der Zug nicht mehr, und ich suchte im Internet die nächste Verbindung zurück. Sie ging zwei Minuten nach meiner Ankunft in Luzern. Ich schrieb Charlotte, um wie viel ich mich verspätete. Gleich darauf machte mein Handy Muh. Charlotte meinte, ich solle mich nicht ärgern.

Ich ärgerte mich aber.

Der Bahnhof Luzern, dies wurde bei der Einfahrt klar, war ein Kopfbahnhof, dessen Bahnsteige nicht unterirdisch in der Mitte, sondern nur auf einer Seite wie die Zinken eines Kammes verbunden waren. Und ich saß im vorletzten Wagen.

Mit hoppelndem Rucksack rannte ich den ganzen Bahnsteig nach vorne. Vier Bahnsteige weiter machte ich – der Schaffner pfiff schon, aber Ordnung muss sein – rennend ein Foto von mir und dem Bahnhofsschild und warf mich im letzten Augenblick in die Bahn nach Olten.

Mein Schnüürlischrift-h hatte an seinem Mäschli ein fieses Stacheli bekommen.

Harus, harus, Eidgenossen harus!

Führergruß der Schweizer Frontisten

Ach, das freut mich sehr, wir haben einen Berliner im Haus. Ich war nicht oft, aber immer gern in dieser Stadt.«

»Pappa, dr Krischttjan verschtoot Schwyzerdütsch.«

»Aber Charlotte, es macht mir überhaupt nichts aus. Sie müssen wissen, ich habe Germanistik studiert. Und was soll schlecht sein an der Sprache von Goethe, Thomas Mann und Nietzsche. Vielleicht wollen Sie sich noch die Hände waschen. Schauen Sie, hier haben Sie gleich die Gelegenheit dafür.«

Er führte mich zu einem Waschbecken in der Diele des Einfamilienhauses, in das mich Charlotte zum Kaffee bei ihren Eltern eingeladen hatte.

Bei Charlottes Vater, Ende siebzig, mischte sich die Unerschütterlichkeit eines preußischen Offiziers mit der Eleganz eines pensionierten Balletttänzers. »Nun kommen Sie in den Wintergarten, meine Frau hat uns die Kaffeetafel gedeckt. Holst du den Kuchen, Marianne?!«

Charlottes Mutter, ihrem Aussehen nach mindestens anderthalb Jahrzehnte jünger, überließ ihrem Mann das Kommando und hielt doch still die Zügel in der Hand.

Sie tat mir Kuchen auf, er erzählte. Nachdem er erfuhr, dass ich in Ostberlin aufgewachsen war, erzählte er, wie er für seine Forschungen über Goethe öfter in die DDR gereist war.

»Und deswegen wurde mein Vater fichiert«, sagte Charlotte. Ich ahnte, was sie meinte.

»Nun, es war so, wir hatten in der Schweiz die PdA, die Partei der Arbeit. Die war 1944 von Schweizer Kommunisten gegründet worden und saß bis zum Zusammenbruch des Ostblocks in vielen kantonalen Parlamenten – in Zürich, Basel-Stadt, Tessin, Waadt und Neuenburg, wenn ich mich recht entsinne.«

»Und in Genf«, ergänzte Marianne. Sie tat mir ein weiteres Stück Kuchen auf.

»Genf, selbstverständlich.« Der Professor legte für einen Moment die Hand auf ihren Arm. »Der Basler Vertreter der PdA, ein Herr Hofer, betrieb ein Reisebüro in Basel, und als ich zum ersten Mal nach Weimar wollte für meine Goethe-Studien, bin ich zu dem gegangen und habe gesagt: Herr Hofer, wie komme ich in die DDR? Können Sie mir den Fahrplan zusammenstellen? Das hat er sehr gut gemacht. Aber ich hatte dadurch Kontakt zu den Schweizer Kommunisten.«

»Vergiss nicht das Buch mit deinen Studenten«, warf Charlotte ein. Sie schenkte mir Tee nach.

»Ja, das verhielt sich folgendermaßen: Ich war Assistent an der Uni Basel und machte mit den Studenten ein Buch über die Sprachen der Schweiz. Dafür haben wir Gespräche geführt mit Schweizer Gegenwartsautoren. Das Buch hatte, weil es ums Schweizerische ging, einen roten Umschlag und weiße Buchstaben. Und als ich dann an einer anderen Uni Kandidat wurde für eine Dozentenstelle, hat die Kommission, die über meine Bewerbung entschied, gesagt: Der ist ein Krypto-Kommunist! Nur wegen diesem roten Buch, das vielleicht ein bisschen aussah, nicht wahr, wie die Mao-Bibel.«

Mein Handy machte Muh. Ich schob es unauffällig unter den Oberschenkel, um den Professor nicht zu unterbrechen.

»Was für ein Unsinn! Den Umschlag hatte der Verlag entworfen. Aber man stufte nun mich als gefährlich ein und fertigte ein Dossier über mich an.«

»Diese Dossiers wurden Fichen genannt. Deshalb heißt es fichieren«, erklärte Charlotte.

Es muhte unter meinem Oberschenkel.

»Und es kam zu einer zweiten Unmöglichkeit: Ich bewarb mich an der Universität Fribourg für eine Professorenstelle. Nun heiße ich aber Grünberg, und da dachten sie, ich sei Jude. Was bei mir nicht zutrifft, aber in den sechziger Jahren waren in Wissenschaftskreisen noch immer ein paar Schweizer Altnazis am Ruder. So bekam ich hier keinen Zugang zu einer höheren Laufbahn. Dabei habe ich ja Germanistik studiert, um die Sprache von Goethe und Schiller ein Stück weit zu rehabilitieren, die hier als Sprache der Unmenschen galt.«

»Muuuh!«

Ich presste das Handy mit dem Schenkel ins Stuhlpolster. Wer schickte denn da ständig Nachrichten?

»Später haben sie dich rehabilitiert und an den Lehrstuhl berufen«, soufflierte Charlotte.

»Ja, aber da wollte ich auch nicht mehr und arbeitete weiter in Frankreich und Deutschland.«

»Wir hatten ja auch Nazi-Parteien in der Schweiz.« Diesmal war es Marianne, die das Stichwort lieferte zu Geschichten, die Mutter und Tochter schon oft gehört haben mussten. Ich lauschte umso gebannter, mit dem – das war angemessen – rechten Ohr, während mein linkes ganz auf den Eingang neuer Nachrichten gerichtet war. Eigentlich kam nur eine Absenderin dafür in Frage.

»Die Schweizer Nationalsozialisten nannte man Frontisten, weil die meisten irgendwas mit Front hießen. An sich sehr albern, nicht wahr? Die Bewegung zeichnete etwas sehr Schweizerisches aus: Sie war extrem zersplittert. Wir hatten über zwanzig Nazi-Parteien. Das müssen Sie sich mal vorstellen! Von Seiten Deutschlands hat die deshalb niemand ernstgenommen. Das widersprach ja völlig dem deutschen Prinzip: Ein Reich, ein Führer. Nehmen Sie noch vom Kuchen.«

Ich nahm vom Kuchen.

»Die größte Partei war wohl die Nationale Front. Die entstand Anfang der Dreißigerjahre in der Uni Zürich.«

»Ach, das ist ja lustig«, entfuhr es mir.

Familie Grünberg schaute irritiert. Mein Handy muhte.

»Ich meine, weil wir in der DDR auch eine Nationale Front hatten, die aber ganz dem Aufbau des Sozialismus verpflichtet war. Darin waren die Kandidaten für die Wahl der Volkskammer zusammengefasst. Unserem ...«, ich zeichnete Gänsefüßchen in die Luft, »... Parlament.«

»Ja, da sehen Sie, dass Worte nur Hülsen sind, die jeder nach Belieben füllen kann.«

»Und«, fiel mir noch ein, »von der Nationalen Front bekam man die Goldene Hausnummer.«

Darauf wusste niemand etwas zu sagen.

»Als Auszeichnung. Wenn die Hauseingänge schön gefegt und die Beete geharkt waren.«

»Ja, also hier grüßte sich die Nationale Front mit ›Harus!‹« Er streckte den rechten Arm vor. »Das geht auf einen altschweizerischen Schlachtruf zurück und wird gerne als *heraus* übersetzt, was etymologisch nicht zu halten ist. Man findet ihn in alten Volksliedern und Gedichten. Die Frontisten bezogen sich ja auf die mittelalterlichen Freiheitskämpfer. Hier in Olten hatten wir eine starke Frontistenbewegung.«

»Mein Vater wurde 1936 geboren. Das heißt, er ging während der Kriegszeit zur Schule«, sagte Charlotte zu mir. Und zu ihm: »Ihr hattet Angst, dass ihr auf die Liste kommt, oder?«

»Welche Liste?«, fragte ich.

»Wenn die Deutschen gekommen wären, hätten die Frontisten ihnen Namenslisten übergeben, auf denen alle standen, die ins Lager kommen sollten. Zum Beispiel Juden.«

»Deswegen trugen meine Geschwister und ich Täfelchen aus Bakelit um den Hals; auf meinem stand: ›Paul Arthur Grünberg, römisch-katholisch‹. Mein Vater hatte einen Stammbaum erstellen lassen, aus dem hervorging, dass wir Grünbergs seit dem 14. Jahrhundert Christen sind. Als Kind dachte ich, das hat er erfunden, aber ich habe später im Staatsarchiv nachgeschaut. Es stimmt. Jeden Abend, wenn wir gebetet haben, haben meine Eltern gesagt: ›Wenn die Deutschen kommen, müsst ihr euer Täfelchen vorzeigen.‹«

Was für eine Aussicht! Die Sonne tauchte das von grünen Höhenzügen umgebene Tal in goldenes Licht. Alles schien zu strahlen: die kleinen Häuser, die grünen Wälder und das Atomkraftwerk.

In Charlottes VW Polo waren wir unterwegs zur Fortifikation Hauenstein. Ich ärgerte mich, dass ich bei ihren Eltern versäumt hatte, zur Toilette zu gehen. Nicht aus naheliegenden Gründen, sondern weil ich dort ungestört Amaras Nachrichtenflut hätte lesen können.

»Kernkraftwerk Gösgen«, sagte Charlotte und stoppte den Wagen. »Im Sommer, wenn der Wasserstand wegen der Schneeschmelze am höchsten ist, exportieren wir Strom aus Wasserkraft. Im Winter erzeugen wir zu wenig, trotz fünf AKWs, und müssen Atomstrom aus Frankreich einkaufen.«

»Warum baut ihr nicht mehr Wasserkraftwerke? Ihr habt doch Wasser ohne Ende.« Unauffällig entsperrte ich mein Handy mit dem Daumen.

»Wir sind ein kleines Land. Da protestieren sofort Bauern und Tourismusverbände. Bei Windrädern ist das noch extremer.« Charlotte fuhr weiter, ich öffnete das Chatprogramm.

»Der Bundesrat hat nach Fukushima zwar den Ausstieg aus der Atomkraft beschlossen. Aber erst bis zum Ende der sogenannten sicherheitstechnischen Betriebsdauer. Das kann also noch sechzig Jahre dauern.«

»Ah ja ...« Amara hatte insgesamt fünfzehn Nachrichten geschickt.

»Das AKW Beznau mussten sie aber runterfahren.«

»Kaputt?« Allein Amaras letzte Nachricht war länger, als das Display anzeigen konnte.

»Beznau I ist das älteste aktive Kernkraftwerk der Welt. Ich glaube, seit '69 in Betrieb. Es steht auf einer Insel in der Aare. Vor kurzem haben sie da tausend millimetergroße Löcher in der Reaktorwand entdeckt. Deshalb gehen manche nicht mehr in der Aare schwimmen.«

»Was?«, sah ich alarmiert auf. Ich war in der Aare geschwommen.

»Sie fürchten, es tritt belastetes Kühlwasser aus.«

»Ich kann es daher nicht verantworten, dich dieser Gefahr auszusetzen«, lautete Amaras letzter Satz.

Das Schiessen wird täglich von 1200–1330 unterbrochen.

Departement für Verteidigung, Bevölkerungsschutz und Sport

Von rechts über die Hügelkuppe, hinab in die Senke und links wieder hinauf durchzog den Wald wie eine unendliche klaffende Wunde ein Schützengraben. Die Gleichmäßigkeit der von Mauern flankierten Spalte lockerten Treppenstufen, Ausstiege und Unterstände auf.

»Das ging fast dreißig Kilometer durch die Landschaft und war Teil der Limmatstellung, die die Schweiz nach Norden absicherte. Komm!« Leichtfüßig bahnte sich Charlotte den Weg über Stock und historischen Stein. Sie war Ende dreißig, von schmaler Gestalt und wirkte ein wenig verloren in ihrem grauen Trenchcoat. Aus ihrem festgesteckten dunklen Haar hatten sich ein paar Strähnen gelöst, die im Wind flatterten. Ihr forscher Schritt verriet das Mädchen, das hier einst Verstecken gespielt, die Eltern erschreckt und den Bruder gejagt hatte – und deswegen jeden Pfad durchs Unterholz kannte.

»Der deutsche Kaiser und die Schweiz hatten ein gutes Verhältnis. Aber die Franzosen entwickelten den sogenannten Plan H und wollten über die Schweiz nach Süddeutschland einmarschieren. General Wille hat das vorausgesehen.«

»Der mit der lesbischen Frau?«

»Mit der lesbischen Tochter und Enkelin!«

»Ach, stimmt ...« Charlottes Vater hatte die Familiengeschichte des Schweizer Oberbefehlshabers während des Ersten Weltkriegs rückwärts aufgedröselt. Angefangen bei

Thomas Mann, dessen Kinder Klaus und besonders Erika enge Freunde von Willes Enkelin Anne-Marie Schwarzenbach waren. Die war Schriftstellerin, Journalistin, depressiv, morphinsüchtig, lesbisch und links. Und sie hasste ihre Mutter Renee Schwarzenbach-Wille. Die Hitler toll fand. 1923 traf Renee ihn bei einer von ihrem Bruder in Zürich veranstalteten Hitler-Spendenparty und vertraute ihrem Tagebuch an, dieser »Hittler« sei »äusserst sympathisch«.

Umgekehrt wäre das vielleicht anders gewesen, denn Renee Schwarzenbach-Wille, verheiratet mit dem Seidenfabrikanten Schwarzenbach, pflegte genauso offen, wie sie für die Nazis schwärmte, ihre Liebesbeziehung zu der Münchner Wagner-Sängerin Emmy Krüger. Die begeisterte Fotografin Renee fertige unzählige erotische Aufnahmen von sich und ihrer Geliebten an und knipste darüber hinaus über zehntausend weitere Fotos, in denen sie ihr Leben dokumentierte. Komischerweise nahmen weder ihre Nazifreunde noch konservative Gesellschaftskreise damals Anstoß an ihrer Zuneigung zu Frauen. Ihr Vater, Ullrich Wille, gratulierte seiner Tochter sogar zu der »vortrefflichen Freundin«.

»Vorsicht!«, rief Charlotte. Altes Laub machte den Waldboden rutschig. Wir kletterten in den meterbreiten Graben zwischen den Mauern. »Da müsste eine Jahreszahl ...«

»... ja, hier!«

»Sappeur – Depot-Komp. IV/22 – 19 Auszug 14« war in eine Zementplatte geprägt.

»Sappeure waren die Bauleute der Armee. Die Pläne für solche Sperranlagen lagen ja schon lange in der Schublade, da konnten sie 1914 gleich loslegen. Die schufteten den ganzen Krieg lang rund um die Uhr. Die Gräben mussten größtenteils aus dem Fels gesprengt werden. Dazu kamen neue Straßen, Munitionsdepots ...« Charlotte unterbrach sich und lachte. »Jetzt rede ich schon wie mein Vater. Der hat uns bei jedem Sonntagsspaziergang Vorträge gehalten.«

»Dafür, dass da tausende Kinder und Spaziergänger herumgeklettert sind«, sagte ich, »ist das gut erhalten.«

»Oh, das sieht nur hier am Spitzenflüeli so aus. Der größte Teil der Fortifikation wurde zugeschüttet oder hat sich im Laufe der Jahre mit Blättern und Erde ... Hast du dir weh getan?«

»Geht schon.« Ich war – beim heimlichen Lesen von Amaras Nachrichten – über eine unterm Laub verborgene Stufe gestolpert und vornübergefallen. Zum Glück ins weiche Laub. »Wer legte die Gräben wieder frei?«, fragte ich und klopfte Blätter und Erde von der Hose.

»Darum kümmert sich ein sehr rühriger wehrgeschichtlicher Verein namens *Rost und Grünspan*.« Charlotte schmunzelte. »Das ist wohl Schweizer Humor ...«

»Gekämpft wurde hier nie, oder?«

»Nein. Aber ohne General Wille wären wir überrannt worden.«

Der große Retter der Schweiz war gebürtiger Hamburger.

Drei Jahre nach seiner Geburt wanderte die Familie 1851 in die Schweiz aus, woher sie ursprünglich stammte. Ullrich Wille machte Karriere in der Armee, heiratete eine Deutsche aus der Bismarck-Familie und reformierte in seiner Eigenschaft als Oberinstruktor die Schweizer Armee nach preußischem Vorbild. Oberstes Gebot wurden Drill und Disziplin. Die Gegner von Wille sahen in der »Soldatenschinderei« einen Verrat der demokratischen Selbstbestimmung der Schweizer. Von Ränkespielen zermürbt, verließ Wille den aktiven Dienst kurz vor der Jahrhundertwende. Bald darauf wurde er zurückgeholt und durfte Ende 1912 dem deutschen Kaiser Wilhelm II. bei einem Manöver vorführen, mit welcher Schlagkraft die Schweizer gewillt waren, ihre Neutralität zu verteidigen. Als 1914 der Krieg ausbrach, trat Wille mit 66 Jahren als einer von mehreren Kandidaten zur Generalswahl an, die nach der allgemeinen Mobilmachung notwendig geworden war.

Seinen Oberbefehlshaber wählt das Schweizer Volk nicht direkt, sondern durch seine Vertreter in Stände- und Nationalrat, die zusammen die Bundesversammlung bilden. Auf gleiche Art kam General Guisan 1939 nach Ausbruch des Zweiten Weltkriegs an die Spitze der Schweizer Armee.

Am Abstimmungstag, dem 3. August 1914, wurde schnell klar, dass viele Nationalräte den deutschfreundlichen Ulrich Wille ablehnten, vor allem die französischsprachigen Westschweizer. Erregt debattierten die Volksvertreter, wer das Schweizer Volk in den Krieg führen sollte. Da sich keine Einigung abzeichnete, wurde ein Tagesordnungspunkt vorgezogen, und man stimmte erst einmal ab über die Einführung des Fünffrankenscheines.

Der Wind rauschte durch die hohen Kronen der Buchen. Energisch warnte ein Eichelhäher seine Vogelkollegen vor uns. Ich schnaufte wie die Rothornbahn. Durch Schützengräben zu klettern und gegen eine Erkältung zu kämpfen verlangte meinem Körper alles ab. »Lass uns mal Pause machen«, bat ich.

Wir setzten uns auf einen Mauerrand. Unsere Beine baumelten im Graben.

»Mein Onkel, der Bruder meiner Mutter, erzählte uns oft von den Pfingstlagern der Pfadis am General-Wille-Haus. Meine Mutter ärgert sich noch heute, dass sie damals nicht mitdurfte, weil sie ein Mädchen war.«

»Was ist das General-Wille-Haus?«

»Ursprünglich eine Unterkunft für Soldaten. Heute übernachten da Pfadfinder und Wandergruppen.«

»Es ist schon auffällig, wie stolz die Schweizer auf ihre Generäle sind«, sagte ich. »General Guisan, General Wille ...«

»Na ja, das ist natürlich schon ein Thema in der Schule. Die Schweiz gegen den Rest der Welt. Vielleicht liegt es auch daran, dass die Oberbefehlshaber quasi vom Volk gewählt wurden. Das ist etwas sehr Spezielles der Schweiz. Diese Verantwortung des Volkes für sich selbst.«

Bei der Generalswahl am 3. August 1914 übernahm auch Ulrich Wille Verantwortung für sich selbst. Am späten Nachmittag suchte er den letzten verbliebenen Gegenkandidaten Theophil Sprecher von Bernegg auf. Der hatte ab 1907 die Schweizer Armee neu geordnet und maßgeblichen Einfluss gehabt auf eine militärische Befestigung der Schweiz und den Ausbau der Rhätischen Bahn als strategisch wichtiges Transportmittel zwischen den Tälern des Gotthardmassivs.

Sprecher war der Favorit der Nationalräte und übte bereits für seine Vereidigungsrede. Wille flehte Sprecher an, von der Kandidatur zurückzutreten, und drückte auf die Tränendrüse: Wenn er, Wille, die Wahl verliere, könne er, der sein Leben dem Militär gewidmet habe, nicht mehr vor Frau und Kinder treten. Sprecher juckte das nicht. Wille zog härtere Saiten auf und drohte, Sprecher nach der Wahl durch eine Pressekampagne anzugreifen. Sprecher erkannte, dass er unter solchen Bedingungen kein durchsetzungsstarker Oberbefehlshaber sein könnte, und zog seine Kandidatur zurück. Kurz darauf wurde Wille, nun der einzige Kandidat, mit 122 von 185 gültigen Stimmen ganz demokratisch zum General gewählt.

Charlotte lenkte mich über ausgebaute Wanderwege, die uns einen Weltkrieg weiterbringen sollten und die mir erlaubten, gefahrlos Amaras Nachrichtenflut zu überfliegen. Sie begann mit der Frage: »Wieso kapierst du nicht, dass ich bestimmte Dinge einfach weiss?« Ohne ß. Amara war ja Schweizerin. Ansonsten zeichnet sie eine makellose Rechtschreibung aus. Sie warnte: »Du kannst dich nicht immer auf dein Glück verlassen. Wenn du mir vorher gesagt hättest, was du vorhast, hätte ich dich beraten können. Du weisst, dass mir viele Leute einen Haufen Kohle dafür bezahlen, und von dir verlange ich nichts. Du musst jetzt ...«

»... wenn man es nicht weiß«, endete Charlotte. Ich sah auf. Über einer Böschung am Waldrand ragte ein viereckiger Felsen von der Größe eines Wohnwagens auf. An zwei Seiten waren die Wände wellig und schartig wie Felsgestein, die beiden anderen bildeten einen glatten rechten Winkel.

»Bunker Challhöchi«, stellte Charlotte vor.

»Da darf der Feind aber nicht von der falschen Seite angreifen«, scherzte ich.

Charlotte machte ein säuerliches Gesicht. Ich würdigte offensichtlich zu wenig die Leistung der Altvorderen.

»Warte ab, bis du den nächsten siehst. Oder nicht siehst.«

Am Ende des Weges weitete sich die Landschaft. Wellentäler aus Wiesen und Wäldern bis zum Horizont. Einen breiten Wiesenhang vor uns teilte ein Streifen von senkrecht in der Erde steckenden Eisenbahnschienen.

»Panzersperren. Im Zweiten Weltkrieg verstärkten sie die Anlagen aus dem Ersten.«

Oben am Ende des Wiesenhanges, wo der Wald begann, stand eine Holzhütte.

»Ah, das General-Wille-Haus«, rief ich naseweis. Abgesehen von den kniehohen Eisenbahnschienen, die in Fünferreihen den Hang hinauf aus dem Boden ragten, bot sich eine herrliche Aussicht über das Land. Es fiel leicht, sich dort oben Pfadfinder in der Abendsonne beim Gitarrenspiel am Lagerfeuer vorzustellen.

Wir stiegen hoch zur Hütte. Stabil gebaut aus quergeschichteten Holstämmen. Unter dem Ziegeldach kleine weißgerahmte Fenster mit grünen Läden. Ich konnte bereits die Maserung des Holzes erkennen.

»Das General-Wille-Haus ...«, Charlotte blieb stehen, drehte sich um und deutete ins Tal, »steht dort drüben.«

Ein schlichtes Steinhaus mit flachem Satteldach, drei Etagen hoch. »Das hier«, sie drehte sich zur Hütte, »ist der Rüeblikeller. Warum der so heißt, habe ich leider vergessen.«

Es war ein Bunker. Seinen Betonkern umspannte bemalter Drahtputz. Selbst aus wenigen Metern täuschte seine Tarnung.

Die Blockhausfassade, die dunklen Fensterscheiben, die grünen Läden – alles war aufgemalt. Schöpfer dieser Täuschung war Tarnungsmaler Willy Eggenberger, der als »Maler im technischen Dienst« ab 1944 unzählige Bunker, Stolleneingänge und Schießscharten nach vorher sorgfältig angelegten Planungsskizzen in Ställe, Scheunen, Bienenhäuser oder Ferienchalets verwandelte.

Was beim Rüeblikeller von vorn wie die eine Hälfte eines Satteldaches aussah, erwies sich von hinten als balkengestützte Schräge. An den Seiten des Betonkastens stieg das Gelände an, so dass wir an der Rückfront auf Höhe der Bunkeroberkante liefen. Hier lagen auf dem Waldboden verkohlte Holzscheite – Reste eines Lagerfeuers.

Der Bunker auf der Kallhöhe bei Eptingen – ein schaurigschöner Ort zum Würstchengrillen.

Ab 1943 war der Bunker einsatzbereit. Teile der Fassadenbespannung lassen sich abklappen, dahinter verbergen sich quadratische, trichterförmige Schießscharten für Kanonengeschütz und Maschinengewehr. 13 Wehrmänner taten Dienst im Bunker. Der Schlafraum bot einem Drittel davon Platz. Die anderen guckten, ob der Feind kam. Der kam aber nie, und die Soldaten empfanden die Langeweile in den Bunkern quälender als die Angst vor einem Angriff.

Allein im Kanton Basel-Stadt und im Kanton Basel-Landschaft, zu dem der Rüeblikeller gehört, stehen über 1000 ausgediente Verteidigungsanlagen zuzüglich der noch genutzten. Aus dem Rüeblikeller wurde bis 1960 geschossen. Zu Übungszwecken.

Heute üben die Soldaten ganz in der Nähe im angrenzenden Kanton Solothurn.

Charlotte hatte neben dreieckigen Panzersperren aus Beton geparkt. Direkt darüber informierte ein Aushang des *Eidgenössischen Departments für Verteidigung, Bevölkerungsschutz und Sport* über die »Schiesszeiten Schiessplatz Spittelberg«. Werktags wurde von 7 Uhr 30 bis 22 Uhr geschossen. Außer in der Mittagspause.

Laut dem »Sachplan Waffen und Schiessplätze« des Kantons Solothurn ist die Anlage vorgesehen »für Infanteriewaffen ohne Bogenschusswaffen«. Tell hätte dort also nicht das Treffen eines Apfels üben können. Dafür war der Schießplatz ausgestattet mit »Handgranatenständen, Widerstandsnestern und Trefferanzeigenanlagen«.

Bis heute ist Olten es wert, verteidigt zu werden. Nicht allein wegen seines Bahnhofes. In Olten lagern 20 Meter unter einem unscheinbaren Bürogebäude der *SIX Security Services Bank* Wertschriften und Gold im Wert von 200 Milliarden Schweizer Franken.

Um acht löste ich im Hotel meinen letzten Beutel *NeoCitran* auf. Das lauwarme Gebräu schlürfend, las ich noch einmal Amaras Nachrichten. Nach den Auslassungen über ihre besonderen Fähigkeiten und meine angebliche Ignoranz derselben stellte sie sich ihrer selbstauferlegten Beratungsverantwortung und zerpflückte meine Pläne, den i-Punkt durch eine Hubschrauberlandung zu setzen. Es sei »komplett hirnrissig«.

Sie machte einen Gegenvorschlag. Und legte dar, weshalb dieser die einzige sinnvolle Lösung sei.

Es war bestechend logisch.

In der nächsten Nachricht legte sie ebenso ausführlich dar, warum sie mir von ihrer Idee abriet.

Und es war wiederum absolut logisch.

Mein lieber Holmes,
ich verfolgte den Hund bis zur Kirche (Skizze 1). Danach verloren sich seine Spuren, siehe Skizze 2 (leeres Blatt).

Brief von Jeremias, 13.4.1987

Aua!«, jaulte ich auf. Meine Mutter hatte mir die Spitze einer Sicherheitsnadel in die Schulter gerammt, anstatt damit das nächste Geschirrtuch auf meinem Rücken festzustecken.

Auf meinem Kopf saß Opas Angelhut, dessen Krempe an den Seiten nach oben geklappt und festgenäht war.

Opa drückte mir seine Pfeife in die Hand, die er zuletzt im Zweiten Weltkrieg geraucht hatte. Ein Calabash-Modell, das Laien sofort als Sherlock-Holmes-Pfeife identifizieren würden. Die Pfeife war das einzig echte Requisit meiner Kostümierung.

Die braunen Streifen, die sich auf den ansonsten weißen Geschirrtüchern kreuzten, erzeugten ein Muster, das nur bei gutem Willen an »kariert« erinnerte. Den umgenähten Angelhut für die berühmte Deerstalker-Mütze zu halten erforderte viel Phantasie. Und wäre uns bewusst gewesen, dass Calabash-Pfeife und Deerstalker-Mütze in den Holmes-Geschichten nie erwähnt werden, hätten wir uns wohl weniger Mühe gegeben.

»Und jetzt schau nach links«, forderte Opa mich auf. Ich sah schnell nach, in welchem Handballen der Splitter saß, und drehte meinen Kopf in die richtige Richtung.

Opa kontrollierte Brennweite und Schärfe am Kameraobjektiv, drückte den Auslöser, der aufgesteckte Blitz sirrte, flammte auf, und die Kamera bannte auf OrwoColor-Film das Bild eines zehnjährigen Sherlock Holmes mit Geschirrtuchumhang, Angelhut und Pfeife.

Am liebsten wäre ich gleich nach dem Frühstück von Olten südwärts ohne Umsteigen durchgesaust. Doch erst musste ich die h-Schleife zu Ende fahren und deshalb den Umweg über Langenthal, Wolhusen und Luzern nehmen. Zum Leidwesen der anderen Fahrgäste wippte ich ununterbrochen mit dem Knie, trommelte mit den Fingern und sah ständig auf dem Handy nach, wie spät es war. Amara schlief noch, so dass keine Nachfragen eingingen, warum ich ihre i-Punkt-Analyse nicht beantwortet hätte.

Dann. Endlich.

»Mein lieber Watson, habe soeben nach einigen Finten, um etwaige Verfolger abzuschütteln, Meiringen erreicht. S.H.«

Briefe dieser Art habe ich vor fast dreißig Jahren mit Namen und Adresse des Meisterdetektivs gestempelt. Den Stempel hatte eigens ein Stempelmacher angefertigt, der mit fünf Mark West bestochen werden musste, weil er das knappe Material eigentlich nur für DDR-Betriebe verwenden durfte.

Leider unterlief mir beim Aufschreiben der Adresse für den Stempelmacher ein Fehler. Infolgedessen lautete die Adresse, die ich stempelte, nicht »Baker Street«, sondern »Barker Street«, was Dr. Watson, bei dem es sich in Wirklichkeit um meinen Schulfreund Jeremias handelte, zu viel Häme veranlasste.

In jahrelangem Brief- und Postkartenwechsel tauschten wir uns über verdächtige Gestalten aus, schickten einander Fluchtwegskizzen entkommener Verbrecher und Listen gesammelter Indizien.

Meiringen. Ein Ort, der für Holmesianer den gleichen schaurigen Klang besitzt wie Dartmoor. Der Landschaft, in der *Der Hund der Baskervilles* für Angst und Schrecken sorgte.

Jeder Holmesianer weiß natürlich, dass *Der Hund VON Bas-*

kerville ein Übersetzungsfehler ist. Baskerville ist ein Familienname, kein Ort.

Was 1891 angeblich in Meiringen geschah, erzürnte die Leser der Detektivgeschichten des schottischen Arztes Arthur Conan Doyle derart, dass das, was man heute Shitstorm nennt, über den Autor hinwegfegte. »You beast!« gehörte noch zu den freundlicheren Briefanreden.

Die Schmalspurzüge der Zentralbahn kommen nach Meiringen über den auf 1008 Metern gelegenen Brünigpass. Er verbindet den Kanton Obwalden im Norden mit dem Berner Oberland im Süden, zu dem Meiringen gehört. Wegen der Steigung fährt die Bahn an einigen Stellen mit Zahnradunterstützung.

Meiringen lag im Haslital zwischen zwei dunklen Bergketten, aus denen helle, fast weiße Felsen vorsprangen, die den Eindruck erweckten, die Berge wollten das 4000-Einwohner-Dorf fressen. In Meiringens bedrohlichen Bergen befindet sich die derzeit einzige noch aktive Flugzeugkaverne der Schweiz. Bis zu einem Dutzend F/A-18-Kampfflugzeuge sind dort in drei Felsenstollen stationiert.

Vom Meiringer Kopfbahnhof waren es nur wenige Schritte zum Sherlock-Holmes-Museum, vor dem ich um elf vor verschlossener Tür stand. Das Museum, untergebracht im Keller der Englischen Kirche, öffnete erst um halb zwei. Ein guter Detektiv hätte das möglicherweise vorher herausbekommen.

Wenigstens wusste ich, dass die kleine Kirche wegen der vielen englischen Feriengäste 1868 errichtet wurde. Das benachbarte Hotel Wilder Mann stellte einen Bauplatz in seinem Garten zur Verfügung. An den Baukosten beteiligte sich mit 1250 Franken auch Queen Victoria. Jene Königin, die noch zu Holmes' Zeiten regierte und von der mein Schulfreund Jeremias so begeistert war, dass er sein Meerschweinchen nach ihr benannte: Victoria Elisabeth, kurz VicEli.

Zur Legende in Meiringen wurde einer der Pastoren der

Kirche, Reverend Horsley, der ab 1907 Hunderte Engländer dorthin lotste und ihnen verschiedene Aufgaben stellte, wie etwa das Anlegen eines Alpengartens in einem Suppenteller. Seine Enkelinnen führen diese Tradition bis heute fort. Im Ersten Weltkrieg durften in der Kirche internierte britische Soldaten Gottesdienst feiern, allerdings ohne die Glocken zu läuten. Danach versiegte der Touristenstrom von der Insel. Die Kirche diente dem Hotel du Suvage, vormals Wilder Mann, als Flaschenlager, später bildete es darin Kellner aus. 1974 übernahm die Gemeinde Meiringen die entweihte Kirche und richtete eine Galerie ein. 1991 zog das Sherlock-Holmes-Museum in den Keller.

Ich beschloss, zuerst in mein Hotel zu ziehen – ins Sherlock-Holmes-Hotel – und nachmittags wiederzukehren.

Am Sherlock-Holmes-Denkmal hinter dem Museum reihte ich mich in eine Schlange wartender Japanerinnen ein.

Chinesen und Japaner unterschied ich, abgesehen von Sprache und Physiognomie, am Outfit. Trugen sie Luxusmarken, zu große oder zu coole Sonnenbrillen oder bei Sonnenschein einen Regenschirm, dann waren es Chinesen.

Die jungen Frauen am Holmes-Denkmal waren eher praktisch gekleidet. Ihr Schnattern durchdrang regelmäßig ein bejahendes »Hai«. Sherlock Holmes ist in Japan äußerst populär. Beim größten TV-Sender NHK General TV läuft sehr erfolgreich eine Puppenserie mit dem Meisterdetektiv. Sie erzählt die gemeinsame Schulzeit von Holmes und Watson (die sie nie hatten).

Vor der lebensgroßen Statue von Holmes wollten wir uns alle fotografieren. Die Japanerinnen sich gegenseitig, ich mich mit Selbstauslöser. Die Statue zeigte Holmes pfeiferauchend in klassischer Erscheinung. Seine Beine spreizte er, was nachvollziehbar war, denn die Gestaltung seines bronzenen Schritts verriet: Der Meisterdetektiv hatte eine Erektion.

Die jungen Japanerinnen ließen es sich nicht nehmen, den

Meisterdetektiv da, wo er es vermutlich gar nicht mochte, kichernd zu streicheln.

Mein Hotel sah ich schon von weitem. Geschnitzte Holzbalken, die das vorgezogene Dach stützten, kleine Gauben, eine angewitterte Fassade, die von vielen kalten Wintern in den letzten hundert Jahren kündete, und eine Veranda für eine gemütliche Tea-Time – all das bot mein Hotel nicht. Sondern das vor sich hin rottende Hotel Hirschen gegenüber. Ein Bauzaun verhinderte jedoch den Zutritt.

Das Sherlock-Holmes-Hotel dagegen war ein sechs Etagen hoher Betonbau mit dem Charme eines Kühlschranks. Den Namen legitimierte einzig ein Holmes-Konterfei auf der Fassade. Innen wurde es nicht besser. Was als »Hausbibliothek« gepriesen wurde, waren zwei über Eck stehende IKEA-Regale mit von Hotelgästen vergessenen Büchern. Ein einziges handelte von Holmes. Die Lobby überspannte eine nackte Betondecke. Die meisten Krankenhäuser sind gemütlicher.

In meinem Zimmer warf ich mich aufs Bett. Ein geschlossenes Museum, ein lüsterner Sherlock und ein Schummel-Hotel.

Der kleine Junge, der viele Jahre ein großer Detektiv gewesen war, fand Meiringen doof.

Mehr als einmal, wenn ich mit den Händen unvermittelt Grasbüschel herausriss oder mein Fuß in den nassen Spalten des Felsens wegrutschte, dachte ich, es sei aus mit mir.

Sherlock Holmes in *Das leere Haus*

Denken Sie bitte daran, die letzte Bahn geht von den Wasserfällen um 17 Uhr 10 zurück!« Die Schaffnerin und Steuerfrau der Reichenbach-Bahn drückte die Münzen fürs Wechselgeld aus den Röhren ihrer umgehängten Kasse und händigte mir Hin- und Rückfahrkarte aus.

Nach einem ausgiebigen Mittagsschlaf, geschuldet den Ausflügen und dem neunmaligen Umsteigen am Vortag, hatte ich ob des trockenen Wetters meine Tagespläne umgeworfen und war zu dem berühmten Wasserfall aufgebrochen. Das Sherlock-Holmes-Museum konnte ich auch morgen bei Regen besuchen.

Arthur Conan Doyle, der Schöpfer des Meisterdetektivs, musste zum Wasserfall noch laufen. Er begleitete 1893 seine an Tuberkulose erkrankte Frau zu einem Kuraufenthalt in die Schweiz. Sechs Jahre schon hatte Doyle Holmes-Geschichten geschrieben und inzwischen die Nase voll davon. Er wollte sich endlich wichtigeren Werken widmen. Überhöhte Honorarforderungen schreckten seinen Verleger nicht, die Holmes-Storys als Fortsetzungsreihe im *Strand Magazine* waren ein Renner.

Doyle musste sich etwas einfallen lassen.

Der Besuch des Reichbachfalls brachte ihm die Erleuchtung. Im Dezember 1893 notierte er in seinem Tagebuch: »Killed Holmes.«

Ein Drahtseil zog unseren kleinen roten Wagen auf Schienen den Berg hinauf. Um die Steigung auszugleichen, glich der Wagen einer Treppe auf Rädern. Auf jeder Stufe standen zwei Holzbänke einander gegenüber. Vierundzwanzig Fahrgäste passten in den Wagen. Tatsächlich drin saßen vier – mit mir – und die Schaffner-Fahrerin. Ein Gestänge hielt ein Dach über dem ansonsten offenen Gefährt.

Auf der Hälfte der von Felswänden bedrängten Strecke begegneten wir an der Ausweichstelle dem Wagen der Gegenrichtung. Angestiftet von den Schaffner-Fahrerinnen winkten wir uns jauchzend zu.

In der Bergstation hingen Zeitungsartikel von den Aktivitäten der *Sherlock Holmes Society of London*. Zwei Schauspieler stellten auf Fotos die Ereignisse am Reichenbachfall nach. Das Kostüm des Holmes-Darstellers wirkte nicht authentischer als meines vor dreißig Jahren.

Ich trat aus dem kleinen Stationsgebäude.

Augenblicklich sah ich nichts mehr. Gischt benetzte die Gläser meiner Brille. Mit dem Ärmel meines Kapuzenpullovers wischte ich sie frei, doch ich hatte die Brille noch nicht auf der Nase, da waren sie wieder eingenebelt. Wenigstens hörte ich den Wasserfall, der wenige Meter entfernt hinabdonnerte. Etwas deutlicher sah ich vor mir einen Sherlock-Holmes-Aufsteller aus Sperrholz. Holmes trug Lippenstift und Lidschatten und hatte ein Kind an der Hand.

»Perfetto!«, rief der Mann, der mit Frau und Kind mit mir hier heraufgefahren war. Er nahm die Digicam herunter und seine Frau ihren Kopf aus der Gesichtsaussparung. Das Kind an ihrer Hand quengelte. Es wollte schnellstens aus dem Gischtnebel.

»Auch ein Foto?«, fragte mich die Schaffner-Fahrerin.

»Nein danke.«

»Vergessen Sie nicht: Um siebzehn Uhr zehn geht's zurück!«

Ich stellte meinen Handywecker auf Viertel vor fünf und stieg Eltern und Kind auf dem Fußweg nach, der sich um den hufeisenförmigen Bergeinschnitt, in dem das Wasser fiel, herumwandte. Auf der anderen Seite der Schlucht, in luftiger Höhe, markierte ein Stern am Weggeländer die Stelle, wo Holmes gekämpft hatte. Dorthin wollte ich.

Warum ich mich bereits als Kind für Sherlock Holmes begeisterte, hatte wohl auch damit zu tun, dass uns eine Gemeinsamkeit verband: Unser größter Widersacher war ein Mathematiklehrer. Bei mir Frau Blum, bei Holmes Professor Moriaty, der »Napoleon des Verbrechens«.

Im Frühjahr 1891 steht Holmes kurz vor dem Sieg über Moriaty. Allerdings bedrängen Moriaty und seine Schergen Holmes aufs Ärgste, und der Jäger sieht sich gezwungen, vor den Gejagten die Flucht zu ergreifen. Der Falle, die er gestellt hat, glaubt Holmes, kann Moriaty ohnehin nicht mehr entrinnen. Den Rest soll die Londoner Polizei erledigen.

In Begleitung von Watson reist Holmes nach Frankreich – und erfährt in Strasbourg: Moriaty konnte entkommen.

Watson bleibt, trotz der Gefahr durch den auf Rache sinnenden Moriaty, an Holmes' Seite. Beide wandern von Genf aus durch die Schweiz und nehmen am Abend des 3. Mai in Meiringen Quartier im Englischen Hof.

Vorbild dafür war das Hotel, in dem Autor Arthur Conan Doyle abgestiegen war: jenes neben der Englischen Kirche, heute Parkhotel du Savage. Ein Prachtbau, der 19. Jahrhundert atmet. Das wäre die standesgemäße Herberge für mich gewesen.

Auf Empfehlung des Besitzers des Englischen Hofes machen Holmes und Watson am 4. Mai auf ihrer Wanderung zum Weiler Rosenlaui oberhalb von Meiringen einen Umweg über den Reichenbachfall. Unterwegs holt sie ein Botenjunge ein. Eine sterbende Engländerin verlangt den Beistand eines englischen

Arztes. Dr. Watson eilt zur Hilfe. Holmes geht mit dem Jungen weiter. Kaum ist Watson außer Sicht, rennt der Junge davon.

Auch ich wurde verlassen. Die Familie vor mir machte kehrt. Ich stieg auf der Suche nach der Stelle mit dem Stern weiter hinauf und schoss auf dem Weg um die Schlucht Fotos aus allen Winkeln.

In drei Kaskaden fiel das Wasser in die Tiefe. Es waren genaugenommen drei Wasserfälle. Der oberste ist mit 120 Metern der längste. Im Frühjahr, bei Schneeschmelze, musste es noch beeindruckender sein. Gleichwohl wirkte es schön schaurig. Weiß und wütend brauste das Wasser in die schwarze Schlucht. Graue Wolken hingen unheilschwanger darüber. Wind fuhr in die Tannen, deren Wurzeln sich ins Gestein krallten.

Ich griff nach meinem Handy. Nicht, dass ich die Bahn um siebzehn Uhr zehn verpasste. Dann müsste ich hier einsam übernachten.

Nicht lange einsam bleibt Holmes, nachdem sich der Botenjunge aus dem Staub gemacht hatte. Er hat längst kombiniert, dass die angeblich kranke Engländerin im Hotel ein Schwindel war, um Watson wegzulocken. Hinter Holmes taucht eine finstere Gestalt auf: Professor Moriaty.

»Scheiße!«

Es gab kein Zurück mehr.

Es war siebzehn Uhr eins. Selbst wenn ich rannte, in neun Minuten schaffte ich es niemals zur Bergstation. Das Wasserrauschen hatte meinen Wecker übertönt. Was nun?

Holmes kritzelt Watson ein paar letzte Zeilen auf ein Blatt seines Notizbuches.

Ich konnte Amara nichts schreiben. Kein Notizbuch. Kein Handy-Empfang.

Eines hatte ich Holmes allerdings voraus. Mir schnitt kein Moriaty den Weg ab. Mich wollte niemand in den Tod reißen.

Der felsige Pfad vor mir schlängelte sich durch den Tann. Ihn mussten Holmes und Watson von Meiringen aus heraufgegangen sein. Damals endete er als Sackgasse, wo heute die Bergstation ist. Meiringen, das ich durch die Bäume unten im Tal erspähte, sah gar nicht so fern aus. Für die 244 Höhenmeter hatte die Bahn nur sieben Minuten gebraucht. Konnte demnach sehr weit nicht sein.

Es begann zu nieseln.

Der Untergrund bestand aus unebenem Felsgestein mit kleinen Steinen dazwischen, die bei Berührung talwärts kullerten. Links vom Weg fiel ein tannenbestandener Hang ab, rechts stieg steil der Berg auf. Schon damals musste es hier so ausgesehen haben, als Moriaty und Holmes miteinander rangen und in die tosenden Fluten stürzten. Mir fiel ein, dass ich die mit dem weißen Stern markierte Kampfstelle übersehen hatte. War jetzt auch egal.

Weniger egal ist den Lesern der Tod von Holmes. In London trägt man Trauerflor. Zur Überraschung aller lässt Doyle 1901 Holmes wiederauferstehen. Zunächst im Roman *Der Hund der Baskervilles*. Datiert vor den vermeintlichen Tod am Reichenbachfall und in wesentlichen Teilen ausgearbeitet von Doyles Freund Fletcher Robinson. 1903 löst Doyle in der Kurzgeschichte *Das leere Haus* dann auf, wie Holmes sich aus Moriatys Klammergriff befreite: durch »Baritsu«.

Ein Druckfehler. Tatsächlich hätte es Bartitsu heißen müssen. Das Versehen des Schriftsetzers beim Erstdruck blieb dennoch erhalten. Gemeint war eine Kampftechnik, die Ende des 19. Jahrhunderts von einem Engländer erfunden wurde, der in Japan Jiu Jitsu gelernt hatte. Diesem ursprünglich waffenlosen Kampsport fügte er Elemente des Schweizer Kampfkunstmeisters Pierre Vigny hinzu. Der hatte nämlich die Kunst des Kampfes mit Spazierstock und Regenschirm entwickelt. Die war damals beim Adel, der keine Waffen mehr tragen durfte, sehr beliebt.

Nachdem Holmes Moriaty durch Baritsu/-titsu besiegt hat, beschließt er aus Sorge vor weiteren Mordanschlägen, fürs

Erste seinen Tod vorzutäuschen, und verschwindet spurenlos, indem er den Felsen über dem Wasserfall nach oben klettert.

Ich kletterte bergab. Und rutschte.

Rutschte wieder. Rutschte! Und fiel.

Im letzten Moment konnte ich durch eine Drehung verhindern, dass mein Steißbein auf den Felsen knallte. Der Aufprall auf Gesäßhälfte und Hand schmerzte aber auch genug.

Erschrocken, wenngleich unverletzt, rappelte ich mich auf.

War wohl eine blöde Stelle auf dem Weg, dachte ich. Ein paar Schritte weiter begriff ich, dass der ganze nieselnasse Weg aus solchen Stellen bestand. Ich versuchte, dem Schlittern übers glitschige Gestein Herr zu werden, in dem ich seitwärts bergab stieg.

Auf diese Weise rutschte ich seitwärts.

»Bongschuur!«, marschierte mit einem Mal eine französische Jugendgruppe an mir vorbei. Rucksackbepackt und festen Schrittes. Trapp-trapp-trapp, verschwanden die jungen Leute hinter der nächsten Wegbiegung.

Hatten sie Saugnäpfe an den Sohlen?

Nein, nur vernünftige Schuhe. Meine mit den roten Sohlen waren bisher nie ernsthaft geprüft worden. Selbst auf dem nebelnassen Rothorn waren die Wege seniorenfreundlich asphaltiert gewesen. Vielleicht hätte ich misstrauisch werden sollen, als der Verkäufer in dem stylischen Schuhladen in der Berliner Friedrichstraße meinte: »Die kannste prima zu Jeans tragen.« Die Enttäuschung über meine Pseudo-Wanderschuhe war fast so groß wie damals, als ich entdeckte, dass Arthur Conan Doyle – der eine Figur erfand, für die Rationalität oberstes Gebot war und deren Methoden weltweit Eingang in die Kriminalistik fanden – fest an die Existenz von Feen und Elfen glaubte.

Mein Handy hatte wieder Empfang. Aber wen sollte ich anrufen? Die Polizei? »Grüezi, ich steh im Wald und hab die falschen Schuhe an. Könnten Sie mich bitte abholen?«

Dann fiel mir etwas aus einem skandinavischen Krimi ein. Bei vereistem Untergrund hilft es, die Socken über die Schuhe zu ziehen. Das bremst.

Ich setzte mich auf einen moosbewachsenen Stein. Es wurde kalt und nass am Po. Egal. Ich zog die Schuhe aus und streifte meine Wandersocken vom Fuß. Grau mit schwarzen Streifen und oranger Zehenspitze. Ich krempelte einen Socken auf und setzte ihn an der Gummikappe des Schuhes an. »Bongschuur!«, trabten zwei Wanderfranzosen vorbei. »Bongschuur«, grüßte ich, während ich versuchte, meine Socken über die Schuhe zu kriegen. Sie waren zu eng.

Ich zog alles wieder in der richtigen Reihenfolge an, stand auf und arbeitete mich dann mit nassem Hintern Schrittchen für Schrittchen vorwärts.

Der Wald wurde dunkler, der Regen stärker.

Eigentlich war die Situation schrecklich albern. Kaum ist der Großstädter ein bisschen Natur ausgesetzt, schon scheitert er. Hätte ich wenigstens einen Gefährten wie Dr. Watson an meiner Seite, wäre alles halb so schlimm.

»Mein Vater hat es mit meinem Kindermädchen getrieben.«

Vor Freude wollte ich in die Luft springen, wäre es nicht so gefährlich gewesen. Nicht die tragische Familiengeschichte war es, die mich in Hochstimmung versetzte, sondern die erneute Chance, mich anderen anzuschließen.

Bis sie mich einholten, brauchten sie noch die Sätze: »'ast du noch Kontakt zü deine Vater?« und: »Ich schreibe ihm jeden Tag einen Brief. Weihnachten will ich ihm alle schicken. Falls mir meine Mutter seine Adresse verrät. Die blöde Kuh.«

Die beiden Teenager, eine Deutsche und eine Französin, schienen die Nachhut der Jugendgruppe zu sein, die mich vorhin ständig überholt hatte. Mit ihrer Bummelei konnte ich Schritt halten, falls ich stürzte, würden sie mir helfen.

Ausführlich beschrieb die Deutsche nun die Scheidungsschlacht ihrer Eltern und ließ der Französin nur die Möglichkeit zu sagen: »Ah, isch verstähe.«

Wann immer sie anhielten – meist, weil sich die Regenhaube über dem Rucksack der Französin gelöst hatte –, band ich meine Schuhbänder neu, machte Fotos von einem Stein oder täuschte vor, eine Nachricht auf meinem Handy zu lesen. Nach einer halben Stunde kreiste ihr Gespräch um die Themen Liebe, Gott und Regen.

»Es 'at aufge'ört«, konstatierte die Französin.

Sie schoben ihre Kapuzen vom Kopf.

»Weißt du«, sagte die Deutsche, »ich bin nur ein Mensch.«

»Wieso nur? Es ist doch schön, ein Mensch zü sein!«

»Ja, aber eine Blume zum Beispiel. Ein Blume macht nie Fehler.«

Ein wahres Wort. Noch nie hatte ich von einer Blume gehört, die falsche Schuhe kaufte.

»Ich jedoch, ich mache tausend Fehler.«

»Ja, isch verstähe.«

»Ich habe meinem Vater nicht gesagt, dass ich ihn lieb habe. Und jetzt ist er weg. Vielleicht hätte ich ihm mehr beweisen müssen, wie wichtig er mir ist.«

»Das glaube isch nischt.«

»Der Einzige, der mich liebt, ist Gott. Der liebt alle Menschen. Aber warum? Wir führen Kriege, töten uns, zerstören die Umwelt. Warum sollte er uns lieben? Ich kann mir nicht vorstellen, dass Gott mich liebt.«

»Das kann isch mir auch nischt vorstellen.«

Also ich liebte die beiden.

Den Eindruck gewannen sie offenbar auch und steigerten ihr Tempo. Da der Weg ebener und trockener wurde, konnte ich locker mithalten. Dann blieben sie so lange stehen, bis ich gezwungen war, sie zu überholen.

Kaum waren sie weitergegangen, nahm ich mein Handy zur Hand. Wurde langsamer. Hielt an. Tippte eine Nachricht.

Kein Trick – wir waren inzwischen auf sicherem Terrain.
»Hulli! Möchtest du meine Reisegefährtin werden?«

Den ganzen Abend versuchte ich vergeblich, Amara zu erreichen. Beim Aufstehen am nächsten Morgen fragte ich mich, ob meine Bitte nicht zu voreilig gewesen war. Wie zum Beispiel sollte ich sie bei einer gemeinsamen Reise früh um sieben Uhr wach bekommen?

Den Vormittag verbrachte ich in der Aareschlucht. In tausenden von Jahren schliff die Aare einen 180 Meter tiefen Spalt in den Kirchet, einen Kalkberg. Mit zwei Metern pro Sekunde rauscht sie durch die anderthalb Kilometer lange Schlucht, die an einigen Stellen so schmal war, dass ich vom Gitterweg, der an einer der Felswände über der Aare hing, mit ausgestrecktem Arm die andere Seite berühren konnte.

Nichts für Klaustrophobiker.

Kurz vor Abfahrt meines Zuges hetzte ich ins Sherlock-Holmes-Museum. Dort ging es über eine gewundene Treppe hinab in die verschachtelten Ausstellungsräume im Keller der Englischen Kirche. Größtes Objekt des Museums war das liebevoll nachgebaute Wohnzimmer von Holmes und Watson. Hinzu kamen Vitrinen mit Landkarten, auf denen Holmes' Weg durch die Schweiz verzeichnet war. Faksimiles von Doyles Tagebuch. Zeitgenössische Polizeiuniformen. Ein pseudoauthentischer Untersuchungsbericht zu Holmes' Ableben. Und Skier von dem Typ, den der begeisterte Sportler Doyle damals mitgebracht haben könnte. Doyle hatte das Skifahren in Norwegen kennen und lieben gelernt. Den Schweizern war es bis Ende des 19. Jahrhunderts unbekannt.

»Schwein!«
   »Gar nicht! Wolf!«
   »Na-hein! Das war ein Wildschwein!«
   »Mama, was war das eben?«

»Tut mir leid, ich hab nicht hingeguckt.«

Die *Zentralbahn-Gesellschaft* hatte zwischen den Bäumen an der Strecke Tierfiguren aufgestellt, damit Kinder auf der Fahrt über den Brünigpass nicht von Langeweile geplagt ihre Eltern oder andere Fahrgäste nerven. Dass dies eher eingeschränkt funktionierte, bewiesen Elias und Josephine, die sich seit der Abfahrt aus Meiringen nur ein einziges Mal einig gewesen waren. Einen Luchs identifizierten sie beide ohne Zögern als Tiger.

Mein Telefon klingelte.

»Na endlich!«, rief ich.

»Selber na endlich«, antwortete sie.

Um einen Streit zu vermeiden, sagte ich: »Fallschirmsprung finde ich gut.«

»Wirklich?«

»Ja, du hast vollkommen recht. Ich muss im Hubschrauber ein bisschen Strecke zurücklegen, damit es zählt. Und ob es innerhalb von zehn Minuten Flugzeit einen anderen Landeplatz da gibt, wo ich ihn brauche, ist fraglich. Bei zwanzig Minuten kostet es schon 700 Franken. Plus Landegebühr.«

»Und es ist langweilig.«

»Und es ist langweilig«, bestätigte ich. »Anders als aus einem Flugzeug zu springen. Das wäre der perfekte i-Punkt.«

»Kostet nur die Hälfte. Selbst als Tandemsprung. Ich hab recherchiert.«

»Prima.«

»Aber du machst es hoffentlich nicht.«

»Natürlich nicht.« Mein Porsche hatte 265 Kilometer pro Stunde geschafft, und ich war ein einziges Mal 240 gefahren.

»Gut, wäre das geklärt«, sagte Amara erleichtert. Ihre Nachricht hatte ein halbes Dutzend Links enthalten zu Berichten über abgestürzte Springer, deren Fallschirm sich nicht geöffnet hatte.

»Ich habe schon eine Alternative gefunden!« Nachdem ich

beim Abstieg vom Reichbachfall die beiden Mädchen hinter mir gelassen hatte, hatte es noch eine Stunde bis zum Hotel gedauert. Genug Zeit zum Nachdenken.

»Also ich springe nicht für dich!«, stellte Amara klar.

Elias und Josephine stritten gerade, ob der Dachs eben ein Pandabär war oder ein Kälbchen.

»Und eins noch«, fuhr Amara fort. »Falls ich dich begleite – und ich muss das erst mal mit meinem Terminkalender abklären –, wird nicht gefummelt!«

»Versprochen.«

»Ich wollt's nur klarstellen.«

»Ist angekommen.«

»Gut. Weiter.«

»Ein Tandem-Gleitschirmsprung.«

»Was ... äh ... wie bitte?«

»Meine Alternative. Da liegt der ausgebreitete Schirm hinter einem, man läuft auf einem abschüssigen Hang an, springt und segelt gemütlich ins Tal.«

»Fuchs!«, rief Elias. Josephine fand keine Alternative. Widersprach dennoch energisch: »Gar nicht!«

Amara schwieg. Vielleicht hatte sie es nicht verstanden. »Kein freier Fall, trotzdem Punktlandung«, wiederholte ich. »Ist doch eine super Kompromisslösung.«

»Nein«, verbesserte Amara, »eine Schweizer Lösung.«

Hat der Pilatus einen Hut, bleibt im Land das Wetter gut.
Hat er einen Nebelkragen, darf man eine Tour wohl wagen.
Trägt er aber einen Degen, bringt er uns gewiss bald Regen.

Wetterregel für den Pilatus

Wäre die übrige Erdbevölkerung im Moment unserer Abfahrt aus Alpnachstad tot umgefallen, wir Fahrgäste hätten auf dem Gipfel des Pilatus in 2132 Metern Höhe einen großen Teil der populationsgenetischen Vielfalt erhalten können. Es fühlte sich an wie eine Fernsehwette: »Anlässlich ihres 125-jährigen Bestehens wettet die *Pilatusbahn-Gesellschaft*, dass an einem gewöhnlichen Dienstagnachmittag Menschen von allen Kontinenten in der steilsten Zahnradbahn der Welt fahren.«

Aufgrund des Weltrekordanstiegs der Strecke von bis zu 48 Prozent handelte es sich bei den roten Wagen der Pilatusbahn wie bei der Reichenbachbahn um eine treppenartige Konstruktion mit einander gegenüber montierten Bänken auf jeder Stufe.

Hinter dem Fahrer hatte eigentlich ich sitzen wollen, denn ich war an der Talstation in Alpnachstad der Erste in der Schlange gewesen. Doch eine indische Familie schubste mich beim Einsteigen zur Seite, ich musste Abteil zwei nehmen, das ich mir mit einem franko-kanadischen Paar und dessen Baby teilte. Hinter uns saßen zwei Frauen afrikanischen Phänotyps, deren Herkunft schwer einzuschätzen war. Die dickere trug eine Wollmütze, unter der ihre glattfrisierten Haare hervorschauten, die dünnere einen Turban, der alle Haare verbarg. Beide waren auffällig modisch gekleidet, ihre Sonnenbrillen und großen Kameras hochpreisige Modelle. Untereinander sprachen sie Arabisch. Mit anderen akzentfreies Englisch.

Das letzte und unterste Abteil belegten die obligatorischen Chinesen. Australier fehlten an Bord. Wette leider verloren.

Dafür brachten wir zwanzig Passagiere der Bahngesellschaft – den vollen Fahrpreis für Hin- und Rückfahrt angenommen – theoretisch Einnahmen von 1440 Franken. Praktisch waren es etwas weniger, da manche sicher den *Swiss Travel Pass* benutzten, der den Fahrpreis halbiert.

Mit bis zu zwölf Stundenkilometern grabbelte sich unsere Bahn – auf einem extra für sie gebauten Schienendamm – an der Zahnstange in der Mitte des Gleises bergauf. Vorbei an Tannen, Felswänden und silbergrauen Kühen auf grünen Almen. Sehr, sehr hübsch alles. Wir wechselten uns an den Fenstern ab, damit jeder zum Schnappschuss kam.

Dann war uns das Glück hold. Die, die gerade aus dem Fenster lehnten, sahen ihn als Erste. Oben an der Strecke stand, ganz still auf einem Betonpodest neben dem Schienendamm, ein Eingeborener. Mit Hund. Einem Berner Sennenhund. Schwarz mit weißer Brust und gelbbraunen Beinen. Ein Bernhardiner wäre noch klassischer gewesen. Bernhardiner sind quasi der Schweizer Nationalhund. Kleiner Haken: Bernhardiner eignen sich nicht als Lawinenhunde. Es gibt zwar eine Handvoll Gegenbeispiele, nichtsdestotrotz: Für eine Suche in brüchigem Schnee wiegen Bernhardiner viel zu viel. Für den Transport im Helikopter zum Einsatzort sind sie zu groß. Die Schweizer Rettungsdienste bevorzugen Golden Retriever und Deutsche Schäferhunde.

Zur Legendenbildung trug Barry bei. Das war einer der robusten, großen Bauernhunde, die die Augustinermönche des Hospiz am St. Bernhard seit dem 11. Jahrhundert hielten. Mit ihnen suchten sie regelmäßig die Berge nach Verirrten ab. Bernhardiner, wie wir sie heute kennen, werden erst seit Ende des 19. Jahrhunderts in dieser Form und Größe gezüchtet. Der sehr viel zierlichere Barry soll zwischen 1800 und 1812 vierzig Menschen gerettet haben, wobei der letzte Gerettete Barry für einen Wolf hielt und ihn umbrachte. Also beinahe. Die Mönche hatten alle Hände voll zu tun, den schwerverletzten Barry wieder aufzupäppeln. Danach war die Menschensuche für Barry passé. 1814 starb er in Bern und kann heute, neben 2500 Hundeschädeln, als bekanntestes Exponat der Albert-Heim-Stiftung im Naturkundemuseum Bern besichtigt werden. Ausgestopft und ein Schnapsfässchen um den Hals. Das berühmte Holzgefäß mit dem Schweizer Kreuz in der Mitte ist vermutlich die Erfindung eines Fotografen. Auf jeden Fall gab es nie einen Hund, der als mobile Kneipe, schweizerisch Beiz, durch die Alpen zog.

Keine Erfindung ist, dass Hunde und Katzen in der Schweiz, anders als in Deutschland, für den Eigenbedarf geschlachtet werden dürfen. In vielen Alpentälern haben beide Tiere eine lange Tradition: als Räucherware oder Gulasch. Die Gerüchte, dass bis heute in Appenzeller oder St. Gallener Restaurants Bernhardiner auf der Speisekarte stehen, ließen sich nicht verifizieren. Der vereinzelte, private Verzehr von Hund und Katz in der Schweiz gilt aber als sicher. Katze soll wie Kaninchen schmecken. Hund hat vergleichsweise wenig Kalorien.

Unsere Bahn war nur noch wenige Meter von dem Bauern mit dem Berner Sennenhund entfernt. Die Fotografen am Fenster legten an, alle anderen machten sich bereit zum Winken, Kinder wurden an die Scheiben gehalten. In Peking, Mumbai und Montreal würden sie von ihrem ersten echten Alpenbauern erzählen können.

Plötzlich stoppte die Bahn. Wir wechselten schnelle Blicke.

Der Bauer draußen griff nach dem Türknauf des Abteils hinter mir.

Die beiden dunkelhäutigen Frauen drinnen wichen zurück.

Der Bauer öffnete die Tür.

Der Fahrer sprang aus dem Steuerstand hinaus, um zu helfen.

Ganz ohne Hilfe sprang der Hund des Bauern in den Wagen. Kreischend sprangen die beiden Frauen auf die Sitzbank.

»Muesch doch nid eso tue ...« Da dem Bauern einer seiner braunen Schneidezähne fehlte, flogen Speicheltröpfchen umher. »Dää tuet der nüüt!« Dass der Hund niemandem etwas tun wollte, zeigte er deutlich, denn das Einzige, was er tat, war, sich unter die Sitzbank zu legen und seinen Kopf auf die Pfoten.

»It's a dog!«, empörte sich die Dicke mit der Wollmütze.

»Hesch öppe gmäint, das sig es Chälbli?« Ein Kälbchen statt eines Hundes wäre der Wollmützenfrau sicher lieber gewesen.

Sie flüchtete über die Sitzlehne hoch in mein Abteil. Zumindest versuchte sie es.

»S isch äifacher, wänn d ussenume gaaschst«, riet der Bauer zu Recht, denn die Wollmützenfrau hatte zwar ein Bein über die Lehne geschwungen, bekam aber den Rest ihres schweren Körpers nicht hinauf. Sie rutschte zurück auf die Sitzfläche, stieg, wie vom Bauern empfohlen, in Windeseile aus dem Wagen und bei mir wieder hinein. Ihre schlanke Begleiterin folgte.

Der Bauer wuchtete einen langen Stabmäher ins Abteil, dessen Motor und Tank er sich auf den Rücken schnallen konnte, und kletterte hinterdrein. Dann ging es weiter.

Verstohlen musterten wir den Bauern. Sein ledriges Gesicht verweigerte sich einer präzisen Altersschätzung. Zwischen 40 und 70 war alles möglich. Sein graublaues Hemd zierten schmale Streifen, die in regelmäßigen Abständen von einer kleinen Alpenrosenblüte unterbrochen wurden. Die Arbeitshose hatte die Farbe von Staub. Den Schirm seiner Mütze hatten schmutzige Finger oft zurechtgerückt.

»Äigetli faarid iir umesuscht ue.« Alle blickten ihn verständnislos an. Außer mir, dem einzigen Deutschsprachigen. Aber ich traute mich nicht zu sagen, dass der Bauer unsere Auffahrt für sinnlos hielt.

»Wie meinen Sie das?«, fragte ich ihn.

»Wätter!«, nickte er Richtung Fenster.

Es war grau und bedeckt, doch die Sicht war gut. Die Website meines Hotels versprach »Atemberaubende Aussichten« auf die Berner Alpen. Und vom in der Pilatus-Wetterregel erwähnten Degen, einer Wolkenfahne, war auch nichts zu sehen.

Er sei seit fünfundzwanzig Sommern auf der Alm, sagte der Bauer, er kenne sich aus. Aber, fügte er hinzu, wir sollten ruhig hochfahren, wenn uns so was Spaß mache.

Die Wollmützenfrau sah mich fragend an. Ich wollte sie nicht beunruhigen: »He likes the view.«

Die Aussicht mochten die beiden Frauen auch. Sie stammten aus Katar, wo Hunde vor allem als bissige Wächter auftraten. Die Frauen bereisten Europa in zehn Tagen. Morgen war Paris dran.

Draußen wackelten auf Zickzackpfaden, die die steile Alm gangbar machten, bimmelnde Kühe vor sich hin. Der Bauer stand auf, öffnete die Tür der fahrenden Bahn und schrie: »Halt!« Der Fahrer bremste, und wir ruckten alle gleichzeitig in Fahrtrichtung.

»Jitze mues i au no bergstiige!«, schimpfte, als die Bahn endlich stand, der Bauer über den Höhenunterschied zwischen Wagenkante und Bergwiese. Anders als vorhin hielten wir nicht an einer Zwischenstation, sondern mitten auf der Strecke an einer Wegmündung.

Mit einem Satz war der Hund draußen und wartete hechelnd auf sein Herrchen. Der Bauer huckte, unterstützt vom Fahrer, seinen Stabmäher auf. »Merci! Adee!« Er zog los. Die Kühe wichen respektvoll zur Seite.

Kaum fuhr unsere Bahn an, piepsten und klickten überall Kameras. Objektive zoomten Hund, Bauer und Kühe heran, die immer kleiner wurden.

Jetzt war die Schweiz wieder schön.

Neben der spektakulären Aussicht auf den Luzerner See, zahllose Alpengipfel und, bei gutem Wetter, sogar den Schwarzwald, wartet das Pilatusmassiv mit der Legende auf, dass dort ein Drache haust. Das stimmt aber gar nicht.

Im Mittelalter hieß das Massiv »Fraktus Mons«, »gebrochener Berg«. Bis heute tragen zwei Almen am Berg die Namen »Fräkmüntegg« und »Fräkmünt«. Bald änderte sich der Name zu »Mons Pilatus« – lateinisch: »der von Pfeilern durchsetzte Berg«. In diesem Zusammenhang entstand die Legende, dort befände sich in einem inzwischen verlandeten See die letzte Ruhestätte des römischen Statthalters von Jerusalem Pontius Pilatus. Weshalb es bis ins 16. Jahrhundert verboten war, den Berg zu besteigen, um Pontius Pilatus nicht in seiner Ruhe zu stören, andernfalls drohten schlimme Unwetter. Die gehen vom Pilatus tatsächlich aus, da er Wolken um sich sammelt. Lange Zeit rauschten nach allen Seiten schwere Sturzbäche in die Tiefe und verwüsteten die umliegenden Orte, bis Dämme errichtet wurden und ihnen Einhalt geboten.

Mit Aufkommen des Alpinismus wurde das erste Hotel auf dem Pilatus gebaut: das *Bellevue*. Ab 1889 vervielfachte die Zahnradbahn das Touristenaufkommen. Neben vielen Schweizern bauten sechshundert italienische Gastarbeiter an der Bahn. Bis 1937 war sie dampfbetrieben, und das Problem des aufgrund der Steigung schrägliegenden Kesselzylinders löste man, indem er quer zur Fahrrichtung montiert wurde. So blieb der Wasserspiegel in der Rundung des Zylinders immer in der Waagerechten. Unter Dampf betrug die Fahrzeit anderthalb Stunden, elektrisch angetrieben verringerte sie sich bergauf auf dreißig, bergab auf vierzig Minuten. Abwärts wird mehr gebremst. 1890 erweiterten geschäftstüchtige Schweizer die Betten-Kapazitäten durch den Bau eines zweiten Hotels, des *Pilatus-Kulm*. Von 2009 bis 2011 wurde alles umgebaut und unter dem Hotel ein Businesscenter an den Fels gepappt. Zudem entstand über der Bergstation der Zahnradbahn ein neues, einfach ausgestattetes Hotel *Bellevue*.

Ich hatte mich – wenn schon, denn schon – für das luxuriöse Pilatus-Kulm entschieden. Dessen ursprünglich zweieinhalb Meter schmale Gästekammern laut Website zu »grosszügigen Hotelzimmern und Suiten« umgebaut worden waren.

»Guten Abend, Zimmer 301. Sagen Sie, sind Sie sicher, dass Sie mir die richtige Zimmerkategorie gegeben haben?«

Zwischen Bett und Wänden wäre ein Bernhardiner stecken geblieben, der Sessel passte nur ins Zimmer, weil man in die Wand eine Nische geschlagen hatte.

»Augenblick, da schau ich nach ...«, säuselte die Dame von der Rezeption. »Alles korrekt, Doppelzimmer Superior mit Einzelbelegung.«

»Im Internet sah das deutlich größer aus!«

»Das täuscht manchmal.«

Für eine Täuschung hatten wir nach der Ankunft auf dem Berg zunächst auch den Ausblick gehalten. Stumm hatten wir an den Panoramascheiben der Bergstation gestanden. Da niemand ein Rollo hochzog, musste der Ausblick echt sein. Von vier Kontinenten waren wir angereist. Für nichts. Weißes, waberndes Nebelnichts.

Zum Glück entdeckte jemand einen Flachbildschirm an der Wand, der Bilder von dem zeigte, was da draußen sein sollte. Alle hatten die Fotos im Fernseher fotografiert und dann auf die Rückfahrt vom Berg ins Tal gewartet.

Ich war der Einzige, der oben geblieben war.

»Kann ich sonst noch etwas für Sie tun?«, fragte die Rezeptionistin kühl.

»Bis wann läuft der Küchenabzug?« Neben meinem Badfenster rauschte an der Außenwand ein silber glänzendes Rohr. Weltrekordversuche im Dauerfönen klangen genauso.

»Ab 22 Uhr haben wir keine warme Küche mehr.«

»Aha. Danke.« Ich legte auf und setzte mich an den Schreibtisch, um eine Ansichtskarte zu schreiben. Ich griff zum Lampenschalter. Und rief die Rezeption an. »Meine Schreibtischlampe ist kaputt!«

»Ich schick Ihnen gleich jemanden vorbei.«

Fast dreihundert Euro für ein Zimmer, bei dem ich weder draußen noch drinnen etwas sehen konnte!

Als ich genervt gegen einen Kuhfellhocker trat, kippte er gegen die Wand, fürs Umfallen war zu wenig Platz.

Es klopfte. Ich ließ den Haustechniker herein. Er beugte sich hinunter, steckte den Stecker ein und knipste die Lampe an. »Bitte schön.«

Ich gab ihm fünf Franken Schweigegeld.

Was meinem Zimmer an Platz fehlte, bot der prächtige Speisesaal im Übermaß. Freistehende grüne Marmorsäulen mit ausladenden Kapitellen stützen die von Kassettenfeldern gegliederte Decke. Schwere Kronleuchter hingen daran. Die hohen Fenster umrahmten geraffte Gobelinvorhänge. Ich zählte zweiunddreißig Tische. Vier waren besetzt. Von mir, von einer kleinen Geburtstagsrunde am anderen Ende des Saals, von einem Ehepaar in der Die-Kinder-sind-aus-dem-Haus!-Was-nun?-Phase und von einer zehnköpfigen Wandergruppe, in der sich der Bergführer bemühte, für die morgige Tour Wetteroptimismus zu verbreiten. Die Gruppenteilnehmer, allesamt Schweizer, kannten einander nicht. Mehrere Paare, lang befreundete Männer, einige Einzelherren und eine stille, junge Frau.

Alle im Saal bekamen ein Viergängemenü serviert, das im Zimmerpreis enthalten war und dessen Höhe relativierte. Abgesehen von Erdnüssen an der Bar gab es abends auf dem Pilatus keine andere Möglichkeit, um den Hunger zu stillen.

Die Vorspeise war Kalbfleisch an Thunfischsoße, die Suppe eine Rinderkraftbrühe, der Hauptgang war wahlweise Perlhuhnbrust oder Kaninchenragout.

Und die stille, junge Frau war Veganerin.

Der Ober erkundigte sich in der Küche nach Alternativen zum Menü. Er kehrte zurück mit der Nachricht, dass alle Zutaten für die Menüs frisch per Bahn auf den Berg kämen und der Koch allenfalls Nudeln machen könne. Die junge Frau war jetzt gar nicht mehr still und empörte sich. In Nudeln ebenso wie im Nachtisch – Zwetschgensorbet mit Minzhüppe – waren ja wohl Eier. Und die kommen ja wohl von Tieren.

Tiere, schön heiß und mit Beilage, hätten die anderen der Gruppe schon lange gern vor sich stehen gehabt. Die finsteren Blicke, die sie tauschten, deuteten an, dass die stille, junge Frau bei der Wanderung morgen auf schmalen Bergpfaden an steilen Abhängen sehr auf der Hut sein sollte.

Eine Salat-Offerte des Obers akzeptierte sie schließlich.

Unter zwei dicken Daunendecken lag ich bei geöffnetem Fenster im Bett. Lauschte. Um zehn verstummte, wie versprochen, der Küchenabzug. Zwei Geräusche blieben.

Unterhalb des Hotels geisterten Kühe durch die Nacht. Jede Bewegung ein schepperndes Läuten.

Das andere Geräusch auf dem Berg machten die Tropfen, die von Dachrinnen und Geländern fielen. Ein stetiges *Plitsch-Plitsch*. Und bisweilen ein *Platsch*.

Am nächsten Morgen hatte sich das Wetter deutlich verändert.

Der Nebel war kälter geworden. Und es goss in Strömen.

Über die Terrasse zwischen Hotel und Bergstation huschten bunte Foliengespenster. Chinesinnen in Regencapes, die ihre aussichtslose Lage nicht wahrhaben wollten.

Am Stationskiosk deckten sie sich mit Schüttelschneekugeln, Wetterhäuschen und Stoffsteinböcken ein. Das hätten sie billiger haben können. Viele der Souvenirs wurden ja bei ihnen zu Hause produziert.

Ich nahm für die Weiterreise die – wegen der Drachenlegende des Pilatus – »Dragon Ride« genannte hypermoderne Luftseilbahn, 2015 für 18 Millionen Franken gebaut. Die eiskalte Kabine war von zitterndem Rascheln erfüllt, weil die sommerlich gekleideten Chinesinnen in ihren Capes so froren.

Nach dreieinhalb Minuten Fahrt mussten wir auf der Fräkemüntegg aus- und in eine Gondelseilbahn umsteigen.

Die Luftseilbahn war eine Art schwebender Bus gewesen, in den fünfundfünfzig Passagiere passten. Eine Kabine fährt hoch, eine runter. Die Gondelseilbahn jetzt bot je Gondel nur vier Menschen Platz. Da aber nicht zwei, sondern viele dieser Gondeln am Seil hängen, kann sie insgesamt mehr Menschen transportieren.

Durch einen bösen Blick hielt ich mir Mitreisende vom Leib und gondelte eine halbe Stunde allein im Nebel über die Krienseregg hinab nach Kriens.

Ich überlegte, mit welchem Gefühl ich den Pilatus verließ. Für Wut fehlte der Drang zum Schreien und Toben.

Für Galgenhumor hätte ich mehr Distanz haben müssen.

Ich glaube, ich war traurig.

Ich hätte gerne mal eine schöne Aussicht gehabt.

Um meine Laune aufzubessern, jodelte ich in der Gondelkabine vor mich hin. Allein ging das ja sehr gut.

Im strömenden Regen latschte ich von der Talstation zur Haltestelle des 21er Busses. Vor mir lag heute das komplette w. W wie »Warum mache ich das eigentlich?«

Im Bus klingelte es aus meiner Schenkelhosentasche.

»Mööörgliii!«

»Hm.«

»Amara kommt miii-hitt! Freu dich!«

»Ich freu mich.«

»Neineinein. Du bist ein Muffelpuffel.«

»Liebe Fahrgäste, an der nächsten Haltestelle steigen Kontrolleure der Luzerner Verkehrsbetriebe ein. Bitte halten Sie die Fahrausweise bereit.«

»Was war das?«, fragte Amara, nachdem die freundliche Frauenstimme aus den Lautsprechern des Busses verstummt war.

»Ich würde sagen, das war wieder mal Schweizer Höflichkeit. Damit die Schwarzfahrer noch aussteigen können.«

»Hast du ein Ticket?«

»Klar.« Jeden Tag trug ich darauf in einem Kästchen das Datum ein. Manchmal wurde das Kästchen bei einer Kontrolle abgestempelt, manchmal nicht.

Amara stellte eine Bedingung für ihre Reiseteilnahme. Sie wollte die TOGESA besuchen. Die Ziegenschau in Rothenthurm. Wir schauten in unsere Kalender und ich auf meine Reiseroute. Die TOGESA ließ sich zeitlich wie routenplanerisch berücksichtigen. Amara jubelte, und meine Laune besserte sich.

Am Bahnhof Luzern schlug die Tür des 52ers nach Beromünster vor mir zu, und der Bus rollte aus der Haltegasse. »Hallo?!« Ich stürzte ihm nach. Er wurde schneller. Ich war noch schneller. An der vordersten Tür hielt ich mich rucksackhoppelnd auf Höhe des Busfahrers, winkte, bis er herüberschaute, den Kopf schüttelte und mit dem Zeigefinger halb hinter sich, halb Richtung Hauptstraße deutete.

Aha, dachte ich, die nächste Haltestelle ist an der Hauptstraße. Dafür mussten er und ich um den halben Busbahnhof kurven. Ich jagte meinem Bus in Riesensätzen nach. Mal war ich auf gleicher Höhe mit dem Fahrer, mal klebte ich am Heck des Busses. Nie ließ ich ihn entkommen.

Bei der ersten Kurve nahm ich die Innenseite und damit den kürzeren Weg. Plötzlich schwenkte der Bus vor der Kreuzung nach links, bog ein zweites Mal ab und fuhr hinter den Halteinseln zurück in eine Gasse neben der, in der er gestartet war.

Die Geste des Busfahrers hatte wohl bedeutet: »Ich komme hierher zurück.«

Nun war ich auch wieder zurück. Außer Atem tastete ich nach dem Türöffner, die Türen schwangen auf, ich stieg ein, streifte den Rucksack ab, ließ mich in den Sitz fallen, die Türen schwangen zu, ich sprang wieder auf, sah, wie sich der Busfahrer zu mir umdrehte, drückte den Türöffner, die Türen schwangen auf, ich sprang hinaus, knipste das Foto von mir und dem Haltestellenschild, die Türen schwangen derweil zu, ich drückte den Taster, die Türen schwangen auf, der Busfahrer schaute zu mir, drehte sich zurück, machte wieder die Türen zu und blickte hoch zu seinem Innenspiegel, was ich machte. Zu seiner Erleichterung nichts.

Bald darauf zuckelten wir aus Luzern hinaus, rasten über ein Stück Autobahn und quälten uns eine halbe Stunde durch Landschaft, die kein Foto wert war. Menschen stiegen aus und ein in Orten, die aussahen, wie sie hießen: Hapfern, Sandblatten und Bösfeld. Niemand außer mir fuhr von Luzern durch bis Beromünster, dem obersten Ende des ersten w-Armes.

Beromünster hieß jahrhundertelang »Münster im Argau«, im schweizerdeutschen Alltag kurz: »Moischter«. 1934 musste Münster umbenannt werden. Drei Jahre zuvor war nämlich auf dem Gemeindegebiet des benachbarten Gunzwil eine Mittelfunksendeanlage in Betrieb gegangen. Aufgrund heute nicht mehr ganz nachvollziehbarer Umstände wurde diese Sendeanlage »Münster« getauft. Doch ein solches existierte bereits. Nämlich im deutschen Münster/Westfalen, und das seit 1924. Damals waren die Radiosender nach den Standorten ihrer Sendeanlagen benannt, und diese Bezeichnungen fanden sich auf den Radioskalen wieder. Das konnte zu Verwechslungen führen. Also wurde nicht nur der schweizerische Sender Münster, sondern gleich der ganze Ort umbenannt, obwohl die Sendeanlage in der Gemeinde Gunzwil stand. Das tausend Jahre alte Kloster Beromünster inspirierte zum neuen Ortsnamen, und so fand sich auf den Radioskalen fortan rechts Beromünster. Ein Sender, der ab 1937 in halb Europa zu empfangen war und Deutsche im Zweiten Weltkrieg mit unabhängigen Nachrichten versorgte.

Nachdem die Mittelwelle an Bedeutung verlor, stellte der Sender Beromünster in der Silvesternacht 2008 nach dem Abspielen der Schweizer Nationalhymne den Betrieb ein, und der Sendeturm wurde gesprengt. Was blieb, war der neue Ortsname.

In Beromünster blieb ich exakt zwei Minuten. Die brauchte ich, um aus dem 52er Bus auszusteigen, ein Foto von mir und dem Haltestellenschild zu machen und gegenüber in den bereits wartenden 50er Bus zurück nach Luzern wieder einzusteigen.

Ich winkte dem Fahrer im 52er zu, damit er mich noch ein wenig länger in Erinnerung behielt.

Durch diese hohle Gasse muss er kommen. Es führt kein andrer Weg nach Küssnacht.

Friedrich von Schiller, *Wilhelm Tell*, 4. Aufzug, 3. Szene

Es führt sehr wohl ein anderer Weg nach Küssnacht. Nämlich der mit dem Schiff von Luzern über den Vierwaldstättersee. Der sieht von oben aus wie ein Flaschengeist, der sich mit ausgebreiteten Armen freut, seinem Gefäßgefängnis entkommen zu sein. Den Kopf bildet der Luzerner See. Jede Windung und Verzweigung des Vierwaldstättersees trägt eine eigene Bezeichnung. Der Hauptname geht zurück auf die »vier Waldstätten«. Als »Waldstatt« wurden ab Ende des 13. Jahrhunderts Ansiedlungen in bewaldeten Gebirgslandschaften bezeichnet. Mit »Waldstätte« war zunächst die Urschweiz, bestehend aus den Kantonen Schwyz, Uri und Unterwalden gemeint. Bis 1433 im Silbernen Buch von Luzern dann von vier Waldstätten gesprochen wurde. Luzern hatte sich angeschlossen. Alle vier grenzen an den See.

Mein Schiff fuhr ein Weilchen auf dem Luzerner See Richtung Südosten, also nach schräg rechts unten, und bog dann am Meggenhorn, mit dem gleichnamigen Schloss, nach links oben, also Nordosten, in den Küssnachter See ab. Mein w bekam seine erste Spitze.

Hatte ich die erste Hälfte der Fahrt mit Caotina-Trinken im Bug verbracht, wechselte ich für die zweite zum Heck und versuchte, mich mittels Selbstauslöser vor wehender Schweizer Flagge vor schöner Berg- und Seelandschaft zu fotografieren. Es brauchte zwanzig Versuche, bis die Flagge mit voll entfaltetem Schweizer Kreuz wehte und dabei nicht die schneebestäubten Berggipfel verdeckte oder den See. Oder mich. Das gelungenste Bild fotografierte ich mit dem Handy vom Kameradisplay ab und schickte es Amara mit der Unterzeile: »Auf dem Weg nach Küssnacht«.

Sie antwortete: »Dann bist du ja fast in Zürich.«

Es dauerte einen Moment, bis wir herausfanden, dass sie den Zürcher Vorort mit nur einem s meinte und ich Küssnacht am Rigi mit doppeltem s wie Küssen.

Eigentlich müsste es »Küssnacht an der Rigi« oder noch besser »an den Riginen« heißen. Keineswegs nämlich ist Rigi vom lateinischen *Regina monti*, »Königin der Berge«, abgeleitet, wie die Touristeninformation verbreitet, weil es sich schöner anhört als das, was die Rigi geologisch darstellt und ihr ihren Namen gab: subalpine Molasse, subalpine Flysch und helvetische Randkette; geologisch-tektonische Einheiten, die »Riginen« genannte Schichten bilden, von denen wegen sinkender Wolken nichts zu sehen war. Dafür zog, lange bevor mein Schiff anlegte, der breite Barockgiebel der Kirche St. Peter- und Paul von Küssnacht am Rigi alle Aufmerksamkeit auf sich und erweckte den Eindruck, die Kirche stünde direkt am Ufer. Es trennten sie aber ein paar Meter Parkplatz vom Wasser.

Einige Küssnachter Straßenzüge waren hübsch zurechtgemacht. In Seitengassen dagegen bröckelte der Putz, blätterten die Holzfassaden und hingen die Fensterläden schief in den Angeln. Die wie geleckt aussehende, saubere Schweiz erschien dort sehr fern.

Der 22er Bus zur Hohlen Gasse fuhr erst in einer halben Stunde, also folgte ich zu Fuß dem Verlauf der Haltestellen.

Das berühmte Wegstück befindet sich gegenüber dem BMW-Autohaus Neuhaus und ist von der Straße aus nicht zu sehen. Was man sieht, ist der Schriftzug »Hohle Gasse«. An einem zweistöckigen Toilettenhaus.

Das Gassengelände liegt erhöht hinter Bäumen. Die Anhöhe ist genauso hoch wie der erste Stock des Toilettenhauses, so dass man den zweiten Stock von der Anhöhe aus betreten kann. Dort stellen bewegliche Papp-Panoramen hinter Glas Schillers Tell-Geschichte dar, untermalt von allerlei atmosphärischen Geräuschen und einem Kommentar in den vier Landessprachen sowie in Englisch, wählbar per Knopfdruck.

Die berühmte Gasse, Mittelspitze meines w, beginnt links von der Tell-Toilette. Ein sehr räubertauglicher, leicht aufsteigender Hohlweg, uneben mit Feldsteinen gepflastert und von düsterem Waldgrün in die Zange genommen. Ja, es fiel mir leicht, mir Wilhelm Tell vorzustellen, wie er hier 1307 hinter Tannenstämmen verborgen dem bösen Gessler auflauerte, dem »Reichsvogt in Schwyz und Uri« und Vertreter der verhassten Habsburger Herrscher, die die »kleinen Cantone« (Goethe) unterjochten.

Noch leichter fiel mir diese Vorstellung, als ich mir die Finger in die Ohren steckte und die unten auf der parallel verlaufenden Landstraße vorbeidonnernden LKW nicht mehr hörte.

Nun sah ich es vor mir. Im Zwielicht des Waldes kommt der Land- oder Reichsvogt, je nach Quelle, daher. Die Hufe seines Pferdes klappern auf dem holperigen Untergrund, so dass Gesslers ganzes Reitgeschick gefordert ist.

Da saust sirrend aus dem dunklen Dickicht ein Pfeil heran und stößt ins Fleisch des garstigen Gessler. Und zwar in den Hals, damit sich Gessler für die Großaufnahme mit aufgerissenen Augen und Verwunderung im Blick dorthin fassen kann, bevor er vornübersinkt und seitwärts aus dem Sattel kippt. Das Pferd schnaubt, schüttelt die Mähne und weiß jetzt nicht so recht: Soll es grüne Grashalme zupfen oder davongaloppieren? Der tapfere Tell tritt aus dem Tann, reckt Brust, Arm und Armbrust. Die Schweizer sind frei. Harus!

Der Hohlen Gasse, ein Fahrweg von Küssnacht nach Immensee, machte in den 1930er Jahren der anwachsende motorisierte Verkehr zu schaffen. Für die Lösung dieses Problems wurde unter den Schweizer Schülern eine Spendensammlung gestartet. Vom Ergebnis derselben kündete ein Gedenkstein: »Der Vaterländische Opfersinn der Schweizerischen Schuljugend hat 1935–1937 den Bau einer Umfahrungsstrasse ermöglicht und die Hohle Gasse für alle Zeiten sichergestellt.«

Die Toilette kam später.

Da es mit dem Laufen gerade gut lief, marschierte ich weiter bis zum Bahnhof Immensee, der sich etwa auf halber Strecke zur zweiten unteren w-Spitze befand, direkt neben der Autobahn und an einem See. Nicht dem Immensee. Dem Zuger See. Mit einem RegioExpress fuhr ich zur zweiten unteren w-Spitze, dem Doppelstockbahnhof Arth-Goldau. Im oberen Stock endet die Zahnradbahn, die von der Rigi kommt, darunter vereinigen sich die Bahnstrecken aus Basel im Rückenpickel und aus Zürich hinter dem Ohr des Wildschweins mit der Gotthardbahn, die die Alpen gen Tessin in den Vorderbeinen durchtunnelt.

Nach der Eröffnung des Gotthardtunnels vor rund hundertvierzig Jahren kamen außer Menschen eines Tages wilde Tiere per Bahn nach Arth-Goldau, die es zu Fuß niemals über die Alpen geschafft hätten. Unbemerkt, vielleicht sogar unabsichtlich, stiegen sie in einen Zug nach Norden. Die Unterwegshalte waren zu kurz zum Aussteigen, erst in Arth-Goldau blieb genug Zeit dafür, da die Güter- und Personenzüge dort neu gekoppelt wurden. Seit diesem Tag lebt eine Population Tessiner Mauer-Eidechsen glücklich und zufrieden im Goldauer Schienenschotter.

Zum letzten Mal an diesem Tag stieg ich aus einem Zug. In der gleichnamigen Stadt. Dem Ende des w.

Paloma, meine Berner Quartiersgeberin, war in Zug aufgewachsen und hatte mir die Panorama-Bar im zwölften Stock des Uptown-Hochhauses empfohlen. Zwischen den Anzugmännern und Kostümfrauen, die den Business-Stress des Tages wegspülten, fiel ich auf wie ein Straßenköter auf der Rassekatzenausstellung. Die Barfrau musste aber schon Schlimmeres erlebt haben und brachte mir, ohne mit auch nur einer ihrer langen Wimpern zu zucken, einen Cocktail an meinen Fensterplatz. Einen Mosquito. Dasselbe wie ein Mojito, nur dass Ginger Ale den Rum ersetzt.

Das Licht der Abendsonne fingerte durch graue Wolkenbänke. Silberschein überzog den Zuger See und die weißen Spitzen der Alpen in der Ferne. Meine Eiswürfel klimperten im kalten Glas. Eigentlich das perfekte Ende für eine Reise.

Ich trank aus und flog nach Hause.

Das SG 551 ist die verkürzte Ausführung des SG 550.
Es eignet sich besonders für Einsätze im maritimen und
urbanen Umfeld.

Aus dem Katalog des Schweizer Waffenherstellers *Swiss Arms*

Vielleicht hatte ich einen Fehler gemacht. Vielleicht hätte ich einfach weiterreisen sollen wie bisher. Aber die Entscheidung war gefallen, und ein Zurück gäbe es nur zum Preis von ... Ich mochte es mir gar nicht vorstellen.

In einer halben Stunde wollte ich Amara treffen. Am Fuß des grünen Rütli-Hügels, auf dem blauen Vierwaldstättersee, an Bord eines weißen Schiffes.

Sofern sie es pünktlich schaffte.

Bisher war alles glattgegangen. Ich war von Berlin nach Zürich geflogen und vom Flughafen gleich weitergefahren und saß jetzt in der Bahn nach Brunnen. Amara hatte heute Morgen vor ihrer Haustür den ersten Bus des Tages genommen und dann zwei Umstiege meistern müssen. Sie hielt mich ständig auf dem Laufenden: »Amara im Bus«, »Zügli gefunden« ...

Die Unterbrechung meiner Reise nach dem Cocktail in der Zuger Panorama-Bar war dem vor Monaten angesetzten Kinderfernseh-Drehbuch-Meeting und dem runden Geburtstag einer lieben vietnamesischen Freundin geschuldet. In den Tagen danach hatte ich mir im Internet einen Schweizer Gleitschirmprofi namens Urs ausgesucht, der mir eine sichere Landung auf meinem i-Punkt versprach. Amara hatte beim Betrachten seines Fotos keinerlei negative Schwingungen empfangen.

Ich buchte außerdem einige Doppelzimmer und eine Klosterzelle, erstellte weitere Reisepläne sowie eine Gepäckliste, die ich Amara schickte.

Nach genau einer Woche kehrte ich nun zu den Schweizern zurück, für den zweiten Teil der Reise: dem *eiz*.

Weil es überall voll war, saß ich im Fahrradabteil der Regionalbahn nach Brunnen auf einem Klappsitz.

Die Zwischentür schwang auf. Fünf Mann in Tarnkleidung, das Sturmgewehr über der Schulter, polterten herein. Nasse Erde fiel von ihren Schnürstiefeln. Schnallenbewehrte Gurte schnürten ihre Oberkörper ein. Daran hingen in Hüfthöhe wie bei Packpferden prall gefüllte Taschen. Große Rucksäcke belasteten sie zusätzlich. Sie türmten alles zu einem Berg neben der Tür auf und ließen sich auf die blauen Klappsitze fallen. Ihre Sturmgewehre nahmen sie zwischen die Beine, vorschriftsmäßig mit der Mündung nach unten. Die Waffe reichte bis übers Knie und wäre noch länger gewesen, aber die Schulterstützen waren abgeklappt.

Die jungen Männer, keiner älter als zwanzig, erfüllten jedes Klischee eines Army-Films. Es gab den Dicken, den Schönen, den Dummen, den Klugen und den Scherzkeks. Ich sah mich um, ob noch ein Kamerateam hinterherkäme. Doch es handelte sich um echte Rekruten, die entweder zu ihrem Dienst einrückten oder – es war Freitag – nach Hause zu Mutti fuhren.

Die Kluge mit der Brille las, der Schöne kämmte sich das Haar, die anderen wurden von ihren Smartphones ruhiggestellt. Aus den Kopfhörern des Dummen drangen Schreie und Schüsse, und der Scherzkeks versuchte, ihn mit lustigen YouTube-Videos von seinem Ballerspiel abzulenken.

In der Schweiz besteht allgemeine Wehrpflicht für Männer. Frauen können sich freiwillig zur Armee melden. Die Besonderheit der Schweizer Armee ist das Milizsystem. Nach einer, je nach Truppengattung, 18 bis 25 Wochen dauernden Grundausbildung an der Rekrutenschule besteht für die Angehörigen der Armee, kurz AdA, weiter Dienstpflicht, und sie müssen, im

Regelfall bis zum 34. Lebensjahr, jährlich zu einem mehrwöchigen Wiederholungskurs einrücken, dem WK. Dort treffen die AdA üblicherweise auf die immer gleichen Kameraden – ihre Einheit. Jeden WK muss der AdA im DB eintragen lassen, dem Dienstbüchlein.

Die Schweizer Armee verfügt über Heer und Luftwaffe, denen 120 000 aktive AdA und 80 000 Reservisten zur Verfügung stehen. Hinzu kommen Deutsche Schäferhunde, Pferde und Maultiere. Die Hunde suchen nach Minen und Menschen. Pferde und Maultiere sind in unwegsamen Bergregionen jedem Jeep überlegen. Eine Marine fehlt mangels Meer. Die Grenzseen, wie der Genfersee oder Bodensee, werden von den sogenannten Genietruppen gesichert. Die sind nicht etwa schlauer als die anderen, sondern zuständig für die Schaffung und Sicherung von Verkehrswegen. Und deren Zerstörung. Falls ein Feind kommt.

Besondere Erwähnung sollte die Sondereinheit SACT finden. Sie brilliert regelmäßig in internationalen Leistungsvergleichen. Bei der Koch-WM in Luxemburg und der Erfurter Koch-Olympiade holte das Swiss Armed Forces Culinary Team, die Schweizer Nationalmannschaft der Armeeköche, jeweils zweimal den Titel.

Der dicke Rekrut holte eine Tupperdose hervor. Er bot reihum Apfelschnitze an, die man ihm gar nicht zugetraut hätte. Soldaten, die an Äpfeln knabbern, sehen sehr friedlich aus. Schießen konnten sie momentan ohnehin nicht. Soldaten dürfen zwar nach wie vor ihre persönliche Waffe, das halbautomatische Sturmgewehr SG 550, mit nach Hause nehmen, müssen aber seit 2008 die Munition in den Retablierungsstellen, dem Zeughaus, lassen. Davor hatte jeder Soldat Taschenmunition besitzen dürfen, die ihm im Ernstfall helfen sollte, sich zu seinem Sammelpunkt durchzukämpfen. Nach Ende der Dienstpflicht kann die persönliche Waffe gegen Vorlage eines Waffenerwerbsscheines und 100 Franken in bar behalten werden. Schätzungen zu Folge befinden sich rund eine halbe Million Sturmgewehre in Schweizer Privathaushalten.

»Treffen wir uns in Brunnen vor dem Frauenklo?«, schrieb Amara.

Peng! – zerplatzte meine schöne Vorstellung, sie auf einem Schiff vor dem heiligen Rütli-Hügel in die Arme zu schließen.

Vor der Damentoilette des Bahnhofs Brunnen stand niemand. In der Damentoilette sehr wohl. Allerdings nicht Amara, sondern eine Frau, die mein forsches »Grüezi wol« mit Flucht in eine Kabine beantwortete.

»Spatzeliii!«

Ich wirbelte herum.

Der Anblick war überwältigend.

Über den Bahnsteig schob ein riesiger schwarzer Rucksack ein pinkfarbenes Top vor sich her. Darunter arbeiteten, von Shorts in Tarnfleckenmuster kaum bedeckt, zwei nackte Beine, die in schweren Bergschuhen endeten.

Über dem pinken Oberteil strahlte mich, umflossen von schwerem, dunklem Haar, Amara an. »Halloo Babyyy!«

Sie rannte die letzten Schritte, was den Minidutt auf ihrem Kopf lustig wackeln ließ, breitete die Arme aus und drückte, auf Zehenspitzen stehend, ihre Lippen auf meine, was eigentlich schon länger nicht mehr zu unseren Umgangsformen gehörte. »Hab eben noch Ziggis geholt.«

»Toll siehst du aus!«

»Wanderig, oder?« Sie drehte sich einmal im Kreis. »Ich war gestern in einem Outdoor-Outlet. Zwei Stunden Rucksackberatung! Ich habe alle ausprobiert. Du weißt ja, wie lange ich brauche, bis ich mich entscheiden kann. Aber schau ...«, sie hob ihn beidhändig an. Auf seiner Rückseite war ein Aufnäher mit kleinen Zeichnungen zu sehen. »Da sind die wichtigsten Notsignale für die Berge abgebildet. Falls wir uns verirren. Und er ist regendicht!«

Das war meiner ja nicht. Dafür wog er vollgepackt – das wusste ich seit dem Flug – 6,9 Kilo, ohne Wasserflaschen.

Ich griff unter den Boden von Amaras Rucksack, um ihn einhändig anzuheben. »Großer Gott!«, rief ich. »Was hast du da drin? Ich habe dir doch eine Packliste ...«

»Nicht meckern. Du musst ihn ja nicht tragen. Freu dich lieber, dass ich da bin! Hättest du nicht gedacht, oder?«

»Nein«, gab ich zu. »Hast du gut gemacht!«

»Ich bin gestern extra nicht ins Bett gegangen, damit ich heute nicht verschlafe.«

In langen Schritten eilten wir dem Hafen entgegen.

Start unserer Reise zu zweit war Brunnen am Rücken des e. Unsere Fahrt ging quer übers Knie des Vierwaldstätter Flaschengeistes. Zu Fuß lässt sich der Rütli auch erreichen, per Schiff geht es schneller.

Unsere Anwesenheit senkte den Altersdurchschnitt an Bord deutlich. Dank ihrer bis in den letzten Bergwinkel reichenden Verkehrswege ist die Schweiz ein Seniorenreiseparadies.

Von der Reling schauten wir auf See und Berge. »Ich komme mir vor, als würde ich in einer Postkarte stehen«, kommentierte Amara den Anblick.

Auf dem steilen Weg von der Anlegestelle zur berühmten Wiese keuchte sie: »Ich ... bin ... das ... gewöhnt. Das ... macht ... mir ... nichts ... aus. Fuck!«

Immerhin brauchten wir zur Fortbewegung weder Gehstock noch Rollstuhl. Oben an- und zu Atem gekommen, vergaßen wir schnell den schweißtreibenden Aufstieg. Scharfzackige Felswände ragten in den blauen Himmel. Davor lag der grüne Wiesenhang, von dem wir auf den glitzernden Urner See, den untersten Abschnitt des Vierwaldstätters, und weitere Bilderbuchberge blickten.

»Das kenn ich aus der *Tagesschau*«, rief Amara. »Unsere Nationalräte halten ihre Reden vor einem Gemälde vom Rütli.«

»Dort oben in der Felsnische liegt ein Fisch«, schlaumeierte ich, mich der Führung durchs Bundeshaus in Bern erinnernd. »Also nicht in Wirklichkeit, nur auf dem Gemälde.«

»In der *Tagesschau* hab ich nie einen Fisch gesehen.«

»Für die Fernsehkameras ist der Farbunterschied zwischen dem Graubraun der Felswand und dem Graubraun des Fisches zu fein. Der Maler hat ihn dahin gemalt, weil das Bundeshaus am 1. April eingeweiht werden sollte. Fisch heißt auf Französisch *Poisson* und Aprilscherz *Poisson d' Avril*. Der Maler wollte die Politiker ein wenig auf den Arm ...«

»Hör sofort damit auf! Das ist ja peinlich, dass ein Deutscher besser Bescheid weiß über die Schweiz als ich!«

Ich hob entschuldigend die Hände. »Picknick!?«

Im Halbkreis am Wiesenrand standen zwei urige Bänke aus Felssteinen. Die Äste dreier knorriger Kiefern hinter ihnen warfen schaurige Schatten. Ganz klar, die Bäume symbolisierten die drei Eidgenossen. Ein Fahnenmast mit der Schweizer Flagge überragte die Symbolbäume.

Wir überließen die steinernen Bänke einer Seniorengruppe und setzten uns auf einen kleinen Felsen.

Amara betrachte die Schweizer Flagge, die von leichtem Wind bewegt am Mast schaukelte, so dass ab und zu das weiße Kreuz auf rotem Grund aufblitzte.

»Weißt du, was mich Wunder nimmt?«

»Nein.«

»Womit unsere Fahne gewaschen wird.«

»Waschpulver?«

»Ja, schon. Aber Weiß- oder Buntwaschmittel?«

> Ein Wille, ein Ziel einigt uns: Frei wollen wir sein!
> In tiefster Not versprechen wir, einander zu helfen, im Kampfe gegen die Vögte zusammenzustehen und uns vor keiner Gewalt zu beugen.

Beginn des Rütli-Schwurs in Schillers *Wilhelm Tell*

Ist einer unter euch, der nicht bereit ist, sein Leben, sein Gut und sein Blut zu opfern, so verlasse er den Kreis!« Alle, die ihn und den Fahnenmast mit der Schweizer Flagge am höchsten Punkt des Hangs umringten, blieben. Er fuhr fort: »So erhebet, meine Freunde von Uri, Schwyz und Unterwalden, eure Hand zum Schwure! Der dreibeinige Gott sei Zeuge ...« Prusten unterbrach ihn. Schülerschultern bebten. Auch die Lehrerin hatte Mühe, ernst zu bleiben.

»Bisch e Lööl, echt!«, rief ein blonder Junge.

»Severin, den Satz noch mal!«, ermunterte die Lehrerin den Jungen, der seiner Klasse den Rütli-Schwur vortragen musste.

Amara sprang auf. »Uiii, schau! Schau dort!«

Hinter den Schülern schlich ein Ziegenpaar vorbei.

Severin stierte auf sein Blatt. »Der drei...einige Gott sei Zeuge, dass wir beschlossen haben, unsere Freiheit gegen jede fremde Macht und Gewalt zu schützen für uns und unsere Kinder!« Er hob die rechte Hand, Zeige- und Mittelfinger nach oben gestreckt, die übrigen Finger gekrümmt. Der Blonde streckte feierlich die Hand aus.

Eine Diskussion begann, ob man wie in den Filmen in Kino und »TiVi« schwören oder dem Text des Eids folgend einander die Hände reichen müsse.

Am Rand meines Blickfeldes bewegte sich etwas. Ich wandte den Kopf. Eine der Ziegen stand aufrecht auf ihren Hinterbeinen, die vorderen hingen abgeknickt vor der Brust. Sie reckte den Kopf und kam doch nicht an Amaras Fingerspitzen heran, die über ihr kreisten, einen Leckerbissen versprechend.

»Jööö!«, jauchzte Amara. Sie machte ein paar Schritte um die Ziege herum, und die drehte sich auf den Hinterbeinen. »Det äne am Bergli det schtat e wissy Geiss ...«, sang Amara und schwenkte rhythmisch ihre Arme. Die Ziege dazu im Takt ihren Kopf. »Holeduli, diduli, holedulidulidu!«

»Ich habe extra für jeden einen Apfel eingepackt. Wegen Tell!«

Amara hielt mir einen glänzend grünen Apfel hin. Die Ziegen hatten die Lust am Tanzen verloren und waren zu den Schülern zurückgekehrt, die gerade einander die Hände reichten.

»Ich wollte uns auch noch Schinkenbrote machen. Habe gestern extra drei Sorten Schinken gekauft und drei Sorten Brötli. Und als ich mich heute Morgen endlich entschieden hatte, welcher Schinken auf welches Brötli soll, machte das Natel tirili, und ich musste alles stehen und liegen lassen und zum Bus rennen. Jetzt hab ich ein riesen Puff zu Hause.« Puff – Schweizerisch für *Chaos*.

»Und der ganze Schinken liegt jetzt in der Wärme?«

Amara zuckte die Schultern. Ihre Zähne krachten in den Apfel.

Die Lehrerin trat in die Mitte ihrer Schüler, deren Gesichter entweder Desinteresse oder Ehrfurcht zeigten. »Hier auf dem Rütli schlossen die drei Eidgenossen Werner Stauffacher vom Kanton Schwyz, Walter Fürst aus Uri und Arnold von Melchtal aus Unterwalden im Jahre 1291 den Bund zum Kampf gegen die tyrannischen Habsburger.« Die Lehrerin ließ eine Pause. »Das war die Geburtsstunde der Schweiz!«

Einige Schüler begannen zu klatschen, andere lachten darüber.

»Hm«, brummte ich, »ob die wissen, dass das nicht stimmt?«
»Wieso?«

»Die drei Eidgenossen, der Rütli-Schwur, Wilhelm Tell. 1291. Alles erfunden. Sogar der Bundesbrief.«

»Was?!« Apfel spritzte aus Amaras Mund. »Den Bundesbrief habe ich mit meinem Vater besucht. Der hat ein eigenes Haus in Schwyz! ... Also der Bundesbrief, nicht mein Vater.«

»Im Mittelalter wurden ständig Bundesbriefe verfasst. Da vereinbarten Städte oder Kantone, dass sie sich bei Kriegen beistehen und wie Streitigkeiten zu regeln sind. Meist, weil die Zentralregierung schwach war oder ...«

»Ja, aber denen hat man ja nicht allen ein Haus gebaut!«

»Bis 1890 glaubten alle, der Apfelschuss, der Mord an Gessler und der Rütli-Schwur seien 1307 gewesen. Und hielten das für den Gründungsakt der Schweiz. Beziehungsweise den Bund von Brunnen, der nach der Schlacht von Morgarten geschlossen wurde, als 1315 die Schweizer ein paar tausend Österreicher niedermetzelten. Da sagen die einen so, die anderen so.«

»Spatzeli, hattest du Appetit auf ein Lexikon oder wolltest du mich nur ärgern?« Sie hielt den Apfel zwischen Daumen und Mittelfinger und schien sich zu wundern, dass schon die Hälfte weg war.

»Ich wollte einfach wissen, wo ich hier bin. Das ist ja nicht irgendeine Wiese.«

Die Schulklasse schwärmte aus. Einige Jungen, darunter Severin und der Blonde, stellten dem Ziegenpärchen nach.

»Das heißt, eigentlich ist es schon irgendeine Wiese, weil ... Es war so: 1891 wurde Bern siebenhundert Jahre alt. Um das Ganze ein bisschen aufzuwerten, dachte man sich, feiern wir doch gleich die Gründung der Schweiz mit. Irgendwem fiel ein, dass es da im Archiv eine alte Urkunde gab, die auf August 1291 datiert ist und den Bund von Schwyz, Uri und Unterwalden besiegelt. Allerdings fehlt das Siegel von Schwyz. Außerdem steht auf der Urkunde etwas von Nidwalden und nicht von Unterwalden. Könnte also auch Obwalden sein. Weil das auf der Urkunde von Unterwalden verwendete Siegel für Ob- und

Unterwalden galt. Jedenfalls stellt die Urkunde eine Art Friedensbündnis zwischen drei Kantonen dar und eignete sich prima als Gründungsdokument der Schweiz. Damit man alles beieinander hatte, wurden Apfelschuss, Gessler-Mord und Rütli-Schwur vorverlegt. Jetzt weißt du's!«

Amara knabberte gedankenverloren an ihrem Apfel. Es war nicht mehr viel übrig. »Ist das wirklich wahr?«

»Soll ich schwören?«

»Und was ist mit der Hohlen Gasse?«

»Die wurde kurz vorm Zweiten Weltkrieg gebaut. Genau wie das Haus für den Bundesbrief. War gedacht zur Stärkung der geistigen Landesverteidigung. Das hieß wirklich so. Ein böser Landvogt Gessler lässt sich weder für Schwyz noch für Uri nachweisen.«

»Und ein guter?«

»Auch nicht.« Ich polierte meinen Apfel mit dem T-Shirt blank.

Amara drehte ihr Apfelgehäuse am Stiel zwischen Daumen und Zeigefinger. »Wie sagt ihr dazu?«

»In Berlin ... Appelgriebsch.«

»Bei uns heißt es Bütschgi! Jedenfalls in Zürich.« Amara freute sich, das ich etwas von ihr lernte. »Wiederhole es.«

»Bütschgi«, sagte ich brav.

»Sehr gut.« Sie legte ihr Bütschgi in eine Plastiktüte. »Und den Tell hat sich der Schiller ausgedacht?«

»Nein, ursprünglich war es eine Idee von Goethe.«

»Wirklich? Wenn es wenigstens ein Schweizer gewesen wäre ...«

Da konnte ich sie beruhigen. »Also, die Sage vom Tell und vom Rütli-Schwur tauchte zuerst in Schweizer Textsammlungen im 15. Jahrhundert auf. Später auch bei den Gebrüdern Grimm. Das heißt, Goethe hat Tell nicht erfunden.«

»Na, wenigstens das!«

»Er stieß bei einer seiner Schweiz-Reisen auf ihn, versuchte, ein Stück draus zu machen, und überließ das Thema schließlich seinem Dichterkumpel Schiller. Bei der Uraufführung in Weimar führte Goethe aber Regie.«

»Hier auf dem Foifliber ...« Sie kramte ein Fünffrankenstück hervor. »Tell.«

»Eigentlich«, auch darüber hatte ich gelesen, »zeigt es nicht Wilhelm Tell, sondern einen anonymen Bauernhirten.«

»Oh, Mann ey! Ich habe wirklich geglaubt, den Tell hat's gegeben. Es steht sogar ein Denkmal im Nationalratssaal!«

»Da hätte man auch den Weihnachtsmann aufstellen können.«

»Den Weihnachtsmann gibt's auch nicht???« Eine Ziege stupste Amara von hinten an. »Hast du das gewusst, du Harthörnli?« Amara kraulte der Ziege den Bart. »Nur fürs Protokoll: Das mit dem Weihnachtsmann wusste ich!«

»Und übrigens: Die Apfelschussnummer ist keine Schweizer Erfindung, sondern wurde wohl aus einer dänischen Sage übernommen.«

»Jetzt ist aber Schluss!« Ihre Faust traf meinen Oberarm.

»Aua!«

»Hör auf rumzujammern«, schimpfte sie. »Ich habe auch Schmerzen. Hier drinnen!« Sie schlug sich theatralisch auf die Brust, wo ihr Schweizer Herz schlug.

Ich schmunzelte.

»Da brauchst du gar nicht so blöd tun.« Sie schnappte ihre Zigaretten und stapfte ans andere Ende der Rütli-Wiese.

Die Ziege blieb und zerkaute die Riemen meines Rucksacks. Sie glänzten schon vor Ziegenspucke. Mein »Hau ab!« ignorierte die blöde Ziege. Meinen Apfel auch.

»Geisse frässe kener Öpfle!«, belehrte mich Severin. »Brot isch bässer!« Er drückte mir ein Stück von seinem in die Hand.

Die Ziege war sofort bereit, vom Rucksack abzulassen. Bis das Brot alle war, machten wir ein paar Kunststücke zusammen. Anschließend streifte ich umher und schoss Fotos von all dem Grün, Blau und Felsgrau. Und dem Weiß der Schiffe. Und dem Rotweiß der Flagge, die schlaff am Fahnenmast hing.

Die Kamera vor dem Auge, wartete ich auf den nächsten Flattermoment. Nichts rührte sich.

»Soll ich Wind machen?«, fragte Amara, plötzlich hinter mir.

Ohne meine Antwort abzuwarten, lief sie auf die Wiese, starrte nach oben. Bewegte ihre Arme wie der Adler seine Schwingen.

Die Flagge erzitterte, hob sich und entfaltete ihre ganze Pracht.

Zufall selbstverständlich.

Zwischen Uri und Glarus,
zwischen Altdorf und Linthal,
zwischen Himmel und Erde.

Selbstbeschreibung des Hotels *Klausenpasshöhe*

A uf dem Schiff vom Rütli nach Flüelen, dem zu Füßen des Vierwaldstätter Flaschengeistes gelegenen Knappzweitausendeinwohnerdorfs, rumorte mein Magen fast lauter als die Schiffsmaschine. Ein Apfel ist eben kein Mittagessen.

Amara hatte angeblich keinen Hunger. Ich kaufte mir im Bahnhofskiosk ein »Indian Chicken«-Sandwich.

»Krieg ich eine Hälfte?«

»Ich hab dich eben gefragt, ob du Hunger hast.«

»Da wusste ich doch nicht, dass ich jetzt Hunger bekomme!«

Wir teilten uns das Sandwich.

»Wir brauchen noch Fahr... Sorry!« Amara war ein Stück Chicken aus dem Mund geflogen. Sie schnipste es von meinem Oberschenkel.

»Wir brauchen noch Fahrkarten für mich.« Sie holte eine rote Plastikkarte hervor. Das Halbtax-Abo. Es halbiert sämtliche Fahrpreise. Eine Art *Swiss Travel Pass* für Einheimische.

Der Fahrkartenverkäufer thronte hinter einer Glasscheibe mit Sprechloch in der Mitte und einer Schublade darunter zum Austausch von Geld und Fahrkarten. Solche Verkaufsschalter gibt es in Deutschland kaum noch. Da stehen Bahnmitarbeiter für mehr Nähe zum Kunden hinter einem Tresen ohne trennende Scheibe. Vor dem Tresen bildet sich meist eine lange Schlange, und wer ganz am Ende steht, versteht die tatsächliche Bedeutung von *Fernbahnhof*.

»Also«, erklärte ich dem Mann hinter seiner Scheibe, »wir fahren heute zum Klausenpass und morgen von dort über Linthal, Ziegelbrücke und Pfäffikon zur Togesa nach Rothenthurm und von dort nach Einsiedeln.«

Er sah mich an, als hätte nicht er, sondern ich eine Scheibe. »Das isch en risige Umwääg!«

»Richtig, aber aus bestimmten Gründen muss es sein.« Zu erklären, dass wir im Kreis fuhren, weil wir ein imaginiertes e entlangreisten, würde mein Ansehen bei ihm kaum verbessern.

Amara kürzte die aufkeimende Diskussion ab, indem sie die Augen verdrehte, eine Kopfbewegung in meine Richtung machte und den Verkäufer auf meine Herkunft hinwies: »Düütschä.«

Das war ihm Erklärung genug, und er reduzierte Amaras Halbtax-Fahrpreis aus Mitleid zusätzlich durch ein Sparangebot.

Ein PostAuto sollte uns von Flüelen zu unserem Quartier am Klausenpass bringen. Bei der Reiseplanung hatte der Begriff PostAuto bei mir sofort die romantische Vorstellung eines kleinen tapferen Wagens ausgelöst, der von Dorf zu Dorf bummelt – bis auf die entlegenste Alm. Ich sah mich inmitten von prallen Postsäcken sitzen, den Rucksack zwischen den Beinen, und fasziniert den Geschichten des PostAutoFahrers lauschen.

Unser PostAuto war gar kein Auto, sondern ein gelber, einfach ausgestatteter Reisebus mit Kasse und Billettdrucker neben dem Fahrer wie in einem Stadtbus. Amara saß links hinter dem Fahrer, ich rechts an der Türseite, so dass jeder zum Fenster hinaussehen konnte.

PostAuto gehört zwar zur Schweizer Post, ist aber ein normales Busunternehmen, das städtische und überregionale Strecken bedient. Mit einer Besonderheit.

»Triii-traaa-trooo! Trrr…iii…ii-traaa-tro…o…o!«

Das Signalhorn unseres PostAutos brachte Amaras Augen zum Leuchten »Ist das nicht wundervoll?«

»Triii-traaa-trooo! Trrr…iii…ii-traaa-tro…o…o!«

Der Fahrer löste das Signalhorn per Knopfdruck vor unübersichtlichen Kurven oder Engstellen aus. Amara fand, es sei kein Tri-Tra-Tro, sondern ein »Dü-da-do«. Schließlich singe jedes Schweizer Kind »Dü-da-do – Post-au-to!«.

Ich rechtfertigte meine Version damit, dass das Horn ganz heiser tutete und besonders bei der Wiederholung den Eindruck machte, es breche gleich röchelnd zusammen. So oder so freuten wir uns jedes Mal wie Kinder, wenn der A-Dur-Dreiklang aus cis-e-a ertönte.

In den Dörfern gehörten Schule, Dorfplatz und Post zu den Standardstopps des PostAutoBusses. Dazwischen war es häufig ein an der Hauptstraße endender Weg, der von einem weiter oben liegenden Bauerngehöft kam – beziehungsweise zu ihm hinaufführte. An bestimmten Haltestellen hielt der Busfahrer länger, um Verfrühungen auszugleichen oder auf andere Busse zu warten. Meist folgte an diesen Haltestellen auf den Ortsnamen der Zusatz *Post*.

»Triii-traaa-trooo! Trrr…iii…ii-traaa-tro…o…o!«

Selbstverständlich darf ein PostAutoBusFahrer nicht überall nach Lust und Laune herumtröten, sondern nur auf Verkehrswegen, die durch ein blaues Schild mit gelbem Horn als Bergpoststraßen ausgewiesen sind. Da die »Hoheit der Signalisation« seit Anfang der neunziger Jahre bei den einzelnen Kantonen liegt und es kein Bergpoststraßengesamtverzeichnis gibt, weiß niemand, wie viele solche Straßen in der Schweiz existieren.

»Triii-traaa-trooo! Trrr…iii…ii-traaa-tro…o…o!«

Getutet wird seit Postkutschenzeiten, die ab 1919 durch den Einsatz motorbetriebener Fahrzeuge nach und nach endeten. Häufig kam es auf den engen Alpenstraßen zu Unfällen mit

Privatautos, nicht zuletzt, weil die handbetätigte PostAuto-Hupe zu wenig akustische Reichweite hatte. Daher bekamen ab 1924 alle PostAutos ein in Paris gefertigtes und von einem elektrischen Kompressor beatmetes Dreiklanghorn.

»Triii-traaa-trooo! Trrr...iii...ii-traaa-tro...o...o!«

Selbst bei PostAutos neuester Generation tönt im Motorraum ein Dreiklanghorn alter Bauart, das seit dem Zweiten Weltkrieg, als der Hupennachschub aus Frankreich ausblieb, in Lizenz von Schweizer Firmen gefertigt wird. Per Hand. Da das Huphorn meist langlebiger ist als die Fahrzeuge, wird es bei Verschrottung ausgebaut und weiterverwendet. Ausgemusterte Busse dürfen nur ohne Horn verkauft werden, denn allein PostAutos ist es gestattet, »Tri-tra-tro!« zu tröten: Die ersten Töne der Ouvertüre zu Rossinis Oper *Wilhelm Tell*.

Die Klausenpasshöhe liegt auf 1948 Metern, das gleichnamige Hotel stand etwa hundert Meter tiefer. Ein mit grauen Ziegeln verblendetes, vier Fenster breites Haus direkt an der Passstraße. Es ruhte auf einem geschosshohen Felssteinsockel, der eine umlaufende Terrasse bildete. Hinter dem zweistöckigen Haus stieg ein Wiesenhang an, der unterhalb einer bedrohlich aufragenden Felswand endete. Der turmartige Mittelgiebel unseres Hotelchens hätte anderswo wehrhaft gewirkt, hier verbreitete er die Hilflosigkeit eines Vierjährigen, der, die Unterlippe trotzig vorgeschoben, den erzieherischen Maßnahmen des Papas nichts entgegenzusetzen hat. Seit das Hotel 1903 erstmals Gäste beherbergte, ist es Spielball von Kriechschnee: eine Zeitlupenlawine, die am Tag nur Millimeter, aber insgesamt unaufhaltsam Hänge hinabkriecht. Nach jedem Winter steht das Gebäude ein bisschen schiefer.

Auf der Terrasse saßen unter gelben Sonnenschirmen Übernachtungsgäste und Tagesausflügler, die per Auto, Bus oder Motorrad heraufgefunden hatten und den spektakulären Blick auf Berg und Tal genossen.

»Zum ersten Mal«, sagte ich, aus unserem Fenster gelehnt, »kein Nebel, wenn ich in den Bergen bin.«

»Und wem hast du das zu verdanken?«

Warum Amara bloß für alles verantwortlich zu sein glaubte?

»Dem Wetter!«, rief sie fröhlich.

Unser Zimmer war ein schmaler Schlauch. Decke, Boden und Wände aus hellem Holz. Das querstehende Bett reichte fast von Längswand zu Längswand.

»Spatzeli, noch mal: Es wird nicht gefummelt!«

»Jahaaa.«

»Müssen wir uns etwa da waschen?« Neben der Tür standen auf einem antiken Waschschrank unter einem goldgerahmten Spiegel Porzellanschüssel und Wasserkrug.

»Es soll hier«, sagte ich, »eine Dusche auf dem Gang geben. Ich wette, mit Klemmhebel-Kugelgelenk. Oh, schau mal!« Anstelle einer Nachttischleuchte hing neben jeder Bettseite an einem kleinen Nagel eine Minitaschenlampe.

»Jööö!«

Wir leuchteten uns gegenseitig an.

»Wann müssen wir morgen aufstehen?«, fragte sie.

»Um sieben.«

»Okay, du bist dafür verantwortlich, dass ich das schaffe.«

Unser Tisch auf der Terrasse stand mir zu sehr in der Sonne. Amara wollte braun werden.

Am zweiten Tisch gab es Sonne und Schatten. Im Schatten war es mir zu kalt.

Wir zogen an den ersten Tisch zurück.

Ich wollte etwas essen, Amara wollte rauchen.

Ich bestellte ein Steak, da wollte Amara auch eines.

Dann war einen Moment Ruhe, und die anderen Gäste auf der Terrasse nahmen ihre Gespräche wieder auf.

Nach dem Essen regte ich einen Spaziergang an, bevor die Sonne wieder hinter den Bergen verschwinden würde.

Amara regte an, ich solle sie in Ruhe lassen.

Also kraxelte ich allein den Hang hinterm Hotel hoch. Setzte mich auf eine Bank und guckte.

Nach dem Gucken schrieben wir uns Nachrichten. Ich von der Bank, Amara von der Terrasse. Wir verabredeten uns auf der Passstraße. Dort spazierten wir im Licht der untergehenden Sonne herum, und Amara fühlte sich zum *Ave Maria* inspiriert. Sie besitzt eine sehr schöne Soulstimme und weiß das.

Jetzt wussten es auch die Leute auf der Terrasse.

Wir verließen die Passstraße, schlitterten einen durchweichten Weg hangabwärts. Am Ufer eines Gebirgsbaches verloren wir das Gleichgewicht, konnten uns aber im letzten Moment noch aneinander festhalten. Von der Terrasse glaube ich, erleichtertes Aufatmen zu hören.

Kurz vor zehn ging ich schlafen. Ich schlief hervorragend. Bis Amara gegen Mitternacht vom Duschen, Haarewaschen und Rauchen zurückkam. Sie stolperte im Dunkeln ein paarmal über ihre Sachen – »Uii! Nei! Ahh!« –, machte dann (»Sorry! Sorrysorry!«) das Licht an. Und räumte auf.

Irgendwann schlief sie endlich. Es war deutlich zu hören.

Ich berührte ihre Schulter. Ihr Schnarchen wurde lauter. Ich rüttelte sie – sie kam leicht aus dem Rhythmus. Ich rammte ihr mein Knie in die Seite. Sie verstummte.

Dieses Spiel spielten wir alle halbe Stunde.

Es war KEIN Fummeln!

»Guten Morgen, sieben Uhr. Munter werden!«

»Bin da. Bin munter.« Amara artikulierte klar und deutlich. Davon abgesehen wies nichts daraufhin, dass sie sich in dem behaupteten Zustand befand. Verschüttet von ihren Haaren lag sie wie ein liederliches Schneewittchen diagonal im Bett. Ein Bein auf der Decke. Den Po herausgestreckt. Bewegt von tiefen Atemzügen.

Ich ging im Bad auf dem Flur duschen – wie erwartet hing der Duschkopf in einer Klemmhebel-Kugelgelenk-Konstruktion.

Als ich zurückkam, saß Amara kerzengerade mitten im Bett. Die Augen geschlossen, ihr Gesicht hinter einem Vorhang aus Haaren. »Wieso hast du mich nicht geweckt?«

»Du hast eben gesagt, du bist munter.«

»Ich bin erst munter, wenn ich stehe ... Hey! Loslassen. Loslassen! ... Okay-okay, das zählt als Stehen.«

Am blauen Himmel schwebten über dem Tal wie große bunte Pilze Gleitschirmflieger. Amara, die wieder hinter dem Fahrer saß, blickte zu meinem Türplatz herüber und deutete stumm hinaus. Ich nickte. Bald würde auch ich vom Himmel schweben.

Die Gebirgsmassen rundum degradierten unseren Bus zu einem kleinen gelben Kasten, der scheinbar orientierungslos ins Tal taumelte. Dabei folgte er nur stur den Serpentinen, schwenkte mal in die eine, mal in die andere Richtung, schien kehrtzumachen, bevor er wieder herumschwang, regelmäßig seinen Triii-Traaa-Trooo-Warnruf ausstoßend, was die Kühe, die dicht an der Straße auf den Wiesen standen, nicht kümmerte. Sie kauten, wieder und wieder.

Ihre Kopfhörer im Ohr, die Stirn an die große Seitenscheibe gedrückt, fixierte Amara einen Punkt irgendwo in der Ferne, selbst wenn die von Felswänden verstellt war.

Ich rückte hinüber auf ihren Nebenplatz. »Alles in Ordnung?«

»Wie schön es da aussieht!« Sie starrte weiter nach draußen. »Wäre ich nicht so verpeilt, würde ich so was viel öfter machen.«

Der Busfahrer bremste hart. Eine Kuh war auf die Straße getreten. Ihr knochiges Hinterteil schwenkend, trottete sie wie ein sediertes Model vor uns her.

»Ich bin echt froh, dass ich mal nicht denken muss.« Amara

zog einen Kopfhörer aus dem Ohr und wandte das Gesicht zu mir. »Dass ich stattdessen einfach jemandem nachlaufen kann und nicht aufpassen muss. Ich verirre mich ja sogar in Zürich. Und ich bin da geboren!«

»Ich hab mich auch ein paarmal verlaufen.«

»Nein, das ist bei mir etwas anderes. Du gehst los und sagst dir: Okay, ich muss zum Museum. Das Museum soll am Bahnhof sein. Also muss ich zum Bahnhof. Wie komm ich zum Bahnhof? Mit dem Tram ... Und so weiter. Bei mir ist es so: Ich muss zum Museum. Das Museum soll am Bahnhof sein ... Es fährt ein Zug nach nirgendwo, dadadadaa dadadadaa ... Und plötzlich merke ich, ich sitze im falschen Tram.«

»Verstehe ich nicht.«

»Dieses Informationsding. Du kannst wichtig und unwichtig sortieren. Vielleicht fällt dir bei Bahnhof auch das Lied ein, aber das drückt dein Hirn sofort weg. Bei mir ist alles erst mal gleich wichtig. Und dann wird es für das ADS-Kindchen ein bizzeli kompliziert.« Sie blies eine Haarsträhne aus der Stirn. »Kann man nix machen. Deshalb find ich's gerade sehr schön.«

Ihre Hand strich über meinen Rücken und zuckte zurück, als hätte sie einen Schlag bekommen.

»Wähh! Du schwitzt.«

Det äne am Bergli, (Dort oben am Berglein,)
det schtat e wissy Geiss. (da steht eine weiße Ziege.)
I ha si welle mälche, (Ich habe sie melken wollen,)
da haut si mir eis (da verpasst sie mir eins.)

Beliebtes Schweizer Kinderlied, 1. Strophe

Hörst du das?« Amara lief schneller. Wir marschierten an der linken Seite einer von Wiesen und Gewerbehallen gesäumten Landstraße entlang. Rechts davon verliefen Zuggleise. Dann kam ein Zaun und dahinter eine Halle von der Größe zweier Tennisfelder. Aus der schallte helles Gebimmel herüber. Als würden tausend Christkindlein zur Bescherung rufen.

Vor uns überspannte eine Betonbrücke Gleise und Straße.

»Wenn wir da sind, muss ich erst mal was saufen«, stöhnte Amara, während wir uns die Brückenauffahrt hinaufquälten. Laut Zeitungen war heute der heißeste Tag des Jahres. Auf dem Parkplatz vor der Halle drängten sich Autos, Kleinlaster und Anhänger.

Wir steuerten auf ein offenes Hallentor zu. Zum lieblichen Geläut der Glocken gesellte sich stotterndes »Mäh-ä-ä-ä«, das jedes Mal aus einer anderen Richtung zu kommen schien.

Wir traten ins Halbdunkel.

»O mein Gott! Spatzeli!«

»Na, sind das genug Ziegen für dich?«

Die Halle unterteilten quer und längs endlose Gatterreihen. Dicht an dicht waren Hunderte Ziegen angebunden. Schneeweiße und wollige graue und rehbraune mit schwarzen Ohren. In den Gängen dazwischen wogten Menschenmassen.

Dafür, dass ein Mann am Bahnhof auf unsere Frage, wo es

zur Togesa ginge, geantwortet hatte: »Isch die hoit?«, war ganz schön was los.

»Ich versuche mal, unsere Rucksäcke sicher unterzustellen«, sagte ich. »Besorgst du was zu trinken?«

Ein Drittel der Halle war von einer hölzernen Galerie überbaut. Darunter standen Bierbänke und schmale Tische. Auf mehreren Grills brutzelten Ziegenbratwürste. Verschwitzte Bäuerinnen verkauften Milch von Ziegen, Käse von Ziegen, Wolle von Ziegen, Felle von Ziegen. Und Honig. Von Bienen.

Außerdem wurde allerlei Ziegenbedarf feilgeboten wie Kämme, Bürsten, Eutersalbe, säckeweise Futterpellets und bunt bestickte Lederhalsbänder mit und ohne Glocke.

Ich schleppte meinen und vor allem Amaras Rucksack quer durch die Halle zum Organisationsbüro, das sich in einem grauen Betonquader in einer Ecke befand. Hinter dem Schalterfenster des Büros saß eine mürrische Zwanzigjährige.

»Grüezi, guten Tag«, sagte ich.

»Ja?«, sagte sie.

»Wir sind von weit angereist.« Es klang nach: Von draußen vom Walde komm ich her. »Könnten wir bei Ihnen unser Gepäck unterstellen?«

Weil ich von »wir« sprach, spähte sie über meine Schulter, wo niemand stand, weil Amara ja Getränke besorgte. Bevor ich zu einer Erklärung ansetzen konnte, murmelte die junge Frau etwas wie: »Da muss ich erst rumklingeln«, und griff zum Telefon.

Si hät mer eis gehaue, (Sie hat mir eins verpasst,)
Das tuet mer so weh. (das tu mir so weh.)
Jetz mälch i miner Läbtig (Jetzt melke ich meinen Lebtag)
Kei wyssi Geiss meh... (keine weiße Ziege mehr.)

Sehr beliebtes Schweizer Kinderlied, 2. Strophe

'Sgaht scho, merci, sorry ...«, tönte es hinter mir. Drei große Plastikbecher zwischen den Händen, bahnte sich Amara den Weg durch die Menge. Aus den Bechern schwappte es. Sie schlürfte von jedem einen Schluck weg.

»Hallihallo. Ich wusste nicht, ob du Cola oder Wasser magst, deswegen habe ich dir beides gekauft.«

Ich befreie sie von zwei Halbliterbechern. »Was trinkst du?«

»Weißweinschorle. Salute!«

Wir stürzten die kalte Flüssigkeit hinunter, bis es in der Kehle stach. Nachdem uns ein genießerisches »Ahhh ...« entwichen war, nickte Amara in Richtung unserer Rucksäcke, die an der Außenwand des Büros lehnten. »Ging nicht?«

Ich schüttelte den Kopf. Die mürrische Frau im Büro telefonierte nicht mehr und schien mich vergessen zu haben.

»Ich regele das mal ... Exgüsi ...«, trat sie ans Fenster.

Eine Durchsage dröhnte aus übersteuerten Lautsprecherboxen. Die Menge in der Halle geriet in Bewegung. Kinder rannten zwischen den Erwachsenen hindurch, um irgendwo Erster zu sein. Amara fasste mich am Arm: »Komm mit raus, ich muss eins rauchen.«

Ich drehte mich um, das Gepäck war weg.

»Sie meinte«, erklärte Amara, »sie hat zu dir gesagt, du sollst die Rucksäcke reinbringen, und du hast nichts gemacht.«

»War wohl ein Missverständnis. Da vorne passiert gleich was«, wies ich in die Richtung der vielen Menschen.«

»Ich muss erst eins rauchen.«

Im Schatten einer Reihe Kleinlaster an der Längsseite der Halle steckte sich Amara eine Parisienne an und trank von ihrer Schorle. Ich nahm mir den Cola-Becher vor. Noch überwältigt vom Gewusel in der Halle, hingen wir unseren Gedanken nach.

Die Hitze machte schläfrig.

Mit vorgebeugtem Oberkörper, als brause ihm ein Schneesturm entgegen, kam langsam ein dünner alter Mann durchs Hallentor ins Helle. Ein viel zu weites Bauernhemd, blau mit schmalen, von einer Alpenrosenblüte unterbrochenen Streifen, umflatterte ihn. Seine Hände umklammerten einen Strick, der stramm über seine Schulter verlief. Am anderen Ende stemmte ein weißer Ziegenbock von der Größe einer Dogge seine gespaltenen Hufe gegen die Laufrichtung, warf seinen großen Kopf hin und her. Und konnte doch nichts ausrichten gegen den Strick um seinen Hals und die Kraft seines Herrn.

Amara und ich schmunzelten uns an. »Wie wundervoll«, flüsterte sie, denn Mann und Bock trugen den gleichen spitzen, weißen Bart.

An der Außenwand der Halle waren weitere Ziegen angebunden. Zwei kleine, schmale, weiße standen sich gegenüber. Sie senkten die hornlosen Köpfe, verharrten und machten plötzlich gleichzeitig einen kurzen Sprung vorwärts. Ihre Schädel stießen einander.

»Ui!«, erschrak Amara.

Die Ziegen setzten zwei Schritte zurück, gingen vorne hoch, die Vorderbeine knickten zur Hälfte nach innen, Stirn rammte Stirn. Das geschah in einer Geschwindigkeit, dass es aussah, als fehle ein Stück in der Bewegung. Ansprung – Rückwärtsbewegung. Der Zusammenprall dazwischen existierte nur als flaches kurzes *Pock*, zu sehen war er nicht.

»Hey! Aufhören!«, schimpfte Amara.

Unbeeindruckt stellten sich die Böcke in Position. Bei einem trat Blut aus dem Hornansatz. Das weiße Fell bekam rote Strähnen. Sie sprangen. *Pock!*

Auf einmal war der Bauer mit dem Ziegenbart zur Stelle. Er knüpfte den Strick beim blutenden Bock kürzer. Nun war er außer Reichweite seines Rivalen. Allerdings musste er den Kopf nah an der Wand halten und konnte sich kaum bewegen.

»Das hast du nun davon, du Chnallköpfli«, schalt ihn Amara.

»Mä!«, antwortete der Bock kurz angebunden.

Amara brachte unsere Mehrwegbecher zurück, ich streifte durch die Gänge, mäh-ä-ä-te Ziegen an und machte Fotos von ihnen und mir. Skeptische Blicke verfolgten mich. Von Männern, die in Gruppen fachsimpelten oder Geißen das Euter einrieben oder Böcke striegelten oder rangelnde Gitzis trennten. *Gitzi*, das hatte ich abgelauscht, hießen die Ziegenkinder, die Geißlein.

Ich schlenderte zu einem umgatterten Holzpodest. Der Menschentraube nach zu urteilen, fand hier der nächste Programmpunkt des Nachmittags statt.

Amara tauchte neben mir auf. Sie wedelte mit einem gelben Heft. »Ich hab uns einen Auffuhrkatalog besorgt. Da stehen alle Ziegen drin. Damit können wir wichtig tun.«

Außerdem hatte sie einen weiteren Becher Weinschorle gekauft.

Ich blätterte durch den Katalog. Auf fünfzig Seiten waren tabellarisch Züchternamen, Ziegennamen, Ziegenelternnamen, Geburtsdaten, Zahlencodes und Abkürzungen aufgeführt. Die Ziegen unterteilten sich in erste bis vierte Melk und hießen Gabriela, Barilla, Hedy oder Ismael. Ismael war ein Bock.

»Hm, also irgendwie hilft uns das nicht weiter«, sagte ich.

»Dann frag doch mal. Oder soll ich?«

»Lieber du.«

»Gut, ich such jemanden, der optimal für uns ist.« Sprach sie und schwirrte davon.

Ein untersetzter Mittvierziger betrat die Präsentationsfläche. Er hob ein Handmikrophon vor sein Bulldoggengesicht. Aufgrund von Dialekt und Übersteuerung der Anlage verstand ich wenig. Es stand wohl eine Miss-Wahl an und danach die Wahl zum Schöneuter. Oder umgekehrt.

Halbwüchsige Burschen führten die Missen herein: kleine weiße Ziegen, die pralle, rosafarbene Euter mit sich herumschleppten. Die Burschen hatten keine Bauernhemden an, sondern ärmellose weiße Shirts, die sehr an Unterhemden erinnerten. Unter der sonnengebräunten Haut ihrer Arme zeichneten sich Muskeln ab, wie man sie nicht vom Fitnessstudio bekommt, sondern vom Arbeiten. Lauter Ziegenpeter, denen jede Heidi-Kindlichkeit fehlte. Auch das einzige Mädchen in der Gruppe war weit entfernt von Niedlichkeit. Ihre zupackende Art zu loben, beschrieb ihren Hauptwesenszug.

Der untersetzte Mann übergab das Mikrophon an einen grauhaarigen Gelockten, der aussah, als trage er den Skalp eines Pudels auf dem Kopf. Er schritt von Ziege zu Ziege und sprach seine Urteile: »Si het e prächtigi Linie. Ds Uuter isch toll uufgsaezt.«

»Exgüsi! Merci!« Hinter mir bahnte sich Amara einen Weg durch die Menge. Dass sie einen Kinderwagen vor sich herschob, machte die Sache leichter.

Holeduli, duliduli, (Holeduli, duliduli,)
holedulidulidulidulі.(holedulidulidulіduli.)
Holeduli, duliduli, (Holeduli, duliduli,)
holedulidulidulio. (holedulidulidulio.)

Sehr, sehr beliebtes Schweizer Kinderlied, Refrain

Das ist die Dönnies«, stellte Amara die dralle junge Frau vor, die ihr gefolgt war und vermutlich Denise hieß. Das violette Spaghetti-Träger-Oberteil der Dönnies war mindestens eine Kleidergröße zu klein. Im Arm hielt sie einen Säugling. Er lag mit der linken Gesichtshälfte auf dem Brustansatz seiner Mutter, die Augen geschlossen, der Mund halb offen.

Beifall brandete auf. Der pudlige Richter hatte soeben den dritten Platz gekürt und überreichte dem kräftigen Mädchen ein breites Halsband, in das Ziegen-Name und Miss-Titel in goldenen Buchstaben geprägt waren. Außerdem hing eine Glocke daran. Die prämierte Ziege drückte vor lauter Freude aus ihrer rosa Afteröffnung schwarze Kügelchen.

Wie Amara an Mutter und Kind geraten war, blieb mir zunächst ein Rätsel. Hastig setzte sie mich darüber in Kenntnis, dass die Dönnies zweiundzwanzig war und gemeinsam mit ihrem Mann Saanenziegen züchtete. »Macht ihr das hauptberuf... oh, sorry ...« Amara wechselte in Züri-Deutsch.

Die Dönnies antwortete in einem anderen Dialekt. Amara übersetzte: »Beide arbeiten zu hundert Prozent in anderen Berufen. Sie ist Verkäuferin, er LKW-Fahrer. Zusätzlich kümmern sie sich um dreißig Geißen.«

Amara stellte eine weitere Frage, bei der die Dönnies die Augenbrauen senkte und den Kopf schüttelte. Amara machte eine scherzhafte Bemerkung, als versuchte sie etwas zu retten.

Der Lärm ringsum – die Preisverleihung ging ja weiter – hätte schon jedes Verstehen einer Unterhaltung auf Hochdeutsch erschwert. Ein Gespräch, das in zwei unterschiedlichen Dialekten geführt wurde, überforderte mich komplett. Aber ich hatte ja Amara.

»Also, die Saanenziegen geben keine Sahne.« Mein Augenverdrehen erwiderte Amara mit einem »Hätte ja sein können«-Schulterzucken. »Sie kommen aus dem Saanenland.« Also aus dem Gebiet rund um Gstaad.

Saanenziegen waren die weißen, die grauen gelockten hießen Toggenburger und die rehbraunen mit dem schwarzen Rückenstrich und den schwarzen Ohren und Beinen nannten sich Gämsfarbige Gebirgsziegen. Alle drei waren Milchziegen und die Hauptrassen der Schweiz. Urschweizer Tiere, die in der ganzen Welt begehrt waren. Wegen ihrer Robustheit und der hohen Milchleistung kreuzte man sie oft in andere Rassen ein. Pro Tag gibt jede Rasse bis zu drei Kilo Milch. Warum nicht in Liter gemessen wird, vergaß Amara zu fragen.

Milch geben Ziegen nur, wenn sie vorher abgelammt haben, also Gitzis gebärten. Sobald diese von der Mutter nicht mehr versorgt werden müssen, wird gemolken. Die Laktationsphase – da hakte Amara nach; gemeint war die Phase, in der die Ziege Milch gibt – dauert neun bis zehn Monate. Danach muss die Ziege acht Wochen »trockengestellt« werden, damit sich das Euter regenerieren kann. Dann lässt der Züchter sie wieder decken. Die höchste Milchleistung erreicht die Ziege ab der dritten Melk, dem dritten Durchlauf dieses Prozesses. Damit erklärte sich, warum im Auffuhrkatalog die Ziegen in erste bis vierte Melk unterteilt waren. Ziegen müssen alle zwölf Stunden gemolken werden. »Vor einer Ziegenschau aber nicht, damit das Euter schön groß ist. Willst du noch was wissen?«

»Heißt ihr Mann Peter?«

»Was?« Vor Verwirrung vergaß Amara sogar ihre Verbesserung in die höfliche Form.

»Oder kennt sie einen Ziegenzüchter, der Peter heißt?«
Amara begriff. Grinste. Sie gab die Frage weiter. Die Dönnies antwortete darauf durch eine eindeutige Kopfbewegung. Amara, ganz in ihrer Dolmetscherrolle gefangen, übersetzte: »Kein Peter.«

Einige Burschen defilierten vorbei, begleitet von Ziegen, die in Farbe und Körpergröße an gelockte Esel erinnerten. Toggenburger Ziegen. Aus gelben Augen mit querstehenden Pupillenbalken beobachteten sie aufmerksam die Umgebung.

Amara zeigte auf die Hinterteile. Die Dönnies lachte über Amaras Frage, und ihre Antwort ließ Amara »Ui!« ausrufen.

»Was da zwischen den Beinen hängt«, erklärte Amara voller Unglaube, »ist nicht das Uter ... äh ... Euter, sondern ... ähm ...«

»Der Sack!«, rief die Dönnies, amüsiert von Amaras Anfall von Scham.

In dem blassrosa Gehänge zeichneten sich Hoden von Avocado-Größe ab. Je größer der Hodensack, desto potenter der Bock.

Wenn das auch für die Bauchgröße galt, dann war der Mann von der Dönnies sehr potent. Auch er bevorzugte anscheinend zu kleine Kleidergrößen. Sein blaues Unterhemd, das er anstelle eines Bauernhemdes trug, endete kurz überm Nabel seiner mächtigen Bauchtrommel. Ein dunkler Schweißfleck zeichnete sich in Höhe des Brustbeins ab.

Gleich war Mister-Wahl, und der von der Dönnies und ihrem Mann dafür vorgesehene Ziegenbock weigerte sich, Dönnies Mann in die Halle zu folgen. Deshalb sollte die Dönnies ihr Glück versuchen beim bockigen Bock.

Sie verabschiedete sich und legte den Säugling in den Kinderwagen. Verschlafen blinzelte er, gähnte, streckte die Fäustchen. Der Mann von der Dönnies übernahm den Kinderwagen, schob ihn durch die Menge. Die Dönnies sagte etwas. Daraufhin kniff er ihr in die weiche Hüfte.

»So jung und schon alles Lebensglück komplett«, sagte ich.

»Ja, oder? Wie entspannt die sind. Die haben gar keine Zeit rumzugrübeln, die machen einfach.«

»Wo hast du sie aufgetrieben?«

»Beim Weinholen.« Sie hob den Becher, der dritte heute, diesmal ohne Wasserverdünnung. »Sie musste ein Mineral kaufen, obwohl sie lieber einen Wein saufen wollte. Aber sie stillt ja noch. Schon haben wir geplaudert.«

Ein Mann von doppeltem Umfang wie Dönnies' Gatte wuchtete sich von einer Bierbank hoch, gestützt auf einen geschnitzten Stock. An seinem Seppelhut wippte eine lange Feder, sein Schnäuzer verlief wie ein umgedrehtes U fast bis zum Kinn.

»Die meisten hier würden auf einer Porträtzeichnung aussehen wie Karikaturen«, kommentierte ich.

»Von wegen Karikaturen. Die sind, wie Gott sie geschaffen hat, und keine überzüchteten Großstädter. Die haben ihre Höfe geerbt und machen einfach, was schon der Vater gemacht hat. Punkt.« Amara trank einen letzten Schluck. »Ich bin ja nun wirklich keine Patriotin.«

»Aber?«

»Hach! Mir ist gerad' ganz schweizerisch!« Sie blickte auf ihren leeren Becher. »Na ja, vielleicht liegt's auch am Wein.«

Benutzung eines flauschigen Bademantels, Badeschuhe und Frotteebadetücher, 1 Pflegeset mit Shampoo, Duschgel und Body Lotion, 1 Glas erstklassiger Prosecco, köstliches Lounge-Gericht nach Ihrer Wahl inklusive Mineral und Kaffee

Angebot »Wellness-Abend« im Panorama Resort & Spa Feusisberg

»Ist das Zimmer wirklich okay für dich?«
»Oh, ich liebe es schon jetzt. Klein, aber mein. Und schau! Ich kann dein Kloster sehen.«
»Sehr gut, dann kann ich dir im Notfall SOS morsen.«
»Oder du schickst eine SMS. Mit SOS.«
»Und wenn sie mir das Telefon abnehmen?« Die Nordkoreaner hatten das seinerzeit bei meiner Ankunft in Pjöngjang getan.

Das Fenster, aus dem wir schauten, war so breit wie Amaras Zimmer. Und das war ein schmaler Schlauch, links das Einzelbett, zum Fenster hin ein Tisch mit zwei Stühlen, gegenüber Waschbecken und Kleiderschrank. Dusche und Toilette befanden sich auf dem Gang. Eine der preiswertesten Unterkünfte von Einsiedeln. Trotzdem in guter Lage, was hier bedeutete: klosternah. Für Amara zählte etwas anderes. Die zwei Übernachtungen kosteten zusammen 136 Franken. Leichtsinnigerweise hatte ich verraten, dass ich, der sie eingeladen hatte, für uns beide mit einem Tagesbudget von 250 Euro für Übernachtung und Verpflegung kalkulierte. Was darüber hinausging, bezahlte jeder selbst.

Das Kloster nahm für eine Nacht und drei Mahlzeiten am Tag keine festen Preise, sondern war »dankbar für einen Betrag von 70 Franken«. Somit blieben dieses Wochenende gut 220 Franken übrig. Da Amara wusste, wie gern ich sparte, und sie sich gleichzeitig »um das ganz allein übrigbleibende Geld«

des Tagesbudgets sorgte, schlug sie mir vor, ihr einen Wellness-Abend im nahegelegenen Panorama Resort Feusisberg zu spendieren. Für 150 Franken. »Dann kannst du nämlich siebzig Stutz sparen *und* Amara glücklich machen! Bäng!«

Das Panorama Resort kannte sie von einem »Half-Night-Stand« mit einem Bänker aus Zürich. Jedoch hatte sie in der halben Nacht keine Zeit fürs Spa gefunden.

Ich sorgte mich, ob sie es morgen Abend allein und pünktlich zum Wellness-Paradies schaffen würde.

Jetzt galt es erst einmal, rechtzeitig zum Kloster zu kommen.

»Ich weiß, wir müssen los«, sagte sie angriffslustig. »Aber Schönheit vor Pünktlichkeit! Guck weg, ich zieh mich um.«

Brav schaute ich aufs Kloster. Heimstatt des ältesten Mönchsordens der westlichen Welt: den Benediktinern. Um 500 nach Beginn der Zeitrechnung wurde Gründungsvater Benedikt in Nursia in Italien geboren. Im Anschluss an sein Studium in Rom zog er sich in eine nahegelegene Berghöhle zurück und lebte dort einsam und asketisch drei Jahre. Danach wurde er Vorsteher eines Klosters bei Tivoli und gründete schließlich das Kloster Montecassino bei Neapel, wo er 568 starb.

Dass die Benediktiner in den Nacken des Schweizer Wildschweins gerieten, geht auf den Benediktinermönch Meinrad zurück, der sich um das Jahr 835 vom Kloster Reichenau in eine Klause im »Finstern Wald« als Einsiedler (!) zurückzog. 861 erschlugen ihn Räuber – der Legende nach. 934 gründete der Domprobst von Straßburg in Gedenken an Meinrad das Kloster Einsiedeln.

Weltweit halten sich alle Benediktiner an die von ihrem Gründungsvater entwickelte Regula Benedicti. Sie enthält Leitlinien für ein klösterliches Zusammenleben im Geiste des Evangeliums. Dazu gehören: feste Zeiten für Gebet, Arbeit und Ruhe, einfache Lebensweise und Ehelosigkeit. Letzteres ersparte ihm Fragen wie: »Orange, blau oder geblümt?«

»Soll ich gucken?«, fragte ich, weiter zum Kloster gewandt.
»Ja!«

Amara hielt mit nackten Armen drei Sommerkleider hoch.

»Wozu«, empörte ich mich, »habe ich auf deine Liste geschrieben: *ein* Kleid?«

»Du weißt, wie mich solche Entscheidungen stressen. Außerdem ziehe ich ja nur *ein* Kleid an. Also welches?«

»Das blaue.«

»Dann muss ich den BH weglassen.«

»Von mir aus.«

»Hab ich schon. Huch!« Für einen Moment blitzten ihre Brüste auf. »Huschhusch, umdrehen!«

Ich tat wie befohlen. Gehorsam gehört ebenfalls zu den Pflichten eines Benediktiners, außerdem eine lebenslange Bindung ans Kloster und kein Privatbesitz. Für die Mönche. Kloster Einsiedeln selbst besitzt insgesamt rund 20 Quadratkilometer Land, verteilt über fünf Kantone. Felder, Wälder, ein Gestüt, ein Weinberg am und die Insel Ufenau im Zürichsee. Außerdem gehören zu Einsiedeln das Benediktinerinnenkloster Fahr bei Zürich und zwei Kirchen in Österreich. Damit ist Kloster Einsiedeln der größte private Grundbesitzer der Schweiz.

»Amara fertig!«, rief sie. Sie hatte sich für eine Perlenkette entschieden, gegen einen BH – und für das geblümte Kleid.

Durch die Gasse vor dem Hotel liefen wir zielstrebig Richtung Klosterplatz. Da vernahmen wir die Musik. Schwyzer Örgeli, Jodeln, mehrstimmiger Gesang. Leicht verzerrt.

Es lockte uns weg vom Kloster.

Auf einer Wiese zwischen hohen Bäumen standen in einem großen Kreis Partyzelte und Imbisswagen. In der Mitte dieses Platzes befanden sich drei weitere Kreise aus Sägespänen. Auf jedem standen zwei Jungen, die einander mit herausgestrecktem Hintern umarmten.

»Ist das Schwingen?« Ich hatte im Zug, irgendwo zwischen Olten und Meiringen, vom Nationalsport der Deutschschweizer in der Zeitung gelesen und Fotos der letzten Meisterschaft auf dem Brünig gesehen. Möbelpackerkräftige Männer im strömenden Regen. Überraschungssieger wurde einer, der gewann, weil er dem Favoriten die Schulter auskugelte.

Amara nickte. »Jugendmeisterschaft oder so was. Wie sieht's zeitlich aus?«

»Wenn ich nachher aufs Duschen verzichte«, rechnete ich aus, »haben wir zehn Minuten.«

Wir stellten uns an den nächstgelegenen Kampfkreis, wo ein blonder Miniherkules und ein strubbelhaariger Hänfling miteinander rangen. Der Kleine setzte zu einem Wurf an.

»Jöööö! Schau, wie sie schauen!«

Die Anstrengung verzerrte ihre Gesichter zu Fratzen. Der Miniherkules stemmte seine Beine in den weichen Boden, wehrte den Angriff ab. Keuchend schaukelten die Jungen im Kreis herum. Fast im Takt der Musik, die aus mehreren schwarzen Boxen schepperte.

Schwingen wird auch Hosenlupfen genannt, denn über ihre schwarzen Stoffhosen ziehen die Kontrahenten eine kurze Überhose aus derbem Sackstoff, in deren aufgerollte Säume sie ihre Hände krallen. Die Jungen trugen zudem die heute schon oft gesehenen blauen Bauernhemden, die Ärmel bis über den Ellenbogen aufgekrempelt.

Ein Schiedsrichter mit Stoppuhr umtänzelte die Kämpfer. Beim zweiten Versuch gelang dem Hänfling der große Wurf.

Der Herkules fiel auf die Seite, der Hänfling auf ihn. Ein kurzer Ruck, beide Schultern des Herkules berührten den Boden. Der Schiedsrichter rief ein Kommando. Die Kämpfer ließen voneinander ab, rappelten sich auf, klopften jeder ihre Hosen ab und dann der Sieger dem Unterlegenen die Sägespäne vom Hemd. Eine Geste, die wir nach jedem Sieg sahen.

Mit kleinen ernsten Männergesichtern stapften die beiden

Zwölfjährigen vom Kampfplatz. Ihre Oberkörper pendelten dabei nach links und rechts, als hätten sie viel zu viel Kraft.

»Pass auf, dass sie dir keine Gehirnwäsche verpassen«, flüsterte mir Amara bei der Abschiedsumarmung ins Ohr.
»Versprochen.« Wir gingen weiter. Gleich waren wir da.
»Wann sehen wir uns wieder?«
»Spätestens in zwei Tagen«, antwortete ich zuversichtlich.
»Aber du weckst mich bitte jeden Morgen, sonst verschlafe ich das Frühstück.«
»Mach ich.«
»Und es wird nicht zusammen mit den Mönchen geduscht.« Amara hob drohend einen Zeigefinger.
»Auf keinen Fall. Erhol dich schön.«
»Wovon?«
»Von uns.«
»Bis jetzt ging's doch«, grinste sie.
»Bis jetzt ...«
»Tschüsi-Büsi!« Amara winkte mir nach, bis ich durch die Klosterpforte verschwunden war.

Beim Mitsingen und Beten bitten wir Sie, die Stimme zurückhaltend zu gebrauchen.

Gästeblatt des Klosters Einsiedeln

Patrice, Jakob, Joshua, Simon, Krischtjan.«
Es war das Letzte, was wir von Pater Fabricius hörten.
Denn wir betraten die Klausur. Den Teil des Klosters, der den Mönchen vorbehalten war. Und mussten schweigen.

Gästepater Fabricius war Mitte sechzig, hatte funkelnde Äuglein, einen Kugelbauch, über dem die schwarze Kutte spannte, und ein seliges Lächeln im Gesicht. Wie ein sattes Baby oder Erwachsene nach einem Orgasmus.

Er ging uns voran. Die Kutte raschelte im Takt seiner Schritte. Unsere vermischten sich zu einem ungleichmäßigen, gedämpften Stampfen, aus dem ab und zu das spitze Quietschen von Gummisohlen hervorstach. Im Dämmerlicht der Gänge zogen wir vorbei an braunen Holztüren sowie Ölgemälden auf weißgekalkten Wandflächen und hohen Bleiglasfenstern auf der anderen Seite.

Der Vorgänger des jetzigen Abtes war durch einen solchen Gang zu seiner Amtseinführung mit dem Trottinett gefahren, schweizerisch für Tretroller. Es sollte ein Symbol dafür sein, dass er etwas ins Rollen bringen wollte. 2012 erlitt der rollernde Abt dann ein Schädel-Hirn-Trauma. Beim Badminton.

Durch die Bleiglasfenster war der Hof mit der Sonnenuhr unter dem Dachsims und dem kleinen Kräutergarten zu sehen.

Über eine Treppe kamen wir in einen weiteren Gang und betraten den Speisesaal. Von einer Schmalseite zur anderen maß der Saal gut 20 Meter. An der Längsseite gegenüber der Tür ließen die Fenster ein wenig Abendsonne herein. Wandlampen beleuchteten ein buntes Deckenfresko: Engel und Heilige im Wolkenmeer.

Pater Fabricius wies stumm auf einen Früchtekorb neben der Tür. Patrice ergriff eine Birne, Jakob eine Pflaume, Joshua eine Birne, Simon eine Pflaume. Und ich einen Apfel.

Unsere Tafel, ein weißes Plastiktischtuch darauf, stand in der Mitte des Saals. In U-Form umringten uns schwere sarkophagähnliche Quader. Ihre grauen Seitenflächen zierten vom Alter dunkel gewordene Blumenornamente. Die Tischplatten auf den Quadern waren ebenfalls von weißen Plastikdecken überzogen. Dort würden die Mönche speisen.

Meine Tischgenossen nahmen Aufstellung hinter ihren Stühlen. Mir wurde der Stuhl neben dem ganz in Schwarz gekleideten Lockenkopf Simon zugeteilt. Direkt gegenüber stand, die Hände in den Taschen seines roten Kapuzenpullovers, Joshua, der athletische schwarze Priester aus dem Kongo. Daneben die Theologiestudenten Jakob und Patrice, beide in T-Shirt und Jeans, die Daumen in ihre Hosentaschen eingehakt. Pater Fabricius und ich hielten die Hände locker gefaltet vor dem Schritt.

Wir warteten. Gedankenversunken. Gedankenlos. Und ich in der Hoffnung, dass ich nicht allzu sehr nach Ziege roch.

Amara saß jetzt sicher frisch geduscht auf der Dachterrasse ihres Hotels und trank einen Aperol Spritz. Mir war nach der Ankunft im Kloster gerade genug Zeit geblieben für zwei Hände Wasser ins Gesicht am Waschbecken in meinem Zimmer und den Wechsel in die guten Sachen. Die Dusche befand sich am anderen Ende des Gästetraktes.

Vor jedem von uns stand ein weißer Suppenteller auf einem weißen flachen Teller. Daneben lag das Besteck, darüber ein großer weißer Briefumschlag. Meiner als einziger ohne Namen.

Das Getränkeangebot umfasste je zwei Karaffen mit Rot- und Weißwein und Flaschen mit Mineralwasser und Süßmost.

Eine Tür quietschte. Die Patres kamen. Schlurften über die knarrenden Dielen. Oder wehten herein als raumgreifendes Stoffrauschen, untermalt vom Gleichmaß langer, dynamischer Schritte. Jedes dieser Eintrittsgeräusche brach ab, wenn ihr Verursacher seinen Platz erreichte.

Schließlich umzingelten uns achtundzwanzig schwarze Gestalten.

Ein Summen ertönte. Das Zeichen, dass alle da waren. Alle der insgesamt siebzig Mönche des Klosters, die sich nicht auf Reisen befanden oder im Krankenbett.

»Herr, wir preisen dich ...« Die Stimme kam von irgendwoher. »... denn du bist gut.« Wer da in leichtem Singsang sprach, konnte ich nicht sehen, obwohl ich mir, den Kopf weiter gesenkt, fast die Augen verrenkte. Derweil wiederholten alle: »Herr, wir preisen dich, denn du bist gut.«

Ich setzte erst bei »bist« ein.

»Groß ist dein Erbarmen«, sagte die Stimme.

Und wir: »Herr, wir preisen dich, denn du bist gut.«

Diesmal machte ich schon ab »wir« mit.

»Lasset uns mit den Worten des Herrn um das tägliche Brot beten«, bat die Stimme.

Wir sprachen das Vaterunser in der ökumenischen Fassung, die der glich, die ich aus der evangelischen Kirche kannte, endeten jedoch schon nach »Erlöse uns von dem Bösen.«

Die Stimme sprach: »Himmlischer Vater, zu deinem Lobe haben wir heute der Auferstehung deines Sohnes gedacht. Im Vertrauen auf deine Güte halten wir Mahl. Segne uns und die Gaben, die wir empfangen.«

Und wir sprachen: »Denn dein ist die Kraft und das Reich und die Herrlichkeit in Ewigkeit, Amen.«

Alle schlugen das Kreuzzeichen vor ihrer Brust. Das hatte

ich schon Hunderte Male in Filmen gesehen, aber selbst noch nie gemacht. Ich orientierte mich an Joshua gegenüber, versuchte in der Sekunde, die es dauerte, das Muster, das er vor seinem Oberkörper in die Luft malte, spiegelverkehrt für mich zu übersetzen, scheiterte natürlich und malte so etwas Ähnliches wie »Punkt, Punkt, Komma, Strich, fertig ist das Mondgesicht«.

Wie würden sie reagieren, wenn sie merkten, dass ich keiner der Ihren war? Sollte ich besser gar nicht so tun, als ob? Andererseits wollte ich tun, was sie taten, um herauszufinden, was es mit mir tat.

Da die anderen bereits mit Hinsetzen beschäftigt waren, fielen meine wirren Gesten nicht auf.

Pater Fabricius reichte mir einen Filzstift und flüsterte: »Name!« Ich schrieb, entsprechend den Umschlägen der anderen, meinen Vornamen auf den Briefumschlag. Ohne zu wissen, warum.

Scheppernd schoben zwei Brüder die Servierwagen in den Saal. Brotkörbe standen darauf und Suppentöpfe, aus denen der Stiel der Kellen ragte. Dem älteren der beiden Küchendiener gab der Servierwagen den nötigen Halt beim Gehen. Er stellte mit bebenden Händen einen heißen Topf auf die weiße Plastikdecke unseres Tisches. Der Topf ging von Hand zu Hand, und jeder nahm sich eine Kelle Graupensuppe. Der Brotkorb ging herum. Wir boten uns gegenseitig Getränke an und versuchten mimisch »Bitte« und »Nein, danke« auszudrücken. Dann erfüllte Löffelklappern den Saal. Und ab und zu ein Schlürfen.

Wie es der heilige Benedikt in seiner Benediktregel festgeschrieben hatte, wurde nicht nur unser Körper, sondern auch unser Geist gestärkt. In einer Saalecke, von einer Kanzel herab, las uns ein überraschend junger Pater – klein, große Brille, strenger, blonder Seitenscheitel – über die Kräuterheilkunde der Benediktinernonne Hildegard von Bingen vor, einer

Dichterin und Universalgelehrten des 11. Jahrhunderts. Als alle mit der Suppe fertig waren, schoben die Küchendiener den Hauptgang herein.

Toast Hawaii.

»Wir treffen uns wieder um zehn vor acht zur Komplet«, verabschiedete uns Pater Fabricius. Die Komplet beschloss als Nachtgebet jeden Klostertag. Wir Gäste waren angehalten, an vier der täglich bis zu neun Gebetszeiten teilzunehmen. Hinzu kamen die Gebete bei den Mahlzeiten.

Ich nutzte die verbleibende halbe Stunde bis zur Komplet, um zu duschen. Natürlich war auch die Duschkabine des Klosters mit der Klemmhebel-Kugelgelenk-Konstruktion ausgestattet. Überpünktlich fand ich mich an der Tür zwischen Gästetrakt und Klausur ein. Da ich der Erste war, ging ich beim Gang durch die Gänge gleich hinter Pater Fabricius. Der stoppte schließlich vor einer kleinen Tür, stippte Zeige- und Mittelfinger in ein Wasserbecken, bekreuzigte sich und hielt mir die Tür auf. Ich stippte meine Finger ebenfalls ins Becken, schlug irgendwie ein Kreuz, ging weiter. Pater Fabricius lächelte.

Wir versammelten uns in einer Kapelle hinter dem Hauptkirchraum und nahmen auf einer Bank an der Wand Platz.

An einem Schaltkasten in einer Nische neben der Kanzel tippte Pater Fabricius auf einem Touchscreen herum. Wandfluter und Hängelampen flammten auf und setzten ein überwältigendes Formenspiel aus Holz, Gold und Marmor in Szene, überwölbt von farbenprächtigen Bibelszenen in den Deckenkuppeln. Sie erstrahlten im Licht von 150-eColor-Blast- und eWhite-Blast-Powercore-LED-Leuchten. Seit Ostern 2012 sorgt ein von Philips nach Vorgabe der Mönche entwickeltes LED-Beleuchtungskonzept für die richtige Stimmung in der Klosterkirche. Auf Fingerdruck können die Mönche voreingestellte Beleuchtungsszenarien abrufen.

Still saßen wir auf einer Holzbank an der Wand. Achtmal

tönte draußen ein dünner Glockenschlag. Fünf Minuten vor der Zeit, damit die Mönche pünktlich sind. Um acht dröhnte das Hauptgeläut der Klosterkirche von Einsiedeln.

Wir erhoben uns. Eine schwarze Woge aus Kuttenrascheln und Schuheknarzen zog an uns vorbei. Einige Patres zwinkerten Jakob und Patrice zu.

In dunklen Bankreihen quer vor uns und in ebensolchen auf der anderen Seite der Kapelle stellten sich die Glaubensbrüder auf. Was dann kam, war – angeleitet durch den jungen gescheitelten Pater vom Abendessen – eine Abfolge an Gewissensfragen, Glaubens- und Schuldbekenntnissen, Bitten um Vergebung, deutschen und lateinischen Wechselgesängen, Verbeugungen beim Nennen von Vater und Sohn, Aufstehen und Hinsetzen.

Ich war entweder zu spät oder zu früh. Fand im Gesangbuch die Lieder nicht, stand, während die anderen schon saßen, oder sang, wenn unsere Seite eigentlich schwieg.

Endlich fielen die Schlussworte des jungen Paters: »Eine ruhige Nacht und ein gutes Ende gewähre uns der allmächtige Herr.« Ich war nicht sicher, ob ich das verdiente.

Im Anschluss an die Komplet machte ich einen Abendspaziergang. Bei meiner Rückkehr war es draußen dunkel. Und drinnen kaum heller. Die steinernen Stufen des Treppenhauses führten um den offenen Treppenschacht herum. Wuchtige Steingeländer verhinderten den Sturz in die Tiefe. Gusseiserne Wandleuchter spendeten trüben Lichtschein. Mein Schatten ging mir voran, kam mit jeder Stufe näher und sprang hinter mich, wenn ich in den Lichtkreis der nächsten Lampe geriet. Die Etagengänge selbst waren dunkel. Lichtschalter oder Bewegungsmelder fehlten.

In alten Gebäuden knackt gern mal das Gebälk. Pfeift der Wind im Kamin. Klappert ein loser Dachziegel. Die Klosteranlage Einsiedeln wurde zwischen 1704 und 1765 errichtet. Die millionenteuren Renovierungen der letzten Jahrzehnte hatten sich gelohnt, es war vollkommen still. Nur meine Schuhe quietschten leise über die glasierten Ziegel des Etagenganges.

Je weiter ich mich vom beleuchteten Treppenhaus entfernte, desto weniger sah ich. Welche der schemenhaften Türen war meine?

Die Zimmernummern befanden sich über der Tür auf dunkelbraunen hölzernen Wappen. Darauf stand auch der Name eines Heiligen. Ich wohnte im Zimmer *S. Gregor*.

Vor einer Tür, die ich für die meine hielt, sprang ich hoch zum Wappen, konnte nichts lesen und landete laut quietschend.

Mit dem langen schwarzen Zimmerschlüssel versuchsweise in den alten Schlössern herumzustochern würde die anderen mindestens wecken, schlimmstenfalls erschrecken.

Schließlich holte ich mein Handy aus der Hosentasche, hielt es Richtung Türwappen, machte ein Blitzlichtbild und schaute auf dem Display nach, vor welchem Zimmer ich stand.

Nach sieben Blitzlichtbildern hatte ich Gregor gefunden.

Hier wächst das Gras für Pferd und Kuh.
Bedenke, Mensch, in aller Ruh:
Es ist der Tiere täglich Brot.
Verdirb es nicht mit Hundekot!

Gedicht vor einer Heuwiese von Kloster Einsiedeln

Pünktlich um halb sieben riss mich mein Handywecker auf dem Bord über mir aus tiefem Schlummer. Es schlief sich gut in meinem altertümlichen Einzelbett mit seinen weit hochgezogenen Kopf- und Fußenden aus dunklem Holz.

Klosterleben ist nichts für Langschläfer. Wir Gäste mussten um sieben zu den *Laudes*, dem Morgenlob, antreten. Schon um halb sechs trafen sich die Mönche zur *Vigil*, dem ersten Gebet des Tages.

Diesmal achtete ich darauf, dass zwischen Pater Fabricius und mir zwei meiner Mitgastbrüder gingen. Ich tat, was sie taten, tauchte meine Finger diesmal nicht ins Weihwasserbecken, sondern tippte die dargebotenen zwei Finger von Vater Fabricius an, die er zuvor ins Becken gestippt hatte, und fuhrwerkte mit meinen Fingern vor mir durch die Luft.

Die Laudes fanden in einem anderen Altarraum statt als die Komplet: dem oberen Chor über der Hauptkirche. Auf dem Weg zu unseren Plätzen im seitlichen Chorgestühl mussten wir am Altar vorbei. Joshua und Simon zwangen mir eine Entscheidung auf: vor dem Altar stehen bleiben und den Kopf senken oder einen Ausfallschritt machen und ein Knie beugen. Ich übernahm die Knievariante von Simon, da ich sicher war, dass er das rechte gebeugt hatte.

Die Patres, die einige Minuten später aus einer unscheinbaren Tür an der Rückseite der Kapelle strömten, zeigten ein breites Spektrum an Ehrbezeugungen, die sich in Dauer, Verbeugungstiefe, Lässigkeit und Sportlichkeit unterschieden.

Wie beim Nachtgebet standen sich zwei Mönchsgruppen gegenüber. Anders als beim Nachtgebet waren wir Gäste nicht im Halbdunkeln verborgen. Wie die Patres im Chorgestühl stehend, konnten sie uns bestens beobachten.

Das verursachte mir Herzklopfen, aber ich schlug mich wacker durch fünf Seiten lateinischer Wechselgesänge. Nur wenn wir uns bewegen mussten, machte ich Fehler. Im Laufe der nächsten zehn Seiten Gesang wurde ich ruhiger. Die Gedanken versiegten. Ich bekam eine Ahnung, worin der Wert solch gemeinschaftlichen Tuns liegen kann, vor allem, wenn er von kontemplativem Gleichmaß war, und ich grämte mich, dass ich es nicht schaffte, die einfachsten Rituale korrekt auszuführen.

Beim Frühstück gab es eine Überraschung: Die Stoffserviette, die ich am Abend in den Briefumschlag mit meinem Namen gesteckt hatte, war nicht ersetzt worden oder gar gewaschen, sie sollte uns offensichtlich während des ganzen Aufenthaltes begleiten, was die bunten Muster aus Lippenabdrücken auf den Servietten der anderen erklärte.

Wir nahmen das Frühstück getrennt von den Patres ein, und es durfte geredet werden.

Pater Fabricius sprach, wie es auch bei den Andachten üblich war, Hochdeutsch. Außer, er unterhielt sich mit Patrice und Jakob, da sich beide konsequent dem Hochdeutschen verweigerten. Mit Joshua aus dem Kongo sprach Pater Fabricius Französisch, Joshua selbst beherrschte außerdem Englisch, Deutsch und, seiner Arbeit beim Vatikan geschuldet, Italienisch. Alle verstanden Pater Fabricius' Schnurren aus dem bunten Leben eines Gästepaters. »Neulich hatten wir einen Gast, der war so was von arrogant. Ein Bänker. Der hat sich an keine Regel gehalten und ständig theologische Grundsatzdebatten angefangen. Könnt ihr euch vorstellen, wie mir da die Hutschnur hochging?« Wir waren alle per du. Wir waren Klosterbrüder. »Wirklich, dem hätte ich eine reinhauen kauen. Aber so richtig!«

Pater Fabricius hielt erschrocken über diesen ungehörigen Gedanken den Rücken seiner Faust vor den Mund und biss kichernd in die Fingerknöchel.

Auf der Bank im Schatten der Eiben im Klosterhof war es angenehm kühl. Gleich würde es neun schlagen, die Sonne strahlte, als sei es schon zwölf. Mindestens. Pater Fabricius kam aus der Klosterpforte, wir nickten uns freundlich zu.

Vorhin, beim telefonischen Weckruf, hatten Amara und ich uns zu einem Stelldichein verabredet. Bis sie kam, recherchierte ich im Internet Glaubensrituale.

»In der römisch-katholischen und orthodoxen Kirche beginnt der Gläubige mit der Hand an der Stirn, geht zum Brustbein, zur linken und zur rechten Schulter«, stand auf einer einschlägigen Website. Langsam führte ich diese Bewegung aus. Murmelte mit geschlossenen Augen auf meiner Bank im Schatten der Eibe: »Kopf, Brust, links, rechts.«

Damit es sich einprägte, wiederholte ich es.

»Kopf, Brust, links, rechts.«

Und gleich noch einmal.

Ich öffnete die Augen. Pater Fabricius stand vor mir.

»Wir sehen uns zur Eucharistiefeier?«, flüsterte er, beeindruckt von meiner Frömmigkeit. Ich nickte. Er zog weiter, und ich las weiter.

»In der byzantinischen Kirche werden Daumen, Zeige- und Mittelfinger zusammengehalten.« Ich hielt meine Finger zusammen. »Sie repräsentieren die Dreifaltigkeit aus Vater, Sohn und Heiligem Geist, die anderen zwei Finger bleiben an der Handfläche als Symbol der zwei Gestalten Christi. Die Hand wird an die Stirn ...« Ich ging zur Stirn, »... den Bauch ...« Also nicht die Brust!«... die rechte und die linke Schulter geführt.« Moment? Wieso rechts zuerst?

Ich ging auf eine andere Website. Dort war es andersherum beschrieben. Und: »Der Katholik zieht auf diese Weise ein auf dem Kopf stehendes Kreuz. Damit ist es das Zeichen Satans.« Ich vergaß zur Sicherheit alles, was ich gerade gelernt hatte.

»Hallo, mein Engel!« Mit hochgezogenen Augenbrauen glitt Amaras Blick von meinem schwarzen Rollkragenpullover über die schwarze Hose zu meinen schwarzen Schuhen.

»Bei uns drinnen herrscht ein ganz anderes Klima«, erklärte ich.

Amara umflatterte das orange Sommerkleid. Eindeutig die bessere Wahl bei 30 Grad im Schatten. Amara steckte sich eine Zigarette an. »Komm, lass uns die Pferde besuchen.«

Der Marstall von Kloster Einsiedeln ist das älteste Gestüt Europas. Schriftlich belegt ist die Zucht der »Cavalli della Madonna«, der Pferde der Mutter Gottes, seit 1064. Die ersten Pferde auf dem Einsiedler Berg waren Schlachtrösser, mitgebracht von den ersten Mönchen, Abkömmlingen von Adels- und Rittergeschlechtern.

»Wie lange haben wir Zeit?«, fragte Amara.

»In einer halben Stunde muss ich zur Eucharistiefeier, was immer das ist.«

»Da gibt es Brot und Wein.«

»Woher weißt du das?«

»Ich habe die Erstkommunion empfangen.«

»Das ist das mit den weißen Kleidchen?«, fragte ich.

»Ja, für die Mädchen.«

»Klar.«

»Wir mussten damals alle einen Blumenkranz im Haar tragen«, kicherte Amara. »Ich habe drauf bestanden, dass in dem Kranz auf meinem Kopf ein Plastikvögelchen sitzt.«

Dumpfes Stampfen unterbrach sie. Zwei Pferde jagten über

die Koppel. Die Hufe blitzten im Sonnenlicht. Das vordere Pferd warf sich herum und galoppierte in die Gegenrichtung.

Für das Gestüt von Einsiedeln lief es am besten zwischen dem 16. und 18. Jahrhundert. Da brauchte Europa Kriegspferde. Einsiedeln lieferte das Kriegsgerät. Ein Kloster ist vor allem ein Wirtschaftsunternehmen, da kommt das Geschäft vor dem fünften Gebot. Tödlich fürs Pferdegeschäft wurde die Konkurrenz der Eisenbahn. Ende des 19. Jahrhunderts reduzierte das Kloster die Pferde- zu Gunsten der lukrativeren Rinderzucht.

»Schau, die tragen alle ein Halfter! Meine Pferde kamen nie mit Halfter auf die Koppel. Damit können sie sich in den Büschen oder am Gatter verhaken. Mann! Das sind Fluchttiere. Die bleiben hängen, geraten in Panik und brechen sich die Beine.« Sie stieß ihre Zigarette an einem Balken der Koppelumfriedung aus. »Wenn die glauben, sie kriegen ihre Gäule ohne Halfter nicht in den Stall, müssen sie sie besser erziehen. Das kannst du deinen Mönchen mal sagen.«

»Die sind nicht mehr zuständig, das ist alles verpachtet.«

Zu Beginn des 20. Jahrhunderts wurde wieder mehr Wert auf Pferde gelegt. Die eigenen Mutterstuten sorgten für Kontinuität, fremde Hengste für frisches Blut. An die Glanzzeiten konnte das Gestüt dennoch nicht mehr anknüpfen. Die Stallungen wurden verpachtet und 2008 für einige Millionen Franken denkmal- und tiergerecht renoviert. Pensionspferde, Reitbetrieb und Landwirtschaft sorgen für Geld, der Ruhm, ältestes Gestüt Europas zu sein, fürs Image. Da führt die Zucht ein Schattendasein. Experten befürchten das Aussterben des Einsiedler-Pferdes.

»Dann sollen es die Mönche dem Pächter weitersagen.«

Amara schnalzte, und sofort erlag eine braune Stute ihrem Charme.

»Na, du Rackerli!« Sie kratzte der Stute die Stirn. »Jööö, schau, wie sie guckt! Wollen wir die adoptieren?«

Von fern wehte Glockengeläut herauf. »Meine Kirche ruft.«

Unter den Engeln des Klostertores nahm ich Amaras Hände bei den Fingerspitzen, umschloss sie mit meinen. Aus den Augenwinkeln sah ich, wie uns für die Kirche zurechtgemachte Einsiedlerinnen beobachteten: den Mann in hochgeschlossenem Schwarz und die sinnliche Verführerin im Sommerkleid.

»Ich wünsche dir«, sagte ich milde lächelnd, »einen guten und schönen Tag.«

»Nicht das Hirn waschen lassen«, mahnte Amara.

Ich bedachte sie mit einem nachsichtigen Blick und gab ihr links und rechts einen Wangenkuss. »Alles wird gut.«

Amaras Pupillen blitzten. Sie stellte sich auf die Zehenspitzen, winkelte französinnenkeck ein Bein Richtung Po an und drückte ihre feuchten Lippen auf meinen Mund.

Dann machte sie kehrt, sah über ihre Schulter und rief laut, damit es ganz Einsiedeln hörte: »Au revoir, Chéri!«

Jeder hegt den Garten Gottes, so gut er kann.

Mönch im Kloster Einsiedeln

Mit der gleichen Ruhe, mit der er die Kräuterkenntnisse der Hildegard von Bingen beim Nachtessen vorgetragen hatte, führte der junge Seitenscheitelpater durch die Eucharistiefeier in der vollbesetzten Kirche. Auch ich meisterte das meiste, nippte am Weinkelch und schämte mich nicht. In Nordkorea hatte ich mich vor Kim-Statuen verbeugt. Was nützt Protest, der nichts bewegt?

Kurz vor zwölf war dann schon wieder Mittagsgebet. Es fand in einem nüchternen, mit Kirchenbänken und einem kleinen Altar versehenen Raum im Wohntrakt statt. Die Pausen zwischen Gesang, Gebeten und Innehalten diktierte eine klackende Wanduhr. Das Gebetsprogramm ging immer eine Runde weiter, wenn der Minutenzeiger *klack* machte.

Sehr zum Wohlgefallen von Pater Fabricius servierten die Küchendiener zum Mittagessen Schweinebraten, Gemüse und Kartoffelbrei. Sonntags galt kein Schweigegebot. »Unsere Küchenleitung hat vor einiger Zeit damit begonnen, den Speiseplan zu modernisieren. Auf Wunsch der jungen Leute …« Er nickte in Richtung der Ecke des Saales, wo die Brüder saßen, die jünger als fünfzig waren. Dort wurde viel gelacht.

»Spaghetti, gut, die mag ich auch. Aber wir hatten ständig Couscous oder Süßkartoffeln auf dem Teller.« Er ließ eine Pause, damit wir entrüstet den Kopf schütteln konnten. »Das hat den jungen Leuten dahinten gefallen. Aber uns älteren … Ich habe dann in einer Aussprache gesagt: Couscous kann gerne unseren Glaubensbrüdern in Afrika vorbehalten bleiben. Hier schätzen wir gute Schweizer Hausmannskost.« Der Sieg der klösterlichen Kartoffelfraktion ließ seine Äuglein funkeln.

Nach dem Mittagessen zogen wir einen Raum weiter, wo graue Frauen umherschwirrten mit Kaffee- und Teekannen in der Hand und Tellern voller Gebäck. Hier bestand die Möglichkeit zum Gespräch mit den Patres. Jakob und Patrice unterhielten sich angeregt mit einigen älteren. Mich interessierte der junge Seitenscheitelpater.

»Ich war sehr beeindruckt, mit welcher Souveränität Sie durch die Messe geführt haben.«

Ihn gleich zu duzen war mir unangenehm. Er schlug für einen Moment die Augen nieder. Gerade so lange, wie es für den Ausdruck von Bescheidenheit nötig war. Dann blickte er auf: »Es macht mir große Freude, vor anderen zu stehen und zu predigen. Als Kind schon spielte ich in einer Laientheatergruppe.«

Im letzten Moment fing ich mein Auflachen ein. »Und deshalb sind Sie ins Kloster gegangen?«

»In einem Jahr«, er reckte das Kinn, »werde ich mein Theologie-Studium beenden und eine Promotion beginnen.« Er nannte das Thema. Es klang sehr kompliziert. »Und Sie? Was machen Sie beruflich?«

»Ich schreibe Drehbücher.«

»Oh, Sie werden doch nicht«, er schwenkte schelmisch den Zeigefinger, »einen Film über uns machen?!«

Während ich überlegte, was ich darauf erwidern sollte, rief er: »Dann möchte ich von George Clooney gespielt werden!«

Ich warf ein, dass George Clooney doch zu alt sei. Wir grübelten, welcher Schauspieler ähnlich attraktiv war. Keiner meiner Vorschläge überzeugte Bruder Johannes.

Was alle Mönche auszeichnete, die ich sprach oder länger beobachtete, war das jedes Klischee erfüllende, selige Lächeln auf ihrem Gesicht. Amara meinte zwar, das komme vom Inhalieren des Weihrauchs, aber die Ordensregel »Ora et labora et lege« – »Bete und arbeite und lies« (zuvorderst Bibel und Benediktregel, aber nicht nur) – schien tatsächlich zufrieden zu machen.

Den Part »Arbeite« schränken bei vielen der Einsiedler-Mönche Alter und Krankheit ein. Wer jünger ist oder noch die Kraft hat, macht Führungen oder arbeitet in der Stifts- und Musikbibliothek. Beide Institutionen sind reich an wertvollen Schriften. In der Musikbibliothek lagern Originalnotenblätter von komponierenden Klosterbrüdern, aber auch von Joseph Haydn, Johann Christian Bach (dem jüngsten Sohn von Johann Sebastian) und eine handschriftliche Skizze von Wolfgang Amadeus Mozart zum zweiten Satz seiner *Pariser Sinfonie*.

Vor allem aber unterrichten die Mönche – ausgebildet und studiert – als Lehrer an der zum Kloster gehörenden Stiftsschule Einsiedeln, einem Gymnasium für externe Schülerinnen und Schüler aus Einsiedeln mit angeschlossenem Internat. Der frühere Abt Martin lehrt dort bis heute Entwicklungs- und Religionspsychologie. Martin ist sein Ordensname; geboren wurde er als Stefan.

Am Gymnasium und an anderen von den Mönchen betreuten Schulen hatte es vor allem in den sechziger und siebziger Jahren Fälle sexuellen Missbrauchs von Schülern durch Mönche gegeben. Die Aufarbeitung dieser Übergriffe gehörte zu den Dingen, die der trottinettfahrende Abt Martin ins Rollen gebracht hatte. Er war es auch, der als erster Mönch von Einsiedeln intensiv die sozialen Netzwerke nutzte. In einem Radiointerview wurde er gefragt, ob er twittere. Abt Martin wusste nicht, was Twitter ist. Er recherchierte und richtete sich einen Account ein. Am Ende lasen fast 10 000 Follower seine Gedanken, darunter die sogenannten Bahn-Gleichnisse, die er während vieler Zugreisen in die Welt schickte: »Beim Bahnfahren ist es wie beim Twittern: Man begegnet sich auf dem Weg, die

Timeline aber ist nie identisch.« Wer ihm die Reduzierung der Welt auf viele Bilder und wenig Text vorwarf, dem hielt er entgegen: »Das hatten wir bis ins 15. Jahrhundert in der Kirche. Wenn Sie unsere Kirchen anschauen: Das sind große Bilder und höchstens hundertvierzig Zeichen Text.«

Abt Martins letzter Tweet vor seinem Unfall Anfang 2012 lautete: »Und jetzt noch eine Runde Badminton :-)«

Während seiner Reha musste er wieder Lesen und Laufen lernen. Zeitungen titelten: »Abt vergisst Vaterunser.« Im Frühsommer 2012 fühlte er sich genesen und führte die Amtsgeschäfte weiter. Nachdem seine zwölfjährige Abtszeit geendet hatte, kehrte er ins zweite Glied zurück. Er twittert jetzt unter *MoenchMartin*. Sein Nachfolger Abt Urban twittert auch.

Beim Kaffetrinken mit den Patres kam ich auf Martin zu sprechen und seinen Nachfolger Abt Urban. Ich wollte wissen, wie beliebt der Neue im Vergleich zum Vorgänger bei Gläubigen und Mönchen sei. Die Antwort des Befragten deutete gewisse Qualitätsunterschiede bei der Arbeit im Garten Gottes an.

Wehe, wenn sie einen Eber sucht ... dann ist sie meilenweit zu hören, und unsere Pferde fordern Oropax.

Website des Marstalls Einsiedeln

Ich fühlte mich geborgen. Musste mich nicht um meine Mahlzeiten kümmern, meine wenigen Habseligkeiten verlangten kein Aufräumen, ich hatte keine Termine. Die Gebetszusammenkünfte nahm ich wie Massagen für den Geist wahr.

Seit dem Morgen hatte ich das Kloster nicht mehr verlassen. Draußen brannte die Sonne vom Himmel. Ausgelassenes Kreischen und Musik wehte vom Chilbi herüber, ein Volksfest, das jedes Jahr zu der Zeit veranstaltet wird, wenn das örtliche Gotteshaus Kirchweihfest feiert. Aus gleichem Anlass entstand in Deutschland die Kirmes. Inzwischen spielt bei beiden der christliche Ursprung keine Rolle mehr.

Ich schloss das Fenster. Der Lärm verstummte. Die Klostermauern schützten vor dem Brodeln der Welt. Ich hatte mich zurückgezogen in mein eigenes kleines Reduit. Bald würde ich wohl beginnen, selig zu lächeln.

Ganz entließ ich die Welt draußen doch nicht aus meinen Gedanken. »Du musst in einer Stunde los«, erinnerte ich Amara an ihren Wellness-Abend in Feusisberg.

Sie antwortete: »Schon beim Paratmachen! Amara aufgeregt.«

Ich schickte ihr die Fahrverbindungen. »Der letzte Bus geht halb elf, den darfst du nicht verpassen!«

»Wenn doch, dann laufe ich. Hihihi!«

Ich muss sie in meine Gebete einschließen, dachte ich, schrieb es aber nicht, sondern wünschte: »Viel Spaß!«

Anschließend rief ich wie vereinbart meinen Gleitschirmprofi Urs an und bestätigte unser Treffen am Bahnhof Walenstadt:

Dienstag, neun Uhr. Anschließend Fahrt auf die Churfirsten. Fußmarsch zum Absprungplatz. Elf Uhr Absprung. Landung gegen elf Uhr zwanzig am Ufer des Walensees. Eine Minute später freudige Umarmung.

Das Letzte besprach ich nicht mit Urs, zum Plan gehörte es trotzdem. Amara würde mich am See erwarten, und wir würden, freudig »i-Punkt, i-Punkt« singend, im Kreis herumhopsen. Oder mit Blaulicht ins Spital fahren.

Nach der Komplet zogen sich Patrice und Jakob in ihr gemeinsames Zimmer zurück. Joshua ging in seines. Ich wollte etwas frische Luft schnappen. Simon auch.

»Warum bist du hier?« Simon hielt mir das schwarze, schmiedeeiserne Tor auf, das bis zum Rundbogen des Deckengewölbes reichte. Hinter dem Türgitter führten ein paar Steinstufen hinab zur eigentlichen Ausgangstür. Das schmiedeeiserne Tor konnte nur öffnen, wer wie wir einen Magnetschlüssel besaß.

Ich hatte mit der Frage nach dem Grund meines Hierseins gerechnet. Und staunte, dass es so lange gedauert hatte, bis sie jemand stellte. Andererseits kannten wir einander nur mit Vornamen. Wussten allenfalls, woher wir kamen. Dass Patrice und Jakob Theologie studierten, Joshua aus dem Kongo stammte und jetzt in Rom lebte, hatte Pater Fabricius verraten, und ich war mir nicht sicher, ob es den anderen recht war, dass er es getan hatte. Es schien unwichtig zu sein, wer oder was wir draußen waren.

»Ich bin hier«, sagte ich und hielt Simon gleichzeitig die hölzerne Ausgangstür auf, »um ein bisschen zur Ruhe zu kommen.«

Die Tür krachte hinter uns ins Schloss.

Im weiten gepflasterten Klosterhof warfen die Eiben lange Schatten. Wir schwenkten in Richtung der Stallungen. Sie bildeten ein geschlossenes Ensemble mit den Klostergebäuden und waren auf den ersten Blick davon nicht zu unterscheiden.

»Ja, hier kann man sich wunderbar von der Hektik des Alltags zurückziehen«, sagte Jakob. »Ich habe das zum ersten Mal gemacht, als ich für meine Matura lernte.« Dem Schweizer Abitur. »Seitdem komme ich jeden Sommer her. Nächstes Jahr feiere ich Zehnjähriges.«

Mein Handy muhte. Ein Foto von Amara. Sie prostete mir im Bademantel mit einem Cüpli zu.

Wir erreichten einen langen Hof, begrenzt von weißen, zwei Stockwerke hohen Wirtschafts- und Stallgebäuden. Schnauben war zu hören. Leises Wiehern. In eine steinerne Pferdetränke plätscherte Wasser.

Simon gehörte einer kleinen katholischen Glaubensgemeinschaft im Schweizer Jura an. Seine erste Muttersprache war Französisch, sein Hochdeutsch fast akzentfrei. In vier Monaten erwarteten seine Frau und er ihr erstes Kind. Ob Simon für seine bevorstehende Vaterschaft noch einmal Kraft schöpfte, traute ich mich nicht zu fragen. Er begann, zunehmend mehr von sich preiszugeben, nachdem ihn meine Antwort auf seine Frage, wie es um meinen Glauben an Gott stünde, offensichtlich zufriedengestellt hatte.

»Ich bin getauft, hatte eine Phase des Zweifels und befinde mich nun auf dem Weg.« Daran war nichts gelogen. Dass ich anstelle von Kommunion eine Konfirmation erlebt hatte, musste ich verschweigen, sonst wäre er darauf gekommen, dass ich nicht katholisch bin. Obwohl dies keine offizielle Bedingung zu sein schien für die Einkehr ins Kloster.

Simons Gottesglaube speiste sich aus familiärer Prägung und der Kraft, die er daraus für den Alltag schöpfte. Er erzählte von seinen Versuchen, sich selbständig zu machen.

»Und nur, weil das Wirtschaftsdepartement für meine Geschäftsidee kein Reglement fand, haben sie mir die Bewilligung verweigert. Verstehst du? Statt zu sagen, da traut sich jemand etwas Neues, den unterstützen wir, legen sie dir Steine in den Weg. Das ist typisch Schweiz.«

»Was ist das für eine Geschäftsidee?« Meine Worte echoten dumpf in einer weiteren Durchfahrt durch ein weiteres Quergebäude. Sie führte uns auf das Gelände hinter der Klosteranlage mit den Pferdekoppeln, der Reithalle und den beiden Klostersäuen.

»Das möchte ich nicht so breit erzählen.« Ganz hatte ich Simons Vertrauen also doch nicht.

Die laut Marstall-Website mannstolle Hängebauchsau Susi stand still und stumm im Schlamm. Die jüngere Lissy im Nachbargehege stapfte missmutig grunzend umher und stürzte mit einem Mal brüllend auf den Maschendrahtzaun zu, verhakte ihre gelben Hauer in dem Metallgeflecht, das sie in ihrer schmutzigen kleinen Welt einsperrte. Wir machten einen Satz rückwärts und uns davon.

Plaudernd schlugen Simon und ich einen großen Bogen um die Anlage und kamen neben dem Klosterplatz heraus.

»Verstehst du«, sagte Simon, »das macht mich zornig, diese Regelhörigkeit. Diese verkrusteten Strukturen. Diese Angst vor dem Neuen.« Simons Locken wippten heftig. »Unsere direkte Demokratie führt ständig zu Kompromisslösungen. Und was ist ein Kompromiss?«

»Ein Ausgleich, der möglichst viele Interessen berücksichtigt.« Ich fand das von mir sehr schön formuliert.

Simon schüttelte seinen Lockenkopf: »Nein, Kompromisse sind die Diktatur des Durchschnitts.«

Wir steuerten wieder aufs Kloster zu. Eine mehrspurige Straße trennte uns noch vom Klosterplatz.

»Und deswegen«, sagte Simon, »hat man es in der Schweiz unglaublich schwer, wenn man mal andere Wege gehen will!«

Da kein Auto kam, setzte ich den Fuß auf die Straße. Simon lief weiter. Parallel zum Bordstein. Ich folgte ihm.

Erst nach zehn Metern wechselten wir hinüber. Vorschriftsmäßig über den Zebrastreifen.

In der Nacht weckten mich späte Chilbi-Heimkehrer, die krakeelend über den Hof zogen, eine Abkürzung in die Stadt nehmend. Nach einer Stunde Wachliegen ging ich ins Netz. Gleitschirmfliegen sei *kein* Risikosport, behauptete *Wikipedia*. Um von »Risikosport« sprechen zu können, müsse das Gefahrenpotential im Wesentlichen von der Sportart ausgehen. Dies sei beim Gleitschirmfliegen statistisch ebenso wenig der Fall wie beim Autofahren, Schilaufen oder Fallschirmspringen.

Das klang sehr beruhigend. Außerdem meinte das Internetlexikon, Hauptverursacher von Unfällen und damit der eigentliche Risikofaktor sei nicht die Sportart, sondern der sie mehr oder weniger kompetent betreibende Sportler.

Das wäre in meinem Fall der Urs. Laut seiner Website verfügte er über fünfzehn Jahre Erfahrung und eine Haftpflichtversicherung. »Einige Schritte eine sanft geneigte Wiese hinunter«, hieß es bei ihm. »Du spürst den Wind im Gesicht, sanft schwebst Du und Dein Pilot davon.« Hoffentlich war er im Schweben besser als in Grammatik. Amara hatte nach einem Blick auf sein Foto, auf dem er sonnenbebrillt lachte, geurteilt: »Spirituell gesehen ist der für dich perfekt.«

»Heiter bis wolkig, am Nachmittag Regen«, sagte der Wetterbericht für Dienstag und die Gegend rund um die Churfirsten voraus.

Gegen zwei Uhr muhte mein Handy. »Hulli! Bin zurückli!«

»War es schön?«, schrieb ich.

»Du noch wach?«

»Kann nicht schlafen. Urs!«

»Ich regel das. Mach dir keine Sorgen.«

»?«

»Alles wird gut. Jetzt pfusi!« Pfusen hieß schlafen.
»Okay. Nachti! :-*«
Hoffentlich stellte sie keinen Unsinn an.

Die Laudes am Morgen absolvierte ich wie in Trance. Betete zum ersten Mal wirklich. Angst und Unsicherheit sind es, die einen zum Glauben treiben. Eine sichere Welt können Kirchen gar nicht wollen. Wenn ich Amara glaubte, dann doch an Gott erst recht.

»Oh, da hast du dir aber etwas vorgenommen«, sagte Pater Fabricius beim Frühstück, als ich von meinen Plänen erzählte. »An den Churfirsten, oh ja. Da sind schon viele zu Tode gekommen.« Bedächtig nickte er. »Da wehen schlimme Fallwinde.«

Urs hatte etwas von Aufwinden erzählt.

Beim Abschied nahm Pater Fabricius meine Hand in seine Hände und drückte sie fest. Selbst Jakob und Patrice, die ihr Misstrauen mir gegenüber bis zum Schluss behielten, gaben mir gute Wünsche mit auf den Weg. »Bliibsch am Läabe, gäll!«

Ich versprach es und lachte zu laut. Morgen war Dienstag. Auf meiner Schreibtischuhr stünde wieder: DIE.

Wir können dem Leben nicht ausweichen, es muss uns manchmal auch weh tun.

Peter Bieri, Schweizer Philosoph

Wir standen auf dem Bahnsteig von Biberbrugg: Amara in der Sonne, ich im Schatten. Wir warteten auf den Anschlusszug. Seit unserer Abfahrt aus Einsiedeln plapperte ich ohne Unterlass. Um möglichst wenig nachdenken zu müssen.

»Und weißt du, was mir heute Nacht noch einfiel? Die Kirche und die Schweiz haben wahnsinnig viel gemeinsam. Ich sage nur: Dreifaltigkeit und drei Eidgenossen. Wilhelm Tell und die Jungfrau Maria. Was Schweiz und Kirche zusammenhält, ist der Glaube an Ereignisse und Personen, für die kein einziger Beweis vorliegt, dass es sie je gegeben hat. Ohne dieses ideelle Zentrum würden beide zerbröseln. Wie ein Vampir bei Sonnenaufgang.«

Ich hatte erwartet, dass Amara darüber schmunzelte.

»Jetzt fragst du dich sicher«, mein Zeigefinger fuchtelte vor ihrer Nase herum, »was das ideelle Zentrum von Deutschland ist.«

Amara drückte ihre Zigarette am Abfalleimer aus.

»Ganz einfach«, sagte ich. »Hitler! Die einen richten ihr Denken und Handeln aus schlechtem Gewissen an ihm aus, die anderen aus Blödheit. Und wer sich nicht für eine Seite entscheidet, wird von beiden Seiten beschimpft.«

»Können wir jetzt mal über was Interessantes sprechen?«
»Nämlich?«

»Meinen Busfahrer von gestern Abend.«

Sie ging drei Schritte. Wenn ich ihre Geschichte über den Busfahrer hören wollte, musste ich ihr in die Sonne folgen. Ich war folgsam.

»Also«, begann sie, »Amara hat gestern pünktlich die S-Bahn bekommen, mit Rennen zwar, aber immerhin. Und in Feusisberg den Bus gefunden. Aber! Der Bus konnte nur die halbe Strecke zum Hotel fahren, weil die Straße wegen Bauarbeiten gesperrt war. Und jetzt kommt's!«

Unser Zug nach Göschenen kam. Außer uns stieg eine große, im Wesentlichen beigefarbene Seniorengruppe ein.

»Wo war ich?«, fragte Amara.

»Baustelle.«

»Genau. Ich hab dem Busfahrer erzählt, dass mir ein Kollege einen Wellness-Abend im Hotel geschenkt hat und dass ich danach unbedingt den letzten Bus zurück bekommen muss, aber orientierungsmäßig ein bizzeli kreativ drauf bin. Und er, musst du dir vorstellen, war so ein Urchiger. Bart, Bauch, gemütlich. Er hat mich nicht bis zur letzten Haltestelle vor der Baustelle gefahren, sondern bis es wirklich nicht mehr weiterging. Also bis dahin, wo die Straße aufgerissen war. Damit ich in der Hitze nicht so weit laufen muss. So ein Schatzeli! Und dann hat er mir seine Handynummer gegeben! Neineinein, nicht was du denkst. Sondern damit ich ihn anrufen kann, wenn ich vom Hotel wieder losgehe. Er wollte dann am Loch in der Straße auf mich warten.«

»Hat es geklappt?«

»Na ja«, sie lächelte unsicher, »ich hab vergessen, ihn anzurufen.« Sie zuckte die Schultern. »Erst an der Baustelle ist es mir eingefallen. Ich hab ihn angerufen und dann eben auf ihn gewartet.«

»Und wie war Wellness?«

»Königlich! Amara hat im Bademantel ein Glas Champagner getrunken. Und gleich noch eins. Es gab lecker Essen. Den

Pool hatte ich ganz für mich ... Freu dich mal! Ich freue mich immer für dich. Du freust dich nie für mich.«

»Hab ich schon gestern gemacht.«

»Du bist ganz woanders im Köpfchen.«

»Ja.«

»Also?« Amara war deutlich anzusehen, dass sie sich gerne weiter über ihr Wellness-Abenteuer ausgelassen hätte.

»Der Urs meinte, Halbschuhe sind in Ordnung. Aber im Internet steht, bei Fall- oder Gleitschirmsprung solle man unbedingt Schuhe anziehen, die über die Knöchel gehen.« Ursprünglich hatte ich solche stabilen Schuhe mitnehmen wollen, sie aber aus Gewichtsgründen zu Hause gelassen.

»Ich hab das gestern Abend in der Sauna für dich geregelt.«

»In der Sauna?«

»Alles wird gut.«

Wir wechselten in Göschenen in einen Zug der Matterhorn-Gotthard-Bahn nach Andermatt. Die Seniorengruppe auch. Der Sprachfärbung nach Deutsche aus dem Rheinland. Sie wollten in Andermatt den Glacier-Express erreichen, den »langsamsten Schnellzug der Welt«. Der großflächig verglaste Zug gondelt nämlich gemächlich durchs Land. Vor steilen Streckenabschnitten wird die normale Lok gegen eine Zahnradlok getauscht, damit er über die Berge kommt.

Unsere Lok beherrschte beide Fortbewegungsarten und transportierte uns über Schmalspurgleise abwechselnd im gewöhnlichen Adhäsions- und im bergebezwingenden Zahnradprinzip.

Durch die spektakuläre Gebirgswelt der Schweiz mit ihren ebenso spektakulären Tunneln und Brücken fahren acht Panoramazüge. Diese Bahnen, bei denen der Weg das Ziel ist, vermarkten die SBB als *Grand Train Tour of Switzerland* und behaupten, dies sei »Die beste Art, die Schweiz zu erleben«.

Was die Schweizerischen Bundesbahnen verschweigen: Je

länger man an Schluchten, Felswänden und Wasserfällen vorbeifährt, desto weniger schaut man hin. Hätte uns die Schaffnerin nicht auf die Schöllenenschlucht aufmerksam gemacht und die Sage zum Bau der Teufelsbrücke erzählt, wir hätten das verschlungene Bauwerk inmitten schroffer Felsen übersehen.

Die Bewohner des Urserentals scheiterten wiederholt am Bau einer Brücke über die Reuss, einem Gebirgsbach am Grund der Schlucht. Bis jemand rief: »Soll doch der Teufel die Brücke bauen.« Der war sofort zur Stelle und verlangte für seine Hilfe im Gegenzug die Seele des ersten Brückenüberquerers. Die Ursener waren einverstanden. Der Teufel baute die Brücke, und die Ursener schickten als Ersten einen Ziegenbock hinüber. Dieser Trick ärgerte den Teufel, und er warf einen riesigen Stein, um die Brücke zu zerstören. Er verfehlte sie aber, und der Stein, ein haushoher Felsbrocken, steht heute neben der Gotthard-Autobahn. Man kann ihn vom Zug aus sehen.

Da Amara die Schaffnerin in Züridütsch angesprochen hatte, ging sie davon aus, dass auch ich Schweizer sei, und sprach in ihrem Dialekt. Nachdem sie weitergezogen war, erzählte Amara mir die Geschichte auf Hochdeutsch. Sie hatte in den letzten Tagen öfter übersetzt, was mich in die Rolle eines Ausgestoßenen drängte. Gleichzeitig hatte ich das Gefühl, tatsächlich schlechter Dialekt zu verstehen, seit sie an meiner Seite reiste. Es war paradox: Indem Amara meinen Abstand zu den Schweizern verringerte, vergrößerte sie ihn auch.

Das Blaulicht des Krankenwagens auf dem Bahnhofsvorplatz von Andermatt reflektierte in den Panoramascheiben des Glacier-Express. Der Zug war gegenüber dem unsrigen eingefahren. Sanitäter schoben eine Rollliege an die Zugtür. Drinnen eilte, durch die Panoramascheiben gut zu sehen, ein Notarzt durch den Mittelgang. Er ging in die Knie. Die Zugpassagiere reckten die Köpfe, manche hatten sich ganz erhoben.

Wir standen auf dem Bahnsteig, neben der beigefarbenen Seniorengruppe, die unruhig auf die Erlaubnis wartete, in den Glacier zu steigen.

Der Notarzt winkte die Sanitäter samt Trage in den Zug.

»Fahren wir mit dem weiter?«, fragte Amara.

Ich wedelte ihren Zigarettenrauch von meinem Gesicht weg und verneinte.

»Na, ein Glück.«

Die Sanitäter schleppten einen weißhaarigen Mann aus dem Zug. Ein dünner Schlauch verlief von seinem Arm zu einem Infusionsbeutel, den der Arzt neben ihm in die Höhe hielt.

Die Trage wurde auf ein Gestell gelegt. Sanitäter, Arzt und Patient ratterten an uns vorbei. In der rechten Hand hielt der Weißhaarige auf der Trage etwas fest. Der Arzt wollte es ihm aus den Fingern nehmen. Vergeblich. Eisern umklammerte die Hand des Weißhaarigen das Andenken an seinen Ausflug im Glacier-Express: eine Serviette.

Während Amara unseren halbstündigen Aufenthalt in Andermatt zur Vernichtung zahlloser Zigaretten nutzte, tigerte ich auf und ab. Der neueste Wetterbericht für morgen verhieß für vormittags Sonne und nachmittags Regen. Bei Regen kann man nicht Gleitspringen. Dann hätte ich keinen i-Punkt. Ich schaute zum x-ten Mal aufs Handy. Keine Nachricht von Urs.

»Spatzeli, kannst du bitte weggehen? Du machst mich wahnsinnig.«

Ich vergrößerte meine Kreise, versuchte, mich abzulenken.

Die Rückwand der Bushaltestelle am Bahnhof Andermatt warb für »Attraktive Apartments ab 450 000 CHF«. Gleich daneben, im »Sales Center«, konnte man sie kaufen: »Exklusive Immobilien im Herzen der Schweiz«.

Andermatt, auf meiner Route etwa in der Mitte des e-Ärmchens, ist Hauptort des Urserentals. Eine karge, dünnbesiedelte und lawinengefährdete Gegend zwischen Gotthard-

und Oberalppass. Wer die Schweiz von Nord nach Süd und umgekehrt querte, kam hier vorbei – schon vor zweihundert Jahren. Handlungsreisende rasteten hier und ließen sich von einheimischen Transportleuten die Waren über die Pässe tragen, Touristen kamen, darunter Goethe, später wie immer die Engländer, und im Zweiten Weltkrieg sorgten die Soldaten der Schweizer Armee für volle Kneipen. Der nahegelegene Gotthard war Schwerpunkt des Reduit. Dann gingen die Soldaten. Und als 1980 der Gotthard-Straßentunnel öffnete, fuhr kaum noch jemand durch die Talschaft Urseren. In die Jahre gekommene Drei-Sterne-Hotels und eine Seilbahn aus der Nachkriegszeit hielten sich fortan nur mühsam über Wasser.

Bis Samih Sawiri kam.

Seit 2010 ließ der ägyptische Multimilliardär auf einem ehemaligen Militärgelände von Andermatt das größte Luxusresort der Schweiz aus dem Boden stampfen: Hotels, Apartmenthäuser, Villen, Golfplatz, Hallenbad. Die Sawiris und ihr Orascom-Konzern haben ein Faible für außergewöhnliche Bauprojekte. Seit Neuestem plant Samih Sawiri, vor der Küste Montenegros eine ehemalige italienische Gefängnisinsel aus Mussolinis Zeiten – manche sagen auch: Konzentrationslager – zu einer Ferienanlage umzubauen. Samihs Bruder Naguib Sawiri investierte vor wenigen Jahren fast 200 Millionen Schweizer Franken in Nordkorea, wo er dem 1500-Zimmer-Hotel Ryugyŏng eine blau glänzende Glasfassade verpasste, nachdem die 330 Meter hohe Hotelpyramide fast zwanzig Jahre als Rohbauruine mitten in Pjöngjang herumgestanden hatte. Im Gegenzug bekam der Orascom-Konzern der Sawiris die Erlaubnis, das nordkoreanische Mobilfunknetz aufzubauen.

In Andermatt würden bei voller Auslastung des Luxusresorts doppelt so viele Fremde wohnen, wie das Dorf Einwohner hat. Die Informationstafel am Bahnhof, die wie üblich den Ort vorstellte, schien sich weniger an Touristen zu wenden als vielmehr an die Einheimischen. »Wir sind überzeugt, dass die Urschnerinnen und Urschner auch diesen Wandel mit ihrer gewohnten Flexibilität meistern.«

Wehe, wenn nicht!

In einem weiteren Zug der Matterhorn-Gotthard-Bahn setzten wir unseren Weg fort. Nun auf dem untersten Abschnitt des e, der nahtlos ins i übergehen würde, an dessen Ende wir heute nächtigten.

Kurz vor Disentis/Mustér klingelte mein Telefon. Urs!

»Vielleicht sagt er ab«, orakelte ich.

»Hallo, Urs ...«

Ich sagte dreimal »Ja« und einmal »Gut«. Legte auf.

In knappen Worten gab ich wieder, was Urs gesagt hatte.

Amara warf sich in »Tataaa!«-Pose. »Na, wie hab ich das gemacht?!«

Der Zug hielt. »Schnell! Aussteigen!«, kommandierte ich, statt zu antworten.

Kurz nach Andermatt waren wir in den Kanton Graubünden eingefahren. Der flächenmäßig größte Kanton der Schweiz beginnt über dem Vorderbein und bildet die ganze Wildschweinschnauze. In seiner Form ähnelt Graubünden dem Umriss der gesamten Eidgenossenschaft. Das erkennt vor allem, wer viel Alkohol getrunken hat oder wer den gleichen (einige sagen: gestörten) Hang zur Formeninterpretation hat wie ich. In Italien einen Stiefel erkennen kann ja jeder.

Disentis/Mustér, wo wir heute zum vorletzten Mal umstiegen, verdankt den Doppelnamen seinen deutsch und rätoromanisch sprechenden Einwohnern. In Graubünden hat die kleinste Sprachgruppe der Schweiz Amtssprachen-Status, so dass sämtliche offiziellen Texte, auch Verbotsschilder in der Bahn, in Deutsch, Rätoromanisch und Italienisch abgefasst werden und Behörden Anfragen auf Rätoromanisch beantworten müssen. Womit Graubünden der einzige Kanton der

Schweiz ist, in dem drei Amtssprachen gelten. Überregional hat Rätoromanisch, auch Bündnerromanisch genannt, nur Landessprachenstatus, braucht also in offiziellen Verlautbarungen oder Behördenschriftverkehr nicht berücksichtigt zu werden. Obwohl das entfernt an Italienisch erinnernde Rätoromanisch von kaum mehr als 30 000 Schweizern aktiv gesprochen wird, gliedert es sich in fünf Hauptidiome und viele Unterdialekte, die inselartig über ganz Graubünden verteilt sind. Weil es kein einheitliches schriftliches Rätoromanisch gibt, werden offizielle Texte in einer Art Kunstsprache abgefasst, die auf dem Idiom Rumantsch Grischun beruht.

Disentis ist der deutsche Name der Stadt, abgeleitet von *desertina*, lateinisch für »Einöde«; Mustér ist der rätoromanische Name, abgeleitet von *monasterium*, lateinisch für »Kloster«. Seit 1400 Jahren besteht hier ein Kloster der Benediktiner.

»Huiii!«, sprang ich auf den Bahnsteig. Eine perfekte Landung.

»Du freust dich voll, oder?«

Ich war selber überrascht, wie sehr. »Da rüber! Schnell ...« Wir stürmten los.

»Hab ich das nicht gut gemacht?«, keuchte Amara.

»Was gemacht?« Wir liefen zur Unterführung.

»Das Wetter! Ich hab gestern Abend ...«

Ich stoppte. »Halt! Andere Seite!«

Wir drehten um und hetzten die Unterführung in die entgegengesetzte Richtung.

»Ich hab gestern Abend in der Sauna für dich Wind bestellt.«

»Ich habe heute Morgen in der Kapelle für Wind gebetet.«

»Das war nicht Gott! Das war Amara!«

Unser Zug, Eigentum der Rhätischen Bahn, stand schon auf dem Gleis. Wir stiegen ein. Ließen uns in die Sitze fallen.

»Du glaubst jetzt wirklich ...«, Amara schnappte nach Luft, »an Gott?«

»Soll ich lieber daran glauben«, auch ich japste, »dass du Wind machen kannst?«
»Mich gibt es jedenfalls!«
»Egal. Hauptsache Wind.«
Es wehte zu viel davon.
Urs hatte den Sprung abgesagt.

Tüpfli-Schîsserî -ei f. Pedanterie – »Das ist e verfluechti Zwänggringerei und Tüpfli-Schisserei!«

Vgl. *Schweizerisches Idiotikon* (Schweizerdeutsches Wörterbuch), Bd. XIII, Sp. 1349

Habt ihr euch gestritten?« Die kleine, dunkelhaarige Frau, die, Block und Stift gezückt, auf unsere Bestellungen wartete, schien von der höflichen Zurückhaltung der Schweizer nicht viel zu halten. Vielleicht waren italienischsprachige Schweizer anders. Erwartungsvoll stand sie zwischen dem Tisch, an dem Amara saß, und dem Tisch, an dem ich saß.

Ihre auf Hochdeutsch mit italienischem Akzent gestellte Frage traf ins Schwarze.

Meine Freude, nicht an einen fremden Mann geschnallt von einem 2300 Meter hohen Berg heruntertrudeln zu müssen, war schnell der Erkenntnis gewichen, dass nun in puncto i-Punkt wieder alles offen war. Ich hatte begonnen, die verworfenen Möglichkeiten nochmals durchzukauen, und versucht, neue zu finden. »Ich könnte auf den Walensee hinausschwimmen und mich auf den Boden sinken lassen.«

»Der ist über hundert Meter tief. Viel Spaß.«

»Woher weißt du das?«

»In Walenstadt hatte mein Vater seinen WK.« Den jährlichen Armeedienst. »Im Übrigen verlangt kein Mensch diesen blödsinnigen i-Punkt.«

»Mann!«, fuhr ich aus der Haut. »Die Reiseroute wäre nicht vollständig. Gerade du solltest das verstehen. Du bist doch die Erste, die auf solchen Kleinigkeiten herumhackt.«

»Man muss auch mal Ruhe geben können.«

»Mein Opa hatte an seinem Garderobenspiegel eine Zeichnung hängen: Ein Frosch im Schnabel eines Storches. Obwohl der Frosch kurz davor ist, geschluckt zu werden, sagt er: ›Niemals aufgeben!‹ Mit dieser Haltung kam mein Opa durch zwei Weltkriege, drei Inflationen und fünf Deutschlands.«

»Was ... äh ... wie bitte?«

»Kaiserreich, Weimarer Republik, Nazis, DDR, Bundesrepublik. Ihr hattet in der ganzen Zeit nur Schweiz.«

»Ja, und meine Großmutter hatte an ihrem Spiegel ein Schild hängen: ›Bitte nicht nerven!‹«

»Das stimmt doch gar nicht.«

»Schluss. Aus. Micky Maus«, donnerte sie für alle Mitreisenden vernehmbar. »Ich möchte nichts mehr vom i-Punkt hören!«

Das brachte mich zum Schweigen. Hinderte mich aber nicht am Grübeln. Da ich angeblich eine »unerträgliche Anspannung« verbreitete, waren wir die letzte Tagesetappe von Chur nach Walenstadt in zwei unterschiedlichen Wagen gefahren und saßen nun im Biergarten unseres Hotels unter alten Linden an getrennten Tischen.

»Wir brauchen mal ein bisschen Ruhe voneinander«, erklärte ich der Frau mit dem Schreibblock, Eigentümerin von Hotel, angeschlossener Pizzeria und mütterlicher Neugier.

»Ja, im Leben gibt's manchmal diese Momente«, wandte sie sich an Amara, »da müssen wir ein bisschen Abstand von unseren Männern haben. Seid ihr verheiratet?«

Die Möglichkeit, dass Mann und Frau als Freunde ein Hotelzimmer teilen, lag außerhalb ihrer Vorstellungskraft.

»Nicht ganz!« Amara hielt ihre ringlosen Hände hoch.

»Ja, genau. Lass ihn ruhig ein bisschen zappeln. Das hab ich bei meinem auch gemacht.«

Amara sah mich an. Schaute wieder weg. Eine Sekunde länger, und sie hätte geschmunzelt. Das ging aber nicht. Sie war ja zornig.

»Was wollt ihr trinken, ihr beiden?«

»Ein Aperol Spritz«, sagte Amara.

»Ein Wasser«, sagte ich.

»Und zu essen? Schon entschieden?«

Wir schüttelten die Köpfe. Außer Pizza und Nudeln standen Kängurusteak und Zebra-Entrecôte auf der Speisekarte, was uns beide etwas überforderte.

»Gut. Schaut ganz in Ruhe.« Sie steckte den Block ein und wischte Lindenblüten von Amaras Tisch. »Er wird schon wieder vernünftig.«

War ja klar: Ich hatte Schuld.

Amara steckte sich eine neue Zigarette an. Tippte auf ihrem Handy herum. Ich las die örtliche Tageszeitung. Eine neue Volksabstimmung stand an, die Bauern klagten über die anhaltende Trockenheit, auf der Walensee-Bühne ging das *Titanic*-Musical in seine letzte Woche, ein dreiunddreißigjähriger Vater und sein achtjähriger Sohn waren beigesetzt worden.

Vor zwei Wochen hatten sie im Walensee gebadet. Dort, wo die Seez in den See fließt. Die Zeitung berichtete: »Gegen 19 Uhr grillieren Dutzende Menschen beim Delta.« Dann sei eine Luftmatratze vorbeigetrieben. Darauf kauerten ein kleiner Junge und ein Hund. An die Luftmatratze klammerte sich eine Frau. Ein »Töffmechaniker aus Walenstadt« und andere Badegäste seien zu Hilfe geeilt. Die Frau habe unter Tränen erzählt, eine Wasserwalze hätte ihren Mann und den zweiten Sohn in die Tiefe gezogen. Die Polizei und die Fischer auf dem See wurden alarmiert. Taucher kamen. Erst Stunden später wurden die Leichen geborgen.

Den Artikel illustrierte ein Foto. Der dunkle See vor einer Felswand. Davor ein Wäldchen – im See.

Unsere selbsternannte Eheberaterin brachte die Getränke. »Na, immer noch nicht vertragen?«

»Sagen Sie«, meine Hand patschte auf das Zeitungsfoto, »gibt es im See eine Insel?«

Sein Brustkasten wölbte sich wie bei einem Apnoe-Taucher. Die Oberarme drohten die Ärmel seines T-Shirts zu zerreißen. Der Mann unserer Wirtin mochte um die fünfzig sein, war aber deutlich fitter als ich. Er könne uns besser Auskunft geben, hatte sie gemeint.

»Ganz ehrlich«, sagte er zu mir, nachdem ich ihm die entscheidende Frage gestellt hatte. »Ich würde mir das nicht zutrauen.«

»Warum?« Amara war sofort für meine Idee entflammt. Wir saßen inzwischen am selben Tisch.

»Der See ist tückisch«, raunte er. »Unten hängt das kalte Wasser, oben wird es durch die Sonne warm. Da entstehen Strudel. Außerdem fließen Seez und Linth in den See, das macht's noch schlimmer.«

Meine Frage, ob man zur Insel schwimmen könne, war damit eindeutig beantwortet.

Schweigend aßen wir unsere Nudelgerichte. Die exotischen Fleischsorten, davon waren wir überzeugt, bestellte sicher kaum jemand, weshalb sie bestimmt schon ewig in der Kühlung lagen. Also hatte Amara entschieden: »Bloß weil man ein bisschen verrückt ist, muss man ja nicht unvernünftig sein. Oder?«

Ich war ganz ihrer Meinung.

Unser Hotel stand neben dem Bahnhof, nur getrennt durch eine Fernverkehrsstraße. Hier rollte unablässig Auto- und LKW-Verkehr, zusätzlich rumpelten auf der Schienentrasse endlose Güterzüge. Die Italo-Schnulzen aus den Lautsprechern im Biergarten waren dagegen machtlos.

Der brausende Verkehr und das schmale Tal, in dem Walenstadt lag, gaben einem das Gefühl, die ganze Zeit im Durchzug zu sitzen. Zudem verbreitete der Gebirgszug auf der linken Seite eine Atmosphäre ständiger Bedrohung. Tausend Meter ragte eine von den Churfirsten-Gipfeln gekrönte Felswand fast senkrecht in die Höhe, ab der Mitte kahl und grau. Wie klein und verletzlich hätte mein Gleitschirm davor gewirkt.

In unserem Zimmer unterm Dach staute sich die Hitze des Tages. Bei offenem Fenster war es laut, bei geschlossenem stickig. Dass wir uns die ganze Nacht gegenseitig vorwarfen, wir würden schnarchen, fiel kaum noch ins Gewicht.

Am nächsten Tag war ich früh auf den Beinen und ging in die Stadt. Nach meiner Rückkehr weckte ich Amara und berichtete beim Frühstück unter den alten Linden von meinen morgendlichen Erkundigungen.

»Bei der in der Hotelmappe angegebenen Adresse für die Touristeninformation habe ich nur Migros, Coop und die Post gefunden. Das scheint eure städtische Grundausstattung zu sein.«

»Nein. Dazu gehört auch immer eine Kantonalbank.« Amara wedelte eine Wespe weg. Es reichte schon, dass die Morgensonne furchtbar stach.

»Ich bin in die Post und habe dort eine Angestellte gefragt, wo denn nun die Touristeninformation ist. Sie zeigte auf ein graues Regal in der Ecke. Meine Güte, in vielen Prospekten gingen die Veranstaltungstipps bis Silvester letzten Jahres.« Ich pustete in den Schaum meiner heißen Schokolade. »Von einer Bootsvermietung in Walenstadt wusste die Postfrau nichts.«

»Was ist mit der Fähre?«

Am Nordufer des Walensees, dort, wo die Churfirsten aufsteigen, liegt das Dörfchen Quinten. Gut fünfzig Menschen leben dort auf der Sonnenseite des Sees. Berühmt ist das Dorf für sein mediterranes Klima, in dem Kiwis und Feigen wachsen, und für seine Autolosigkeit. Denn das Dorf erreicht man nur über einen beschwerlichen Fußweg oder eben per Fähre, die zwischen Quinten und dem gegenüberliegenden Seeufer pendelt.

»Die nützt uns ja nichts. Ich kann ja schlecht unterwegs ins Wasser springen. Auch die anderen Schiffe fahren nur an der Insel vorbei.« Im Sommer verkehren drei Kursschiffe auf dem See.

»Ich könnte mit dem Kapitän reden!« Amara verscheuchte eine Wespe.

»Es gibt was Besseres: Der Kollege der Postfrau meinte, in Unterterzen könnten wir ein Tretboot mieten. Der nächste Zug dahin geht in vierzig Minuten.«

Ich nahm einen großen Schluck heiße Schokolade. Eine kratzige Kugel rollte über meine Zunge. Da war wohl eine Lindenblüte in die Tasse gefallen. Mit der Zungenspitze schob ich die Lindenblüte an meine Lippen. Die Lindenblüte flog summend aus meinem Mund.

Amara starrte mich an. »Fuck! Hat sie dich gestochen?«

»Nein. Heute ist mein Glückstag!«

Der Walensee, rätoromanisch *Lag Rivaun*, bildet das Auge des Wildschweins. Er ist gut 15 Kilometer lang und nur zwei breit. Walenstadt liegt an seiner Ostspitze. Unterterzen am langen Südufer. Falls wir dort ein Tretboot mieten konnten, würde ich laut der Landkarte, die im Hotel aushing, den Punkt auf dem i von schräg oben ansteuern. Ein Kompromiss, den ich eingehen musste, denn wir waren ja nur heute hier. Morgen begann das z.

Wie in der Schweiz üblich fuhr die Bahn nahe am Seeufer entlang. Auf halber Strecke stießen wir uns aufgeregt gegenseitig an. Die Insel! Ein von dichtem Baumgrün bewachsenes Eiland, an dessen dunklen Felssockel spritzend Wellen schlugen. Der See war unruhig. Weiße Schaumkämme blitzten auf dem dunkelblauen Wasser.

In Unterterzen fragten wir uns zur Tretbootstation durch.

Sie war geschlossen. Aber wir gaben nicht auf.

In einer nahegelegenen Bootswerft riet uns ein Arbeiter,

wenn wir bei diesem Wind unbedingt auf den See wollten, sollten wir besser ein Motorboot mieten. Und verriet uns, wo.

»Da ist es!« Amara verfiel in Hüpfschritt. »Reception« stand über der Tür. Hier bekamen die Urlauber die Schlüssel für die Apartments des Walensee Resorts, einer Ferienhausanlage, die trotz der Jahreszeit wie ausgestorben wirkte.

Dann ging alles ganz schnell. Kaum hatte ich die blonde Deutsche hinter dem Rezeptionstresen angelogen, dass ich schon oft Motorboot gefahren sei, bekam ich ein Vertragsformular, auf dem ich bestätigte, dass ich mich im Falle eines selbstverursachten Schadens an seiner Behebung beteiligen würde. Eine Stunde Motorboot kostete 50 Franken. Plus 100 für die Kaution.

»Wir lange dauert es bis zu der Insel?«, fragte Amara.

Die Blonde sah uns misstrauisch an.

»Wir wollen nur mal drum herumfahren«, schwindelte ich.

»Bei dem Wind heute brauchen Sie für eine Strecke mindestens zwanzig Minuten.«

Ich buchte das Boot für zwei Stunden.

»Können Sie schwimmen?«, erkundigte sich die Blonde.

Wir nickten. Das war nicht gelogen.

»Behalten Sie das Westufer im Auge. Von uns aus links. Wenn dort dunkle Wolken aufziehen, fahren Sie so schnell wie möglich hierher zurück. Falls am Rand des Sees die roten Warnlampen angehen, müssen sie sofort ans nächstgelegene Ufer. Dann zieht innerhalb von Minuten ein Sturm auf.« Sie holte zwei grellorange Schwimmwesten hervor. »Die behalten Sie bitte immer an.«

Wir versprachen es.

»Langsam. Langsaaam! Halt!« Der Hausmeister des Walensee-Resorts brüllte vom Bootssteg aus gegen den Außenborder an, der am Heck eines auch zum Rudern geeigneten

Plastikbootes knatterte – und an dessen Steuerung ich mich versuchte.

Der Hausmeister hatte uns wenige Augenblicke zuvor die Kette, die das Boot sicherte, aufgeschlossen, die Bedienung des Motors und die Benutzung einer Leuchtpistole erklärt. Falls wir auf dem See in Schwierigkeiten gerieten, sollten wir eine rote Rakete abschießen. Falls nicht, sollten wir die Pistole einfach im Bugstaukasten lassen.

Die Blonde an der Rezeption hatte mit ihrer Warnung vor schweren Stürmen auf dem See allem Anschein nach nicht übertrieben, denn eine mehrere Meter hohe Windschutzwand umgab den kleinen Hafen, in dem Segelboote und kleine Yachten schaukelten. Unser Motorboot hatte in einer Ecke des Hafens gelegen. Zwischen Booten, dem Steg und Windschutzwand. Auf die raste ich in diesem Augenblick zu.

Wenn ich nach rechts wollte, musste ich die Ruderpinne nach links drücken. Wenn ich nach links wollte, nach rechts. Links war schwieriger, weil der Stab, also die Pinne, mit dem ich den Motor schwenkte, dabei an meine Knie stieß. Zusätzlich musste die Hand, die steuerte, mit dem Drehgriff am Ende der Ruderpinne die Geschwindigkeit regeln.

Vollgas geradeaus konnte ich schon sehr gut.

Zentimeter vor der Wand gelang es mir, den Fahrtrichtungshebel am Motorblock umzulegen. In der gleichen Geschwindigkeit, in der wir auf die Wand zugefahren waren, rasten wir nun rückwärts in Richtung Bootssteg. Außer unserer Fahrtrichtung hatte sich jetzt auch die Steuerung ins Gegenteil verkehrt. Pinne nach rechts bedeutete auf einmal auch Schwenk nach rechts.

Amara tat alles, um meine offensichtliche Überforderung auszugleichen. Halb auf der Mittelbank liegend, trat sie zu beiden Seiten über die Bordwand aus und schubste die anderen Boote aus dem Weg.

Ich hatte darauf bestanden, dass ich fuhr, weil ich für

Schäden haftete und sie immer so chaotisch war. Im letzten Moment riss ich das Ruder zur richtigen Seite. Wir fuhren rücklings am Bootssteg vorbei und eine Weile im Kreis herum.

Der Hausmeister ertrug meine Ausparkversuche nicht länger und zog kopfschüttelnd davon.

Schließlich bekam ich den Dreh heraus, und wir tuckerten durch die enge Hafenausfahrt auf den See. Wenn auch rückwärts.

»Tüpfliii, wir kommen!«, jubelte Amara meinem i-Punkt zu, von dem noch nichts zu sehen war.

Auf freier Fläche kam ich mit dem Boot gut zurecht, und wir jagten über den See. Vorwärts! Amara kniete vorn auf der Bank im Bug, ihr braunes Haar flatterte im Wind. Dazu leuchtete ihre Rettungsweste in der Sonne, die zunehmend von Wolken bedrängt wurde.

Amara breitete, wie Kate Winslet in *Titanic*, die Arme aus. Da sackte unser Boot in ein Wellental, und sie fand gerade noch Halt. »Oh, Fuck!«

»Fall mir ja nicht rein! Du musst nachher steuern.«

»Darf ich jetzt schon?«

Als Antwort wechselte ich in den Leerlauf, und wir tauschten auf dem in den Wellen tanzenden Boot die Plätze.

Amara fuhr Zickzack mit uns, nicht aus Unvermögen, sondern aus Spaß.

»Du, lass mal lieber, wir sollten kein Aufsehen erregen«, schrie ich gegen den Motor an.

Sie nickte hoheitsvoll und stellte die Schlenker ein. Kapitänin Amara hatte ihr Schiff im Griff.

War die Insel bis eben kaum zu erkennen gewesen, hob sie sich urplötzlich vor den dunklen Bergen in einem diffusen Grün ab. Amara drosselte die Geschwindigkeit.

»Einmal rundherum?«
Ich nickte.
Die Insel war keine hundert Meter lang und höchstens zwanzig breit. Der grüne Dschungel auf dem Felssockel sah auch von Nahem undurchdringlich aus. Zu Bojen umfunktionierte, leere Wasserkanister warnten vor einem Ring aus Felsbrocken, der um die ganze Insel verlief. Schwarz glänzende Steine tauchten regelmäßig aus dem unruhigen Wasser auf. Verschwanden wieder. Tauchten auf. Als rotiere dort ein hungriges Mahlwerk. An der Insel anzulegen war unmöglich.

Nachdem wir das weitere Vorgehen besprochen hatten, legte ich die Schwimmweste ab und zog mich aus.

Ein Kopfsprung wäre heldenhaft gewesen, aber erstens kann ich keinen, zweitens hatte ich schon in der zweiten Klasse gelernt, nie in unbekannte Gewässer zu springen.

Einen Moment ließ ich meine Füße über den Bootsrand baumeln. Der See war eiskalt.

»Viel Glück, Spatzeli!«

Ich plumpste ins Wasser. Schwamm los. Kraulen kann ich auch nicht. Einmal hatte ich versucht, es bei einem Fitnesstrainer zu lernen: »Links-rechts-links-einatmen, rechts-links-rechts-ausatmen.« Nach einer Stunde hatten wir durchgefroren aufgegeben.

Bis ich im Windschatten der Insel war, musste ich gegen die starke Strömung kämpfen. Ich näherte mich der Insel von der Walenstadt zugewandten Seite. Somit kam ich aus Richtung i-Ende und konnte ordnungsgemäß zum Punkt ansetzen.

Auf einmal ging das Schwimmen leicht. Die Insel zog mich förmlich an. Unter mir wurden die Felsschatten größer.

Jetzt konnte ich meine ganze Aare-Erfahrung ausspielen. Beine Einziehen, Arme gegen die Strömung, auf keinen Fall mit den Füßen abrutschen, nicht in eine Spalte geraten, keinen Stein auf den Fuß bekommen, nicht stoßen.

Wie eine Wasserballerina bewegte ich mich über und durch die Felsen vorwärts. Nur meine Zehenspitzen berührten den Untergrund, stießen sich ab, tippten auf. Bis mich die niedrige Wassertiefe nötigte, die Füße fest aufzusetzen.

Es war glitschig da unten.

Eine Hand auf einen Steinbrocken gestützt, die andere in der Luft, einen Sturz nach allen Seiten absichernd, richtete ich mich auf. Vor mir stieg die Insel etwa zwei Meter an. Auf allen vieren kletterte ich den felsigen Hang hinauf. Oben angekommen, umklammerte ich mit der Linken einen Ast in Kopfhöhe, drehte mich um und reckte die rechte Faust.

»Tarzaaaan!«, jubelte Amara auf dem Boot, gab Vollgas und fuhr eine weiß strudelnde Freudenkurve. Ich fühlte mich eher wie Robinson Crusoe. Und für unser Boot verantwortlich:

»Die Felsen! Pass auf die Felsen auf!«, brüllte ich.

»Ich hab's im Griff!«, brüllte sie zurück.

Hinter ihr sprang, den Rüssel aufgestellt, Vorder- und Hinterbeine in entgegengesetzte Richtungen gestreckt, ein Elefant über den See. Ich kniff die Augen zu. Ins linke war mir eine der vielen hundert Fliegen geflogen, die mich umschwirrten. Als ich wieder sehen konnte, war aus dem Elefanten eine Kaffeekanne geworden. Der Wind spielte mit den Wolken. Welche Formen die Wolken über dem Westufer annahmen, konnte ich von meinem Standpunkt aus nicht erkennen. Amara sollte sofort Bescheid geben, wenn sich dort Bedrohliches zusammenbraute.

In meinem Bauch kribbelte es. Wäre es nicht so rutschig gewesen, wäre ich herumgehüpft. Ich hatte es geschafft. Hatte nicht aufgegeben, hatte den Punkt gesetzt. *Schwei* war vollbracht!

Das z morgen würde keine Schwierigkeiten mehr machen. Heute Nachmittag würden wir entspannt nach Davos fahren und morgen gemütlich im Bernina-Panoramazug bis kurz vor die italienische Grenze nach Poschiavo gondeln.

Ohne die Flut von Endorphin und Adrenalin in meinem

Körper wäre ich wohl nicht halbnackt durch Dorngestrüpp und über Entenkot gelaufen – oder was auch immer die weichen Würstchen unter meinen nackten Fußsohlen waren. Vorsichtig teilte ich die stechenden Zweige vor mir. Wedelte die Fliegen weg. Ich bewegte mich wie in Zeitlupe. Das Brummen der Fliegen wurde lauter. Steigerte sich zu einem hämmernden Dröhnen. Durch das Geäst über mir spähte ich zum Himmel.

Im Formationsflug hielten drei Hubschrauber der Schweizer Armee auf mich zu.

In einem Actionfilm hätte sich der Held jetzt hingeworfen. Ich dagegen blieb unbeweglich stehen. Von oben war mein heller Körper im dunklen Gestrüpp weniger zu sehen, als wenn ich auf dem Boden läge.

Aus den Augenwinkeln sah ich Amara im Boot weit vor der Insel auf dem Wasser schaukeln. Wie ein Fischer bei seinem täglichen Tun. Unauffällig.

Es war ohnehin fraglich, ob es irgendwelche Folgen hätte, wenn wir entdeckt würden. Andererseits: Warum sollte sich auf oder unter der Insel kein Bunker verbergen?

Ja, es wäre geradezu ungewöhnlich, wenn es auf einer Schweizer Insel nichts Geheimnisvolles gäbe.

Wie mutierte Maikäfer brummten die Helikopter über mich hinweg. Bald waren sie nicht mehr zu hören.

In der Mitte der Insel ging es sich leichter. Hier wuchsen weniger Büsche, dafür mehr Bäume. Rote Beeren leuchteten an ihren Ästen. Die dünnen Stämme ließen am Boden Platz zum Laufen. Wo keine Erde das Felsgestein bedeckte, überzog es ein grüner Moosteppich. Weich und kühl. Ich hielt den rechten Arm senkrecht angewinkelt vor meinem Gesicht. Er zerriss Spinnennetz um Spinnennetz. Gleichzeitig schaute ich, wo ich hintrat, und behielt die Umgebung im Auge. Amara draußen auf dem Wasser war nicht zu sehen. Eine Windböe fuhr in die Bäume. Das Blätterrauschen schwappte wie eine Welle über die Insel.

Ein paar Meter vor mir fiel ein dünner Stamm farblich aus der Reihe. Er war abwechselnd rot und weiß gestrichen und eigentlich viel zu gerade für einen Baum.

Ich bog einige herabhängende Äste beiseite.

Der Stamm war ein bemalter Eisenmast.

Daran hing ein Briefkasten.

Eines dieser amerikanischen Modelle, bei denen ein rotes Metallfähnchen anzeigt, ob Post gekommen ist.

An dem grünen Kasten fehlte das Fähnchen, aber die Metallklappe war vorhanden. Und geschlossen. Nirgends stand ein Name. Wozu auch, der Standort war ja unverwechselbar. Vorsichtig drückte ich die Klappe herunter. Und schaute hinein.

Auf dem See drehte ein Bootsmotor hoch, verebbte.

»Alles in Ordnung?« Vom Wasser aus konnte mich Amara im Dickicht der Insel nicht sehen.

»Alles gut«, beruhigte ich sie, »ich komme gleich.«

CHF 175

Unverbindliche Preisempfehlung des Herstellers für die Duschgleitstange KWC FIT *chromline L* 1100 mit Kugelgelenk-Brausenhalter und Höhenverstellung arretierbar

A uf dem Marktplatz von Poschiavo schwatzten die Marktfrauen, scherzten die Kellner und tuschelten Touristen. Eine Taube wackelte auf dem Rand des Springbrunnens entlang. Vom Turm der Stiftskirche San Vittore Mauro schlug es eins.

Kaum war der Glockenton verhallt, beugte sich Amara über den Tisch. »Ich frage dich jetzt noch ein einziges Mal. Und ich möchte nicht wieder den Satz hören: ›Das muss ein ewiges Geheimnis bleiben.‹« Sie meinte es ernst. »Was war in dem Briefkasten auf der Insel?«

»Also gut.« Ich hatte sie genug geärgert.

Ich beugte mich auch vor und flüsterte es ihr ins Ohr.

Aus großen Augen sah sie mich an. »Wirklich?«

Ich nickte.

»Und darum machst du so ein Gewese?«

Ich hob entschuldigend die Hände.

Der Ober brachte unsere Getränke.

Amara hob ihr Weinglas. »Salute!«

»Auf die Schweiz!«, sagte ich.

Unsere Gläser klirrten aneinander.

Es war geschafft. Von S bis z.

Kaum waren wir gestern nach der Inseleroberung wieder zurück an Land, hatte strömender Regen eingesetzt. Regen, der uns bis Davos begleitete, wo ihn Nebel ablöste und den berühmten Luftkurort zu einer feuchtkalten Geisterstadt machte. Ein Eindruck, verstärkt durch zahllose leerstehende Hotels, die auf bessere Zeiten warteten. Oder Winter.

Heute Vormittag hatte eine Fahrt mit dem Bernina-Express den krönenden Abschluss der Reise bilden sollen. Pünktlich um zwanzig vor neun standen wir am Bahnhof Davos Dorf.

Sieben Minuten vor Abfahrt stellte ich fest: Der Bernina-Express fuhr von Davos Platz.

Dank eines Verkehrsregeln missachtenden Taxifahrers – kein gebürtiger Schweizer – und einer chinesischen Reisegruppe, die die Abfahrt des Zugs um mehrere Minuten verzögerte, schafften wir es noch.

Die Fotos in den Werbeprospekten hatten spektakulär ausgesehen. Der rote Bernina-Express fährt über eine 65 Meter hohe Brücke, der rote Bernina-Express fährt in ein schwarzes Tunnelloch in einer senkrechten Felswand, der rote Bernina-Express fährt einen steilen Anstieg hinauf, den er auch noch ohne Zahnradunterstützung bewältigen muss.

Erst im Zug merkten wir: Von innen hat man keine Außenperspektive. Schöner wäre, wenn es parallel zur Bernina-Strecke eine zweite gäbe, von der man – aus einem anderen Zug – dem roten Zug zugucken könnte.

Die Betreiberin des Bernina, die Rhätische Bahn, ist sich immerhin der Schwächen ihres Prunkstücks bewusst und hat ihn mit einer Bordbibliothek ausgestattet.

Dort liehen wir uns einen Bildband aus und schauten uns auf doppelseitigen Fotos an, wie wir gerade von außen aussahen. Bis Amara aufblickte. Und aufschrie. Weil eine große Ziege vor uns stand. Sie starrte uns aus glänzend schwarzen Augen an, in ihrem halbgeöffneten Maul wackelte die rosa Zunge.

»Kaffee, Cola, Snacks«, hatte jemand aus dem Hintergrund gerufen, und wir hatten begriffen, dass es sich um einen als Ziege verkleideten Servicewagen handelte. Vorne Ziege, hinten Service.

Vom Rand des Springbrunnens flatterte die Taube auf und kreiste einmal über den Marktplatz von Poschiavo. Amara schob ihr Weinglas zur Seite und hielt mir auf ihrem Handy ein Foto des verkleideten Servicewagens hin. »O Mann!«, sagte sie, »ich werde nie wieder ohne Grausen an eine Ziege denken können!«

Ich kniff die Augen zusammen, betrachtete das Foto: »Es könnte auch ein Steinbock gewesen sein.«

Amara sah aufs Display. »Das wär mir lieber.«

»So oder so ist es typisch Schweiz. Die hat sich ja während der Reise auch als etwas anderes entpuppt als die glückliche, kleine Schoki-Heidi-Eidgenossenschaft.«

»Und als was?«

»Nun ja, ich war achtzehn Tage unterwegs. Und ich habe achtzehnmal eine andere Schweiz gesehen.«

»Aber immer die gleiche Duschkopfhalterung!«

Nachbemerkung

Was ist mit dem Wallis? Dem Tessin? Genf? Fondue?

Was ist mit den Fotos vom Autor vor den Stationsschildern?

Über die Schweiz lässt sich unendlich mehr erzählen, und manches blieb auf der Strecke, aber eben nicht auf meiner. Ich beobachtete, bestaunte und beleuchtete vor allem, was mir am Rand meines Weges begegnete.

Manche Erlebnisse auf dieser Reise waren derart besonders, dass ich ernsthaft überlegt habe, glaubwürdigere zu erfinden. Habe ich natürlich nicht.

Nach Erscheinen der 1. Auflage der Broschur-Ausgabe erhielt ich von Schweizer Lesern einige freundliche Hinweise, die ich für die Taschenbuchausgabe gerne berücksichtigt habe. Allerdings nicht alle. Amara hat wirklich »Weißweinschorle« gesagt und nicht »Gespritzter süß-sauer«. Und so schön sich »Kondukteur« auch anhört, wir Deutschen nennen ihn »Schaffner«.

Hin und wieder habe ich handelnde Personen durch Namensänderungen und biographische Unschärfen geschützt. Die Stationsfotos gibt's im Videotrailer zum Buch und bei Lesungen zu sehen.

In fast allen Begegnungen auf der Reise waren Schweizer bemüht, Klischees über ihr Land zurechtzurücken, und getrieben von der Sorge, dass es seine Identität verliert. Auffällig war, dass viele Schweizer, die ich traf, zu eben jenen Klischees und dem Identitätsverlust selbst ein Stück beitrugen.

Für Außenstehende überdecken Schönheit, Gemütlichkeit und Schrullen wie tausend Jahre alte Gletscher die tiefen Gräben und Abgründe der Schweiz. Die Mischung aus Zerrissenheit und der unbedingte Wille zur Harmonie machen das Land einzigartig.

Keine Angst, ich bleibe in Deutschland. Aber ich komme gerne wieder. Dann geht's ins Wallis, ins Tessin, nach Genf … und zum Fondue.

Christian Eisert, Mai 2017

Die wichtigsten Quellen nach Erscheinungsdatum

Conny Neumann, Peter Richter: »Zwischen Erde und Mond«, *Spiegel*, 23. 1. 2016
FlugplatzNews, Schweizer Armee, 01/2016
Nico Menzato: »Weltnation Schweiz«, *Blick*, 12. 10. 2015
»Institut Le Rosey – Schweizer Internat mit Spitzen-Renommee«, *World's Luxury Guide*, 5. 10. 2015
World Happiness Report 2015, hg. v. John Helliwell, Richard Layard u. Jeffrey Sachs, April 2015
»Täglich gingen Milliarden raus!«, *Blick*, 22. 1. 2015
Jemima Morell: *Miss Jemimas Journal. Mit Thomas Cook auf der ersten Reise i. d. Schweizer Alpen*, NG Taschenbuch, 2015
Ruth Oehrli: »Die glücklichste Gstaaderin«, *Berner Zeitung*, 7. 6. 2014
Schweizer LandLiebe TV, Sat.1 Schweiz, 9. 4. 2014
Oliver Braams: »Raumschiff BIZ – So sieht es im Turm von innen aus«, *TagesWoche*, 19. 6. 2014
BDO Verwaltungsratsstudie, Honorare und Strukturen von Verwaltungsräten in mittelständischen Unternehmen in der Schweiz, Ausgabe 2014
Isabelle Tasset: »La milliardaire qui fait grincer Gstaad«, *Le Temps*, 23. 12. 2013
Lisa Nienhaus: »Die diskrete Superbank«, *Frankfurter Allgemeine*, 21. 12. 2013
»James ist Geschichte, der ist vorbei«, *TagesWoche*, 12. 12. 2013

Peter Hossli: »Schweizer Gemüse kommt aus Afrika«, *Sonntagsblick*, 3.3.2013

Marcel Amrein: »Mit einem Abstinenzler auf Tour de Suisse«, *NZZ*, 29.6.2013

»Ich hatte das Vaterunser vergessen«, *Blick*, 15.03.2012

»Im Herzen der Hollywood-Schweiz«, *NZZ*, 5.10. 2012

Jost Auf der Maur: »Gewalt passt zur Schweiz«, *Tagesanzeiger*, 11.10.2011

Beat Siebenhaar, Adrian Leemann: *Methodological reflections on the phonetic-phonological continuum, illustrated on the prosody of Swiss German dialects*, Berlin/Boston 2012

»Ich bin für liberale Musik«, *Tagesanzeiger*, 15.12.2011

Retail-Marktstudie, locationgroup research, 2011

Sibylle Zehle: »Hier kommt Curt«, *Manager Magazin*, 23.10.2007

Peter Müller: »Esszett in der Schweiz«, 26.11.2007 http://www.sok.ch/files/FA/Eszett_in_der_Schweiz.htm

Grundlegende Texte, Bank für Internationalen Zahlungsausgleich, Basel Februar 2006

»Eau des Millionnaires«, *Weltwoche*, 06/2003

Zeus Weinstein (Hg.): *Das umfassende Sherlock Holmes Handbuch*, Haffmanns Verlag, Zürich 1988

Jeremias Gotthelf: *Volksausgabe seiner Werke im Urtext*, Band 3, 1898

Das Volkslied von Friedli Bucher aus dem Luzernischen Käferkrieg 1799, Taschenbücher der Historischen Gesellschaft des Kantons Aargau, Bd: 1861–1862

Abt Martin Werlen: *Zum Abschied ein Bahngleichnis*, www.youtube.com/watch?v=rp2xPLQjbnk

Anleitung Sturmgewehre SG 550/551

Bundesamt für Statistik, Neuchâtel, diverse Statistiken

IG Erfrischungsgetränke, www.ig-erfrischungsgetraenke.ch

Institut Le Rosey, www.rosey.ch

Kriegsreisende, www.kriegsreisende.de/voelker/schweiz

Lobbywatch, www.lobbywatch.ch

Philips, www.philips.de/a-w/about/news/standard/news/lighting/20121023_Im_Kloster_Einsiedeln_geht_das_LED_Licht_an.html
SAG Swiss Arms AG, www.swissarms.ch
SIAG Secure Infostore AG, www.siag.ch
Swissinfo, www.swissinfo.ch/ger/wiener-kongress_der-tag-an-dem-die-schweiz-neutral-wurde

Merci vielmals ...

... den Schweizern an sich, Marina für ihre Begleitung durch Täler und Höhenflüge und die klugen Hinweise, Carlos für sein fröhliches Wesen bis zum Schluss, der Mama fürs Zuhören während der Planungsphase und überhaupt, Caroline für Zipfeli, Gipfeli und nimmermüde Motivation, CH. für ihre Empfehlungen und Hintergrundinfos, dem Professor und seiner Gattin für Geschichten und Kuchen, Wolfgang Carrier für Führung und LCF-Faktencheck. Stéphanie Bavaresco vom Tourismusbüro La Chaux-de-Fonds und Svenja Summermatter von Swiss Travel für Informationen und Unterstützung. Der Swiss Arms AG für die SG-550/551-Bedienungsanleitung.

Allen Informanten in Gstaad. Roger für Einblicke in Schweizer Politik und Finanzwesen, meinen Gastgebern in Bern, Spiez und Trubschachen für die Hintergrundgespräche, den Mönchen und Gästen in Einsiedeln. Sula für Reisehinweise.

Ganz besonders Dr. Alfred Egli und seinen Kollegen für die Dialektübersetzungen.

Den fleißigen feinfilm-Frauen für die Videotrailer zum Buch.

Peter Palm für die tolle Streckenkarte.

Sowie Daniel Wichmann von der Agentur Eggers und den Damen und Herren von Ullstein für ihre Arbeit und die Geduld mit mir. Außerdem sehr Lothar Strüh für die Textredaktion.

Unbedingt den Kuschelziegen vom Rütli.

Und ganz besonders: Amara. Hulli!

Christian Eisert

Kim & Struppi
Ferien in Nordkorea

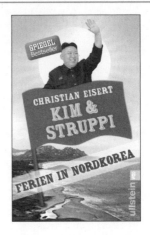

Mit zahlreichen farbigen Abbildungen.
Taschenbuch.
Auch als E-Book erhältlich.
www.ullstein-buchverlage.de

Ein unmöglicher Urlaub oder: Tanzen mit Atomraketen

Wie viele Touristen jährlich Nordkorea besuchen, lässt sich exakt sagen: wenige. Dabei hält so ein Urlaub im Reich von Kim Jong-un viele Überraschungen bereit: Autobahnen ohne Autos, Hotels, in denen der fünfte Stock fehlt, und ein Tänzchen an der gefährlichsten Grenze der Welt – zu den Klängen von »Tränen lügen nicht«.

Christian Eisert ist 1.500 Kilometer durch die Demokratische Volksrepublik gereist. Mit gefälschter Biographie. Unter ständiger Beobachtung des Geheimdienstes. Und auf der Suche nach Kim Il-sungs legendärer regenbogenfarbener Wasserrutsche.

Das Ergebnis ist einfach irre – und sehr komisch.